키르기즈어 문법 - 1

(문형을 중심으로)

Кыргыз тилинин грамматикасы

(Көнүгүү, диалогдордун мисалында)

이욱세 (ЛИ УКСЕ) 지음

키르기즈어 문법 - 1
(문형을 중심으로 배우는 키르기즈어 문법)

저자 이욱세

Кыргыз тилинин грамматикасы

(Көнүгүү, диалогдордун мисалында)

Автор   ЛИ УК СЕ

서문

    탈라스 국립 대학교에서 키르기즈 언어와 문학을 전공하면서, 키르기즈어를 배우고자 하는 한국인들을 위해서 키르기즈어 문법 1, 2 권을 만들게 되었습니다. 아무쪼록 이 작은 책이 키르기즈어를 배우시는 분들에게 작은 도움이 되었으면 합니다. 그리고 문법적인 오류를 바로 잡아 주신 겐제바엡 다이르벡 오룬베콥 학장님께 깊은 감사를 드립니다.

    키르기즈어 문법책 제 1 권은 키르기즈어 회화에서 빈번하게 사용하는 주요 문형을 중심으로 구성되었습니다. 모두 25개의 중요한 문형으로 구성하였고, 각 장마다 대화와 다양한 예문들을 제시하여 해당 문형을 이해하는데 도움을 주었고, 문장분석을 통해서 문법적인 요소를 밝혔고, 연습문제로 각 장을 마무리 하였습니다.

    키르기즈어 문법책 제 2 권은 키르기즈어의 품사를 중심으로 구성하였다. 키르기즈어의 품사에는 명사, 대명사, 수사, 형용사, 동사, 부사, 문장에서 보조적인 역할을 하는 말들, 감탄사, 흉내말 등이 있다. 또한 각 품사와 관련있는 문법요소들을 다양한 예문들을 통하여 설명하였다. 마지막으로 연습문제로 각 장을 마무리 하였습니다.

    이 책을 사용하는 방법은 먼저 회화 중심으로 구성된 문법책 1 권을 먼저 공부하면서, 필요한 문법적인 내용을 문법책 2권을 통해서 공부하면 좋을 것입니다. 그런식으로 문법책 1 권을 끝내면, 문법책 2권을 깊이 공부하면 효과적일 것입니다. 다시 한번 이 작은 책이 키르기즈어를 배우는 분들에게 조금이나마 도움이 되기를 희망합니다.

2011년 6월 30일

이욱세

Табылга

Кадырман окурман! Сиздин колуңуздагы бул көлөмдүү китеп Теңирдин батасы менен алгач ирет жарык көрүп, өз өмүрүнө баштоого кадам шилтөө алдында турат. Албетте, бүгүнкүдөй болуп китепти жарыкка чыгаруу үчүн анын автору Ли Ук Сеге (Кыргызча ысымы – Улан мырза) көз майын жеген тажабасы мээнети, кыргыз-корей элдеринин ортосундагы достук жана өнөктөштүк мамилелердин чыңалышына аз да боллсо салым кошуусуна болгон чексиз каалоосун талап кылды. Бул жагынан китептин автору Ли Ук Се тарыхый базинаны аткарып жатат десек аша чаппайбыз.

Ал эми китеп жөнүндө айтсак, жогорто белгиленгендей, корей мамлекетинде, кыргыз жергесинде биринчи ирет жарык көрүп жатат. Мында эки тилди өздөштүрүп-үйрөнүүчүлөр үчүн кыргыз тилин грамматикасы көбүнсе, күнүмдүк тиричиликте жыш колдонулган сүйлөмдөрдүн жана диалогдордун мисалында ырааттуу жөнөкөйлөштүрүп берилген. Өзгөчө, диалогдордогу сүйлөмдөр, мисал иретинде алынган сүйлөмдөр социалдык проблемаларды таасын чагылдырат. Ошол эле учурда конкреттүү грамматикалык темага ылайык келет. Жыйынтыктап айтканда, Кыргыз-Корей мамлекеттеринин ортосундагы достук жана кызматташтык мамилелеринин келечектеги өнүгүүшүнө колуңуздагы китеп аз да болсо өз салымын кошооруна чын дилден ишенебиз. Бул китепке жана анын автору Ли Ук Се мырзага Теңирибиз ак батасын берсин жана Жараткан жалгасын!

Филол. ил. канд., доцент, Талас мамлекеттик университетинин
табигый илимдер жана педагогика факультетинин декани
Д.О.Кенжебаев.

Талас 19.06.2011

추천의 글

존경하는 독자 여러분! 여러분의 손에 있는 이 책은 주님의 은혜로 출판을 앞두고, 첫 발걸음을 내딛는 순간에 있습니다. 물론, 오늘과 같이 책으로 출판하기까지 이책의 저자 이욱세는 (키르기즈어 이름 – 울란 선생님) 끈질긴 노력과 수고, 키르기즈-한국 국민들 가운데에 있는 우호와 협력을 증진 시키는데에 조금이나마 도움이 되고자 부단히 노력했습니다. 이 분야에서 이 책의 저자 이욱세는 역사적인 의무를 수행하고 있다고 해도 부족함이 없을 것입니다.

그리고 이 책에 관해서 말하자면, 위에서 밝힌 것처럼 한국뿐만 아니라 키르기즈스탄에서도 처음으로 출판하는 것입니다. 여기에는 두 언어를 배우는 사람들을 위해서 키르기즈어 문법을 일반적인 생활에 많이 사용하는 문장과 대화의 예문들을 통해서 분명하면서도 쉽게 구성했습니다. 특별히, 대화 문장들, 예문들은 사회문제와 현상들을 표현하고 있습니다. 그와 동시에 구체적으로 문법적인 주제들과도 일치하고 있습니다.

결론적으로 말하자면, 여러분들의 손에 있는 이책이 미래에 키르기즈와 대한민국의 우호와 협력을 위해서 조금이나 도움이 되리라 확신합니다. 이 책과 저자 이욱세 선생님에게 우리 주님의 축복을 빕니다!

탈라스 국립대학 언어학 조교수, 자연과학 및 교육학부 학장
겐제바엡 다이르벡 오룬베콥

탈라스 19.06.2011

차 례
(Мазмуну)

1부 키르기즈어 문자 (알파벳)

1장 키르기즈어 문자 (알파벳) 2
2장 키르기즈어 문자의 구성 3
3장 키르기즈 문자의 발음법 6

2부 키르기즈어의 주요 문형

1장 안녕하세요. 10
2장 환영합니다. 13
3장 이분은 누구입니까? 15
4장 이것은 무엇입니까? 18
5장 당신의 이름은 무엇입니까? 20
6장 안녕히 가세요. 22
7장 어떻게 지내세요? 25
8장 우리 서로 소개합시다. 29
9장 당신은 무엇을 원합니까? 34
10장 ~ 해도 됩니다. 38
11장 ~ 해야(만) 합니다. 53
12장 ~ 할 수 있습니다. 61
13장 ~ 하고 싶습니다. 69
14장 아직 ~ 하지 않았습니다. 86
15장 ~ 에게 ~ 해 주세요. 89
16장 ~ 을 위하여 93
17장 ~ 때문에, ~ 하기 때문에 99
18장 ~ 후에, ~ 다음에, ~ 한 후에, ~ 한 다음에 121
19장 ~ 보다, ~ 하는 것 보다 135
20장 ~ 할 때, ~ 하면 145
21장 ~ 해 놓겠습니다, ~ 해 놓았습니다. 154
22장 (지금부터 계속) ~ 할, ~ 하는 160
23장 (내가) ~ 해; (네가) ~ 할게요. 172
24장 만약에 ~ 하면 178
25장 아무리 ~ 해도 ~ 할 수 없습니다. 202
해답 【주요 문형】 연습 문제의 답 206

1부

키르기스어 문자 (알파벳)

1장 키르기즈어 문자 (알파벳)

1. 소리와 문자

키르기즈어에는 36개의 문자와 39개의 소리가 있다. 키르기즈어는 모음 소리 14개, 자음 소리 25개로 구성되어 있다. 이것을 표기하는 문자는 모두 36이다. 이것은 자음 소리 (г, гы / ж, дж / к, кы) 6개를 (г, ж, к) 의 3개의 문자로 표기하기 때문이다. 키르기즈어는 12개의 모음 문자와 22개의 자음 문자 그리고 2개의 기호(ъ - 분리표시, ь - 연음표시)로 구성되며 모두 36개 문자이다.

[키르키즈어 알파벳]

문자	필기체	문자의 명칭	발음 (영어)	발음 (한국어)	관련 단어
А а	*А а*	а	a	아	Адам – 아담, Адил – 아딜
Б б	*Б б*	бэ	b	베	Бала – 발라, Бол – 볼
В в	*В в*	вэ	w, v	*베	Вагон – 바곤, Ванна – 반나
Г г	*Г г*	гэ	g	게	Газета – 가제타, Гүл – 귈
Д д	*Д д*	дэ	d	데	Дарбыз – 다르브즈, Дан – 단
Е е	*Е е*	е(йе,э)	ye, e	예/에	Епископ – 에피스콥
Ё ё	*Ё ё*	ё(йо)	yo	요	Ёлка – 욜카
Ж ж	*Ж ж*	же, дже	ǰ, ž	제	Жаз – 자즈, Жука – 주카
З з	*З з*	зэ	z	*제	Зал – 잘, Зым – 즘
И и	*И и*	и	i	이	Илим – 일림, Ишеним – 이쉐님
Й й	*Й й*	ий	y	*이	Йод – 이오드
К к	*К к*	ка	k, g	카	Кадам – 카담, Котор – 코토르
Л л	*Л л*	эл	l	엘	Лакап – 라캅, Лифт – 리프트
М м	*М м*	эм	m	엠	Мага – 마가, Мокок – 모콕
Н н	*Н н*	эн	n	엔	Нан – 난, Нуска – 누스카
Ң ң	*Ң ң*	ың	ŋ	응	Оңой – 옹오이, Даңктоо – 당토
О о	*О о*	о	o	오	Обон – 오본, Окуя – 오쿠야
Ө ө	*Ө ө*	ө	ö	왜	Өзөн – 왜죈, Өкүм – 왜큄
П п	*П п*	пэ	p	페/뻬	Пайда – 파이다, Почта – 뽀츠타
Р р	*Р р*	эр	r	*에르	Радио – 라디오, Роман – 로만
С с	*С с*	эс	s	에스	Сакал – 사칼, Сом – 솜
Т т	*Т т*	тэ	t	테	Тайгак – 타이각, Так – 탁
У у	*У у*	у	u	우	Узун – 우준, Уста – 우스타
Ү ү	*Ү ү*	ү	ü	위	Үзүм – 위쥠, үкү – 위퀴
Ф ф	*Ф ф*	эф	f	*에프	Фактор – 팍토르, Фокус – 포쿠스
Х х	*Х х*	ха	h	하	Халат – 할랏, Химия – 히미야
Ц ц	*Ц ц*	цэ	ts	*쩨	Цемент – 쩨멘트
Ч ч	*Ч ч*	чэ	č	체	Чабан – 차반, Чогуу – 초구
Ш ш	*Ш ш*	ша	š	샤	Шамал – 샤말, Шор – 쇼르
Щ щ	*Щ щ*	ща	šš	*쌰	('*'표시는 키르기즈 말에는 없는 소리 / 외국어 표기)
ъ	*ъ*	《분리표시》			• 분리해서 읽으라는 기호
Ы ы	*Ы ы*	ы	ï	으	Ыйла – 으일라, Ырда – 으르다
ь	*ь*	《연음표시》			• 약하고 부드럽게 읽으라는 기호
Э э	*Э э*	э	æ	애	Эже – 애제, Эртең - 애르뗑
Ю ю	*Ю ю*	ю (йу)	ju	유	Юбка – 읍카, Юрист – 유리스트
Я я	*Я я*	я (йа)	ja	야	Ядро – 야드로, Янбарь - 얀바르

2장 키르기즈어 문자의 구성

1. 모음과 자음의 음가와 문자

모음 소리 (Үндүү тыбыштар) - 14	모음 문자 (Үндүү тамгалар) - 12
а, э, о, ө, у, γ, ы, и – 단모음 8개 аа, ээ, оо, өө, уу, γγ – 장모음 6 개	а, э, о, ө, у, γ, ы, и, я, ю, ё, е
자음 소리 (Үнсүз тыбыштар) - 25	자음 문자 (Үнсүз тамгалар) - 22
б, в, г, (гы - 목 안쪽 소리), д, ж, (дж – 러시아어에 있는 자음의 소리로 입 안에서 진동하는 소리), з, й, к, (кы - 목 안쪽 소리), л, м, н, ң, п, р, с, т, ф, х, ц, ч, ш, щ	б, в, г, д, ж, з, й, к, л, м, н, ң, п, р, с, т, ф, х, ц, ч, ш, щ
	기호 (Белгилер) ъ – 분리표시 ь – 연음표시
모음 14 개 + 자음 25 개 = 모두 39 개 소리	모음 문자 12 개 + 자음 문자 22 개 + 기호 2 개 = 모두 36 개 문자

[키르기즈어 문자의 숫자 36개와 발음 되는 소리의 수 39 개]

전체 문자 36 개 가운데서

1. (기호 ъ, ь) 2 개를 빼고,
2. (2 개의 소리로 구성된 문자 (Йоттошкон тамагалар) я (йа), е (йе), ё (йо), ю (йу) 4 개를 빼고,
3. (장모음 аа, ээ, оо, өө, уу, γγ) 6 개를 더하고,
4. (한 문자에서 두 번째 소리인 гы, жы, кы) 3 개를 더하여,

키르기즈어에는 모두 39개의 소리가 있다.

2. 모음 소리의 분류 (Үндүү тыбыштардын бөлүнүшү)

혀의 위치에 따라서 Тилге карай	혀뿌리에서 나는 굵은 소리 (Жоон үндүүлөр)	입술의 사용 여부에 따라서 Эринге карай	입술 소리 (Эринчил үндүүлөр)
	а, ы, о, у, аа, оо, уу		о, ө, у, γ, оо, өө, уу, γγ
	혀끝에서 나는 얇은 소리 (Ичке үндүүлөр)		열린 소리 (Эринсиз үндүүлөр)
	э, и, γ, ө, ээ, γγ, өө		а, ы, э, и, аа, ээ
턱의 위치에 따라서 Жакка карай	턱을 크게 벌리면서 나는 소리 (Кең үндүүлөр)	소리의 길이에 따라서 Айтылышына карай	단모음 Кыска үндүүлөр
	а, э, о, ө, аа, ээ, оо, өө		а, о, ы, и, у, γ, ө, э
	턱을 작게 벌리면서 나는 소리 (Кууш үндүүлөр)		장모음 созулма үндүүлөр
	ы, и, у, γ, уу, γγ		аа, оо, ээ, өө, уу, γγ

3. 목청이 떨리는 정도에 따른 자음의 분류

유성 자음 (12)	유성 자음 (Жумшак үнсүздөр)	б, в, г, д, ж, з
	강한 유성 자음 (Уяң үнсүздөр)	л, м, н, ң, р, й
무성 자음 (10)	무성 자음 (Каткалаң үнсүздөр)	к, п, с, т, ф, х, ц, ч, ш, щ

- 유성 자음 (Жумшак үнсүздөр) : 발음할 때, 목청을 떨어 울리는 자음 소리로 울림 소리, 흐린소리, 탁음이라고도 한다.
- 강한 유성 자음 (Уяң үнсүздөр) : 일반적인 유성 자음보다 목청이 더 강하게 울리는 소리를 말한다.
- 무성 자음 (Каткалаң үнсүздөр) : 목청을 진동시키지 않고 내는 소리로 안 울림 소리, 맑은소리, 청음(淸音)이라고도 한다.

4. 소리가 만들어 지는 장소와 기관들에 따른 자음의 분류

양순음 - (3) (Кош эринчилдер үнсүздөр)	б, п, м
순치음 - (2) (Тиш эринчил үнсүздөр)	в, ф
혀 끝소리 - (11) (Уччул үнсүздөр)	т, д, с, з, ш, ж, л, н, р, ц, щ
혀 가운데소리 - (5) (Ортончул үнсүздөр)	й, г, к, ж, ч
혀 뿌리소리 - (4) (Түпчүл үнсүздөр)	к, г, ң, х

- 양순음: 두 입술 사이에서 발음되는 소리로 '입술소리'라고도 한다. ㅂ·ㅃ·ㅍ·ㅁ 등.
- 순치음: 아랫입술과 윗니 사이에서 나는 소리
- 혀끝소리: 혀끝과 윗잇몸 사이에서 나는 소리로 '설단음','치조음' 이라고도 한다. 곧, 'ㄴ·ㄷ·ㄸ·ㄹ·ㅅ·ㅆ·ㅌ' 등
- 중간소리: 혀끝의 위치가 입 가운데 위치하여 나는 소리
- 안쪽소리: 혀끝의 위치가 입 안쪽 깊은데 위치하여 나는 소리

5. 소리를 만드는 방법에 따른 자음의 분류

파열음(폐쇄음) (Жарылма үнсүздөр)	б, п, д, т, к
열린 음 (지속음) (Жылчыкчыл үнсүздөр)	й, г, з, с, ж, ш, в, ф, х
비음 (Мурунчул үнсүздөр)	м, н, ң
설측음 (Капталчыл үнсүздөр)	л
진동음 (Дирилдеме үнсүздөр)	р
결합음 (Бириккен үнсүздөр)	ж, ч, ц, щ

- **파열음**: 자음을 발음할 때 후두 위의 발음 기관의 어느 한 부분을 막고 숨을 그친 다음, 이를 터뜨려 내는 소리《ㅂ·ㅃ·ㅍ·ㄷ·ㄸ·ㅌ·ㄱ·ㄲ·ㅋ 등의 소리》. 폐쇄음. 터짐소리.
- **열린 음 (지속음)**: 이와 입술이 열린 상태에서 입김을 지속해서 내 뱉을 때 나는 소리
- **비음**: 코 안을 울리면서 내는 소리《ㄴ·ㅁ·ㅇ의 소리》. 콧소리.
- **설측음**: 혀끝을 윗잇몸에 대고 양쪽 트인 데로 입김을 흘리어 내는 소리《'달'·'물' 따위의 'ㄹ' 소리》. 설측음(舌側音).
- **진동음**: 혀가 진동하면서 내는 소리, 혀 굴리는 소리
- **결합음**: 두 개의 자음이 결합하여 나는 소리 «ж: (д+ж), ч: (т+ш), ц: (т+с), щ: (ш+ч)»

6. 짝이 되는 소리의 유무에 따른 자음의 분류

짝 소리 (Түгөйлүү үнсүздөр)	б - п, г - к, в - ф, д - т, ж - ш, з - с
짝이 없는 소리 (Түгөйсүз үнсүздөр)	ж *(жол)*, х, ц, ч, ш, л, м, н, ң, р, й

7. 두 개의 음이 결합된 (Йоттошкон тамагалар) я (йа), е (йе), ё (йо), ю (йу)» 문자들의 사용

하나의 소리를 나타낼 때		두 개의 소리를 나타낼 때	
		말할 때	쓸 때
Тянь-Шань	Самолёт	단어의 앞부분	
Салют	Костюм	Йанварь – 7	Январь – 6
Октябрь	Шофёр	Йупитер – 7	Юпитер – 6
Шахтёр	Сентябрь	Йолка – 5	Ёлка – 4
Моряк		Йевропа – 7	Европа – 6
		Иенисей – 7	Енисей – 6
		모음 뒤에	
		Карыйа – 6	Карыя – 5
		Сойуз – 5	Союз – 4
		Койон – 5	Коён – 4
		Кийет - 5	Киет – 4
		ъ, ь 기호 다음에	
• Я, Ю, Ё, Е 자음 뒤에서 하나의 소리를 나타낸다.		Обйэкт – 6	Объект – 6
		Пйеса – 5	Пьеса – 5
		Адйутант – 8	Адъютант – 8
		Судйа - 5	Судья- 5

3장 키르기즈 문자의 발음법

1. 키르기즈어의 올바른 발음법

   [한 단어 안에 있는 자음들이 다음에 오는 자음에 영향을 받아 생기는 동화 현상]

Н 소리 → Ң 소리			Н 소리 → М 소리		
단어	읽기	쓰기	단어	읽기	쓰기
бүгүн-кү	бүгүңкү	бүгүнкү	Тын-бай	Тымбай	Тынбай
кийин-ки	кийиңки	кийинки	Мен-мин	Меммин	Менмин
Асман-га	Асмаңга	Асманга	Көн-бөй	Көмбөй	Көнбөй
нан-га	наңга	нанга	Түн-ма	Тумма	Тунма
Асан-га	Асаңга	Асанга	Көрүн-бө	Көрүмбө	Көрүнбө
түн-кү	түңкү	түнкү	Ишен-бе	ишембе	Ишенбе
З соли → С 소리			Ч 소리 → Ш 소리		
단어	읽기	쓰기	단어	읽기	쓰기
Сөз-сүз	Сөс-сүз	Сөзсүз	Ач-чы	Ашчы	Аччы
Туз-суз	Тус-суз	Тузсуз	Чач-туу	Чаштуу	Чачтуу
Жаз-са	Жас-са	Жазса	Уч-туу	Уштуу	Учтуу
Биз-че	Бис-че	Бизче	Жыгач-чы	Жыгашчы	Жыгаччы
Каз-ча	Кас-ча	Казча	Кач-са	Кашса	Качса

2. 두 단어 사이에서 뒤에 오는 단어의 앞 자음이 앞에 놓인 단어의 자음에 영향을 받아 생기는 동화 현상

К 소리 → Г 소리			
첫 번째 단어가 모음, 유성 자음으로 끝날 때	두 번째 단어의 첫 문자가 'К' 로 시작할 때	읽기	쓰기
айта	кел	айтагел	айта кел
Асан	келди	Асангелди	Асан келди
сурай	көр	сурайгөр	сурай көр
эл	келди	элгелди	эл келди
көрө	кой	көрөгой	көрө кой
кол	кой	колгой	кол кой
кар	кетти	каргетти	кар кетти
Б 소리 → П 소리			
첫 번째 단어가 무성 자음으로 끝날 때	두 번째 단어의 첫 문자가 'Б' 로 시작할 때	읽기	쓰기
алып	бар	алыппар	алып бар
бат	бер	батпер	бат бер
көк	берү	көкпөрү	көк берү
адис	бол	адиспол	адис бол
учкун	бала	учкунпала	учкун бала
карап	бас	караппас	карап бас
иш	бүттү	ишпүттү	иш бүттү

3. 두 단어 사이에서 앞에 오는 단어의 뒷 자음이 뒤에 놓인 단어의 첫 자음에 영향을 받아 생기는 동화 현상

К 소리 → Г 소리			
첫 번째 단어가 무성 자음 'К' 로 끝날 때	두 번째 단어의 첫 문자가 모음으로 시작할 때	읽기	쓰기
кө**к**	**а**ла	кө**г**ала	көк ала
а**к**	**у**й	а**г**уй	ак уй
кере**к**	**э**ле	каре**г**еле	керек эле
бийи**к**	**э**кен	бийи**г**екен	бийик экен
барды**к**	**э**ле	барды**г**еле	бардык эле
че**к**	**а**ра	че**г**ара	чек ара
та**к**	**а**лды	та**г**алды	так алды
П соли → Б 소리			
첫 번째 단어가 무성 자음 'П' 로 끝날 때	두 번째 단어의 첫 문자가 모음으로 시작할 때	읽기	쓰기
кө**п**	**э**кен	кө**б**екен	көп экен
саты**п**	**а**лды	саты**б**алды	сатып алды
сана**п**	**а**л	сана**б**ал	санап ал
айты**п**	**и**й	айты**б**ий	айтып ий
кара**п**	**о**тур	кара**б**отур	карап отур
то**п**	**о**йно	то**б**ойно	топ ойно
З 소리 → С 소리			
첫 번째 단어가 유성 자음 'З' 로 끝날 때	두 번째 단어의 첫 문자가 무성 자음으로 시작할 때	읽기	쓰기
сө**з**	**с**үйлө	сө**с**үйлө	сөз сүйлө
кө**з**	**с**ал	кө**с**сал	көз сал
тү**з**	**т**ур	тү**с**тур	түз тур
а**з**	**к**үндө	а**с**күндө	аз күндө
би**з**	**ч**ыктык	би**с**чыктык	биз чыктык
кү**з**	**ч**енде	кү**с**ченде	күз ченде
те**з**	**т**арады	те**с**тарады	тез тарады
Ч 소리 → Ш 소리			
첫 번째 단어가 유성 자음 'Ч' 로 끝날 때	두 번째 단어의 첫 문자가 무성. 유성 자음으로 시작할 때	읽기	쓰기
ча**ч**	**т**арач	ча**ш**тарач	чач тарач
ү**ч**	**с**ом	ү**ш**сом	үч сом
жыга**ч**	**ч**ап	жыга**ш**чап	жыгач чап
ке**ч**	**т**арады	ке**ш**тарады	кеч тарады
кү**ч**	**с**ынап	кү**ш**сынап	күч сынап
ке**ч**	**ч**ыгат	ке**ш**чыгат	кеч чыгат
ү**ч**	**ж**аш	ү**ш**жаш	үч жаш

4. 몇몇 키르기즈 문자의 올바른 발음법

'э' 와 'e' 문자의 읽기와 쓰기	'к, г' 문자의 읽기와 쓰기
단어의 머리 부분: ● эне, эже, эмгек, эркин, эки	1. 'к', 'г' 문자가 혀뿌리 (굵은) 소리 (а, ы, о, у)를 만나면 'кы', 'гы' 로 발음 된다. 예) кат, кыш, куш, кол, кана, кандай, кул
단어의 중간 부분: ● мектеп, керек, эмгек, кеңешме	2. 'к', 'г' 문자가 혀 끝에서 나는 얇은 소리 (э, и, ө, γ)를 만나면 'ки', 'ги' 로 발음 된다. 예) китеп, кийим, эгин, эки, гүл, көл
단어의 끝 부분: ● эрте, мектепке, кимге, эмне, бизге	3. 러시아어의 발음 그대로 읽고 쓴다. колхоз, педагог, комбайн, комитет, вагон
【장모음으로는 'ээ' 만 쓰인다】	'ж' 문자의 읽기와 쓰기
단어의 머리 부분: ● ээр, ээн, ээк, ээ, ээрчи, ээлик	'ж' 문자는 키르기즈어와 러시아어에서 각각 다른 소리로 발음된다.
단어의 중간 부분: ● эртерээк, эринчээк, эрээн, тебээле	1. 키르기즈어: жакшы, жер, жашыл, жаз, жигит, жаман, жибек
단어의 끝 부분: ● кечээ, кээ бир, мээ, бээ	2. 러시아어: журнал, гараж, жюри, лыжа, сержант, пейзаж
러시아어에서 차용한 말: ● экзамен, аэропорт, Енисей, Европа	

2부

키르기스어의 주요 문형

1장 안녕하세요.

1. 문장형식: **Саламатсызбы?** 〚안녕하세요?〛

    (1) 대화

☞ 안녕하세요, 선생님!

Кубан:	**Саламатсызбы**, агай! [1]	안녕하세요, 선생님!
Агай:	**Саламатчылык**, Кубан!	안녕, 쿠반!
	Өзүң кандай жүрөсүң?	(너는) 어떻게 지내니?
Кубан:	Рахмат, агай, жакшы жүрөмүн.	감사합니다, 선생님, (저는) 잘 지냅니다.
Агай:	Окууларың кандай?	공부하는 것은 어떠니?
Кубан:	Окууларым жакшы,	공부는 잘하고 있습니다.
	сабактарым абдан кызыктуу болуп жатат.	과목들은 매우 흥미롭고 재미있습니다.
Агай:	Жакшы болуптур! Сакбакты калтырбасаң,	잘됐네! 수업에 빠지지 말고,
	андан да жакшы окуйсуң.	더욱더 열심히 공부해.
Кубан:	Макул! Жакшы барыңыз, агай!	알겠습니다! 안녕히 가세요, 선생님.
Агай:	Мейли, сен да жакшы бар!	그래, 너도 잘가!

✎ 보통 «агай» [1] 는 초.등.고등학교 선생님이나, 대학교 교수님을 부를 때 사용한다.

☞ 안녕하세요, 어르신!

Кубан:	**Ассалом алейкум**, ата! [1]	안녕하세요, 어르신!
Үсөн:	**Алейкум ассалом**, уулум! [2]	안녕, 젊은 친구! (*나의 아들아)
Кубан:	Ден соолугуңуз кандай?	건강은 어떠세요?
Үсөн:	Жакшы, рахмат!	좋아, 고마워!
	Өзүң эмне кылып жүрөсүң?	(너는) 뭐하고 있니?
Кубан:	Мен жумуш[3] издеп жүрөм.	나는 직장을 찾고 있습니다.
Үсөн:	Жакшы болду, мага бир адам керек эле.	잘 됐다, 나에게 한 사람 필요했었는데.
	Машина айдай аласыңбы?	자동차 운전할 수 있니?
Кубан:	Албетте, менин беш жылдык тажрыйбам бар.	물론입니다, 나에게 5년 경력이 있습니다.
Үсөн:	Жакшы, эретеңден баштап иштейсиң.	좋아, 내일부터 시작해서 일해.
Кубан:	Рахмат, ата!	감사합니다, 어르신!

✎ • «ата» [1] 는 아버지라는 의미를 가지지만, 넓게는 어르신처럼 남의 아버지나 나이 많은 사람에 대한 경칭으로 쓰인다. 물론 «апа» 어머니도 마찬가지이다.
  • «уулум» [2] 직역하면, '나의 아들' 이지만, 여기서는 그냥 젊은 친구! 젊은 양반! 의 의미로 쓰였다.
  • «жумуш» [3] 는 (어떤) 일, 직장, 회사 같은 의미로 쓰인다.

☞ 안녕, 악바이!

Үсөн:	**Саламатсыңбы**, Акбай!	안녕, 악바이!
Акбай:	**Саламатчылык**, Үсөн байке!	안녕하세요, 위센 아저씨!
Үсөн:	Ден соолугуң кандай, иштериң жакшыбы?	건강은 어떠니? (하고 있는) 일은 잘되니?
Акбай:	Баары жакшы.	모든 것이 좋습니다.
	Өзүңүздүкү кандай?	당신의 것은 (아저씨는) 어떠세요?
Үсөн:	Рахмат, иним! Баары жайында.	고마워, 동생! 모든 것이 괜찮아.
	Кубан Бишкекке кете элекпи?	쿠반은 비쉬켁에 아직 가지 않았습니까?
Акбай:	Жок, кечээ Бишкекке кетип калды.	아니, 어제 비쉬켁으로 떠났어.
Үсөн:	Кубан кайра качан келет?	쿠반은 언제 다시 돌아 옵니까?
Акбай:	Бир жумадан кийин келет.	일주일 후에 다시 돌아와.
Үсөн:	Анда кайра кайтып келгенде бул китепти берип коюңузчу.	그러면 다시 돌아오면 이 책을 전해 주세요.
	Жакшы калыңыз! Акбай байке!	안녕히 계세요! 악바이 아저씨!
Акбай:	Мейли! Жакшы бар.	그래! 잘 가.

✎
- «баары жайында» 는 기본적으로 '모든 것이 제자리에 있다' 라는 의미를 가진다. 보통 모든 것이 평안하고, 아무 문제 없이 잘 되고 있다는 의미로 사용한다.
- «Өзүңүздүкү кандай?» 는 기본적으로 '당신의 것은 어떻습니까?' 라는 의미를 가진다. 보통 받은 질문에 상응하여 건강이나 일에 대하여 '어떻습니까?' 라고 말할 때 사용한다.

(2) 문장분석: 만나서 인사할 때

Кубан:	Сиз	→	Саламатсызбы?	안녕하세요? 평안하세요?
(질문)	Сиздер	→	Саламатсыздарбы?	여러분 안녕하세요? 모두들 평안하십니까?
	Сен	→	Саламатсыңбы?	안녕?
	Силер	→	Саламатсыңарбы?	(너희들) 안녕?
			Салам!	안녕?
Айзан:	Саламатчылык!			네, 평안합니다.
(대답)				
Улан:	Ассалом алейкум!			안녕하세요? 평안하세요?
(질문)				
Адил:	Алейкум ассалом!			네, 평안합니다.
(대답)				

✎
- 먼저 인사를 건네는 사람이 **Саламатсызбы?** 라고 인사하면 답하는 사람은 항상 **Саламатчылык!** 이라고 대답한다. 이 인사말은 아침 저녁 모든 시간대에 사용할 수 있다.
- «Салам» 은 보통 친구 사이에 사용한다.
- 이슬람 권 사람들의 인사 방법이며 먼저 **Ассалом алейкум.** 이라고 인사를 하면 **Алейкум ассалом.** 하며 대답을 한다.

■ 연습문제

1. 해석을 참고하여 ( ) 안에는 적당한 인칭 대명사를 _____ 에는 인칭어미를 넣으시오.

1. (   ) Саламатсызбы?   ▸ 안녕하세요? 평안하세요?
2. Сен   Саламат____бы?   ▸ 여러분 안녕하세요? 모두들 평안하십니까?
3. (   ) Саламатсыңбы?   ▸ 안녕?
4. Силер   Саламат_____бы?   ▸ (너희들) 안녕?

2. 다음 인사에 대한 답을 적으시오.

인사: Саламатсызбы?   ▸ 안녕하세요? 평안하세요?
답: (   )   ▸ 네, 평안합니다.
인사: Ассалом алейкум!   ▸ 안녕하세요? 평안하세요?
답: (   )   ▸ 네, 평안합니다.

2장 환영합니다.

1. 문장형식: **Кош келиңиз!** 〚환영합니다〛

    (1) 대화

☞ 환영합니다. 틸렉 선생님!

Кубан:	Кош келиңиз, Тилек байке!(1)	환영합니다. 틸렉 선생님!
Тилек:	Рахмат!	감사합니다.
Кубан:	Жолдон кыйыналган жоксузбу?	오시면서 힘든 일은 없으셨습니까?
Тилек:	Жок, жакшы эле келдим.	없었습니다, 잘 왔습니다.
	9 саат жолдо жүрдүм.	9시간 걸렸습니다.
	Ошондуктан бир аз чарчадым.	그래서 조금 피곤합니다.
Кубан:	Эртең Ысык-Көлгө барып эс аласыз.	(당신은) 내일 이스쿨에 가서 쉴 것입니다.
	Азыр аба ырайы абдан жакшы!	지금 날씨가 매우 좋습니다!
Тилек:	Жакшы! Ысык-Көлгө баргым келчү.	좋습니다! (나는) 이스쿨에 가고 싶었습니다.

- «**байке**»(1) 는 일반적으로 '형' 이라는 의미로 쓰이며 '삼촌' 이라는 의미로도 사용한다. 그리고 자기보다 나이가 많은 남자를 지칭할 때 '아저씨' 라는 의미로도 널리 쓰인다.
- «**эже**» 라는 말도 있는데, 이 말은 «**байке**» 의 대칭적 의미로 보통 '누나' 라는 의미로 쓰이며 '고모' 라는 의미로도 쓰인다. 그리고 자기보다 나이 많은 여자를 지칭할 때 '아주머니' 라는 의미로도 널리 쓰인다.

☞ 환영합니다. 존경하는 손님 여러분!

Кубан:	Кош келиңиздер, урматтуу меймандар!(1)	환영합니다. 존경하는 손님 여러분!
Меймандар:	Саламатсызбы, Кубан байке!	안녕하세요, 쿠반 바이께!
	Бизди кубаныч менен кабыл алганыңыз үчүн, чоң рахмат!	우리를 기쁨으로 맞아 주셔서, 대단히 감사합니다.
Кубан:	Бул «Манас» эл аралык аэропорту.	이곳은 마나스 국제 공항입니다.
	Азыр Бишкекке барабыз.	지금 (우리는) 비쉬켁으로 갑니다.
	Бишкектеги «Достук» мейманканасына коносуздар.	비쉬켁에 있는 도스툭 호텔에서 묵을 것입니다.
	Андан кийин түшкү тамакка барабыз.	그리고 나서 (우리는) 점심을 먹을 것입니다.
Меймандар:	Абдан жакшы!	매우 좋습니다!

- «**меймандар**»(1) 는 '**мейман**' 손님이라는 말에 **–дар** 라는 복수 어미가 붙은 복수 명사이다. 일반적으로 이 말은 (귀한) 손님이나 관광객 등으로 이해할 수 있다.

(2) 문장분석: 환영할 때

Кубан : Кош кел!   (너를 또는 새해를) 환영해!
         Кош келиңиз!   (당신을) 환영합니다!
         Кош келиңиздер!   (여러분을) 환영합니다!
         Кош келипсиздер!   (여러분) 잘 오셨습니다!
         Ардактуу меймандар!   귀하신 손님들!
         Урматтуу, айымдар жана мырзалар!   존경하는 숙녀 그리고 신사 여러분!
         Өтө кубанычтуубуз! (또는 кубанычтабыз!)   우리는 매우 기쁩니다.
         Өтө кубанычтуумун! (또는 кубанычтамын!)   나는 매우 기쁩니다.

■ 연습문제

1. 해석을 참고하여 ( ) 안에는 적당한 인칭 대명사를 _____ 에는 인칭어미를 넣으시오.

1. (   )   Кош кел___! Жаңы жыл!   ▸ 환영해! 새해!
2.   Сиз   Кош кел_____!   ▸ (당신을) 환영합니다!
3.   Силер   Кош кел_____!   ▸ (너희들을) 환영해!
4. (   )   Кош келиңиздер!   ▸ (여러분을) 환영합니다!
5.   Сиздер Кош келип_____!   ▸ (여러분) 잘 오셨습니다!

2. 다음 문장을 해석 하시오.

1. Кыскасы, аябагандай кубанычтуубуз.   1. _____

2. Кош келиңиздер, кымбаттуу окурмандар!   2. _____

3. Биздин сайтка кош келипсиздер!   3. _____

4. Мен да таанышканыма кубанычтуумун.   4. _____

5. Сен үчүн мен кубанычтуумун.   5. _____

6. Кош келгиле, урматтуу достор!   1. _____

3장 이분은 누구입니까?

1. 문장형식: **Бул ким?** 〖이분은 누구입니까?〗

(1) 대화

☞ 이분은 누구입니까?

Улан:	Асан! Бул ким?	아산! 이분은 누구입니까?	
Кубан:	Бул Жанара.	이분은 자나라입니다.	
Улан:	Жанара ким?	자나라는 누구입니까? (또는 어떤 직업을 가진 사람입니까?)	
Кубан:	Ал - мугалим.	그녀는 선생님입니다.	
Улан:	Тиги ким?	저분은 누구입니까?	
Кубан:	Тиги - Асан.	저분은 아산입니다.	
Улан:	Асан ким?	아산은 누구입니까? (또는 어떤 직업을 가진 사람입니까?)	
Кубан:	Ал - студент.	그는 대학생입니다.	

(2) 문장분석

Бул	ким?	이분은	누구입니까?
Тиги		저분은	

● 때로는 ким бул? (누구입니까 이분은?) 이라고 말하기도 한다.

Менин	улутум	кыргыз.	나의 민족은	키르기즈입니다.
Сенин	улутуң		너의 민족은	
Сиздин	улутуңуз		당신의 민족은	
Анын	улуту		그의 민족은	
Биздин	улутубуз	ким?	우리의 민족은	무엇입니까?
Силердин	улутуңар		너희들의 민족은	
Сиздердин	улутуңуздар		당신들의 민족은	
Алардын	улуту		그들의 민족은	

● 'улут' 은 '민족' 이라는 의미를 가지며, 'Улуту ким' 을 직역하면, '민족은 누구입니까?' 가 된다. 그러나 한국어는 보통 '어느 나라 사람입니까? 또는 어떤 민족 사람입니까?' 라고 묻는다. 그리고 'ким'은 '누구'라는 의미를 가지지만, 한국어로 번역할 때는 무엇이라고 번역하는 것이 자연스럽다. 예를 들어, 'улутуң ким?' 은 '너의 민족은 무엇입니까?'
● 'Менин улутум кыргыз.' 을 직역하면 '나의 민족은 키르기즈입니다.' 이고, 더 자연스럽게 번역하면 '나는 키르기즈 민족입니다, 나는 키르기즈 사람입니다.' 와 같다.

(3) 예문

- Бул ким?
- Бул Тилек.

- 이분은 누구입니까?
- 이분은 틸렉입니다.

- Тилек ким?
  - Ал - бизнесмен.
  - Ал - дарыгер. / Ал - врач.
  - Ал - инженер.
  - Ал - журналист.
  - Ал - котормочу.
  - Ал - тарыхчы.
  - Ал - китепканачы.
  - Ал - ашпоз.
  - Ал - саясатчы.
  - Ал - дыйкан.
  - Ал - айдоочу.
  - Ал - жоокер.
- Анын улуту ким?
  - Ал - корей
  - Ал - кыргыз
  - Ал - орус.
  - Ал - казак.
  - Ал - өзбөк.
  - Ал - америкалык.
  - Ал - германиялык.
  - Ал - канадалык.
  - Ал - англиялык.
  - Ал - япон.

- 틸렉은 누구입니까? (또는 어떤 직업을 가진 사람입니까?)
  - 그는 사업가입니다.
  - 그는 의사입니다.
  - 그는 기술자입니다.
  - 그는 기자입니다.
  - 그는 통역가 (번역가) 입니다.
  - 그는 역사가입니다.
  - 그는 도서관 직원입니다.
  - 그는 요리사입니다.
  - 그는 정치가입니다.
  - 그는 농부입니다.
  - 그는 운전사입니다.
  - 그는 군인입니다.
- 그의 민족은 누구입니까? (또는 어느 나라 (민족) 사람입니까?)
  - 그는 한국인입니다.
  - 그는 키르기즈인입니다.
  - 그는 러시아인입니다.
  - 그는 카작인입니다.
  - 그는 우즈벡인입니다.
  - 그는 미국인입니다.
  - 그는 독일인입니다.
  - 그는 캐나다인입니다.
  - 그는 영국인입니다.
  - 그는 일본인입니다.

■ 연습문제

1. 해석을 참고하여 ( ) 안에 있는 동사를 인칭과 시제 그리고 내용에 맞게 넣으시오.

1. Талас (_____)? ▸ 탈라스는 누구입니까? (또는 어떤 직업을 가진 사람입니까?)
2. Ал (_____). ▸ 그는 농부입니다.
3. Ал (_____). ▸ 그는 (대학교) 총장입니다.
4. Ал (_____). ▸ 그는 대통령입니다.
5. Ал (_____ _____). ▸ 그는 국무총리입니다.
6. Ал (_____). ▸ 그는 장관입니다.
7. Ал (_____). ▸ 그는 상인입니다.
8. Ал (_____). ▸ 그는 학생입니다.
9. Ал (_____). ▸ 그는 장군입니다.
10. Ал (_____). ▸ 그는 간호사입니다.
11. Ал (_____). ▸ 그는 교수입니다.

2. 다음 문장을 해석 하시오.

1. Алар кайсы өлкөнүн атуулдары?

2. **Германиялык** уюм жаш сүрөтчүлөрдү колдоодо.

3. Натыйжада **англиялык** визаны россиялыктар эми оңой алышат.

4. Эмне үчүн силер Кыргызстанда **америкалык** базанын болгонун каалабайсыңарбы?

5. Ак-Суудагы Эңилчек суусу менен рак оорусун дарыласа боло тургандыгын **кореялык** адистер айтышты

6. Ооганстанда **япониялык** журналист жоголду.

7. Эгер **канадалык** инвесторлор кетип калса, кен иштетилбей калат.

1. _____
2. _____
4. _____
5. _____
6. _____
7. _____
8. _____

4장 이것은 무엇입니까?

1. 문장형식: **Бул эмне?** 〖이것은 무엇입니까?〗

   (1) 대화

   ☞ 이것은 무엇입니까?

Улан:	Айжан! Бул эмне?		아이잔! 이것은 무엇입니까?
Асан:	Бул - үй.		이것은 집입니다.
Улан:	Бул кимдин үйү?		이것은 누구의 집입니까?
Асан:	Бул - менин чоң атамдын үйү.		이것은 나의 할아버지의 집입니다.
Улан:	Тиги эмне?		저것은 무엇입니까?
Асан:	Тиги - машина.		저것은 자동차입니다.
Улан:	Тиги машина кимдики?		저 자동차는 누구의 것입니까?
Асан:	Тиги машина - атамдыкы.		저 자동차는 나의 아버지의 것입니다.

   (2) 문장분석

Бул	эмне?	이것은	무엇입니까?
Тиги		저것은	

   ● 'эмне' 는 사물, 건물, 동물 등을 물을 때 사용하는 의문 대명사이다.

   (3) 예문

   - Бул эмне?
     - Бул - алма.
     - Бул - оюнчук.
     - Бул - имарат.
     - Бул - парк.
     - Бул - стадион.
     - Бул - помидор.
     - Бул - сабиз.
     - Бул - коон.
     - Бул - дарбыз.
     - Бул - дары.
     - Бул - үстөл. (стол)
     - Бул - олтургуч.
     - Бул - күрүч.
     - Бул - баш кийим.
     - Бул - калпак.
     - Бул - кой.
   - 이것은 무엇입니까?
     - 이것은 사과입니다.
     - 이것은 장난감입니다.
     - 이것은 건물입니다.
     - 이것은 공원입니다.
     - 이것은 경기장입니다.
     - 이것은 토마토입니다.
     - 이것은 당근입니다.
     - 이것은 콘(멜론)입니다.
     - 이것은 수박입니다.
     - 이것은 약입니다.
     - 이것은 책상입니다.
     - 이것은 의자입니다.
     - 이것은 쌀입니다.
     - 이것은 모자입니다.
     - 이것은 칼팍(키르기즈 전통모자)입니다.
     - 이것은 양입니다.

■ 연습문제

1. 해석을 참고하여 (   ) 안에 있는 동사를 인칭과 시제 그리고 내용에 맞게 넣으시오.

1. Бул (_____). ▸ 이것은 무엇입니까?
2. Бул (_____). ▸ 이것은 감자입니다.
3. Бул (_____). ▸ 이것은 오이입니다.
4. Бул (_____). ▸ 이것은 양파입니다.
5. Бул (_____). ▸ 이것은 코끼리입니다.
6. Бул (_____). ▸ 이것은 찻잔입니다.
7. Бул (_____). ▸ 이것은 차이넥(차를 따르는 주전자)입니다.
8. Бул (_____). ▸ 이것은 빵입니다.
9. Бул (_____). ▸ 이것은 옷입니다.
10. Бул (_____). ▸ 이것은 옷장입니다.
11. Бул (_____). ▸ 이것은 태양입니다.
12. Бул (_____). ▸ 이것은 나무입니다.
13. Бул (_____). ▸ 이것은 책입니다.

2. 다음 문장을 해석 하시오.

1. Картошка канча килограмм?
1. _____

2. Сиз бадыраң менен помидор өстүрсөңүз болот.
2. _____

3. Пияз менен этти майга кууруп жедим.
3. _____

4. Оюнчук баланын көңүлүн ачат.
4. _____

5. Мен алманы эң жакшы көрөм.
5. _____

6. Сиз коон жегиңиз келеби?
6. _____

7. Биз базардан банан сатып алдык.
7. _____

8. Мен акча которуу үчүн банкка бардым.
8. _____

9. Силер ушул китептерди мага алып бере аласыңарбы?
9. _____

10. Мен аябай машина алгым келет.
10. _____

5장 당신의 이름은 무엇입니까?

1. 문장형식: **Сиздин атыңыз ким?** 〚당신의 이름은 무엇입니까?〛

   (1) 대화

   ☞ 당신의 이름은 무엇입니까?

Улан:	Сиздин атыңыз ким?	당신의 이름은 무엇입니까?
Асан:	Менин атым Асан.	나의 이름은 아산입니다.
	Сиздин атыңызчы.	당신의 이름은요?
Улан:	Менин атым Улан.	나의 이름은 울란입니다.
	Иниңиздин аты ким?	(당신의) 남동생의 이름은 무엇입니까?
Асан:	Анын аты Кубан.	그의 이름은 쿠반입니다.

   (2) 문장분석

   ◆ 사람 이름 묻기

Сенин атың ким?	**Силердин атыңар ким?**
(네 이름이 뭐야?)	(너희들의 이름은 무엇이니?)
Сиздин атыңыз ким?	**Сиздердин атыңыздар ким?**
(당신의 이름은 무엇입니까?)	(당신들의 이름은 무엇입니까?)
Анын аты ким?	**Алардын аттары ким?**
(그의 이름은 무엇입니까?)	(그들의 이름은 무엇입니까?)

   - 사람의 이름을 물을 때 «Ким?»

   ◆ 사물 이름 묻기

Анын аты эмне?	**Анын аты машина?**
그것의 이름은 무엇입니까?	그것의 이름은 자동차입니다.
Мунун аты эмне?	**Мунун аты курма.**
이것의 이름은 무엇입니까?	이것의 이름은 감입니다.

   - 사물의 이름을 물을 때 «Эмне?»

   (3) 예문

   - Улутубуздун тарыхындагы эч качан өчпөс болуп сиздердин атыңыздар калат.
   - Силердин атыңар абдан жакшы экен.
   - Оңго барсаңар өзүңөр, солго барсаңар атыңар өлөт болду го.

   - 우리 민족의 역사에 당신들의 이름은 결코 지워지지 않을 것입니다.
   - 너희들의 이름이 참 좋아요.
   - (너희들은) 오른쪽을 가면 너희들 자신이, 왼쪽으로 가면 (너희들의) 이름이 죽게 되었군.

- Атыңар ким болот?
- Атыңызды айтып коёсузбу?
- Мүчөлүк атыңыз сайтка кирип-чыгуудагы гана белги болот.
- Сиз катталган атыңыз менен кириңиз.
- Силер менин атымдан гана сүйлөгүлө!
- Мунун аты эмне экен?
- Тынчтык бербеген деги мунун аты эмне?

- (너희들의) 이름이 어떻게 되니?
- (당신의) 이름을 말해 주십시오.
- (당신의) 회원 이름은 사이트에 출입에만 (사용하는) 표시입니다.
- 당신은 등록한 (당신의) 이름으로 들어가십시오.
- 너희들은 나의 이름으로만 이야기해라!
- 이것의 이름은 뭐예요?
- 평화를 주지 않는 도대체 이것의 이름은 무엇입니까?

■ 연습문제

1. 해석을 참고하여 (   ) 안에 있는 말을 인칭과 내용에 맞게 고쳐 넣으시오.

1. Менин (ат_____) ким? ▸ 나의 이름은 무엇입니까?
2. Сенин (ат_____) ким? ▸ 너의 이름은 무엇입니까?
3. Сиздин (ат_____) ким? ▸ 당신의 이름은 무엇입니까?
4. Анын (ат_____) ким? ▸ 그의 이름은 무엇입니까?
5. Силердин (ат_____) ким? ▸ 너희들의 이름은 무엇입니까?
6. Сиздердин (ат_____) ким? ▸ 당신들의 이름은 무엇입니까?
7. Алардын (ат_____) ким? ▸ 그들의 이름은 무엇입니까?
8. Анын (ат_____) эмне? ▸ 그것의 이름은 무엇입니까?
9. (_____) аты эмне? ▸ 이것의 이름은 무엇입니까?

6장 안녕히 가세요.

1. 문장형식: **Жакшы барыңыз.** 〚안녕히 가세요〛

   (1) 대화

☞ 안녕히 가세요.

Кубан:	Саламатсызбы, Улан!	안녕하세요, 울란!
Улан:	Саламатчылык, Кубан!	안녕하세요, 쿠반!
Кубан:	Кайдан келе жатасыз?	어디에서 오시는 거예요?
Улан:	Мен атама кабар алып[1], келе жатам.	저는 아버지에게 안부를 묻고 오는 길입니다.
Кубан:	Атаңыз жакшыбы?	(당신의) 아버지는 잘 지내십니까?
Улан:	Атам жакшы.	아버지는 잘 지내십니다.
	Мен бир жакка шашып бара жатам.	나는 어디에 급하게 가는 중입니다.
Кубан:	Мен сизге жолтоо болдум окшойт.	제가 당신에게 방해가 된 것 같습니다.
Улан:	Жок, эмкиде шашпай отурабыз.	아닙니다, 다음에 천천히 앉아서 이야기 합시다.
Кубан:	Макул, **жакшы барыңыз.**	좋습니다, 잘 (안녕히) 가세요.
Улан:	Көрүшкөнчө[2], Кубан!	또 만날 때 까지, 쿠반

✎ • «кабар ал-»[1] 안부를 묻고 전하기 기 위해서 방문하다 라는 의미로 쓰인다.
   • «көрүшкөнчө»[2] 직역하면 다시 만날 때까지로 번역할 수 있는데, 보통 해어질 때 '안녕, 잘 가, 또 봐' 정도로 번역할 수 있다.

☞ 항상 평안하세요!

Кубан:	Улан, ар дайым саламатта[1] болуңуз!	울란, 항상 평안하세요!
	Мен Ошко көчүп бара[2] жатам.	나는 오쉬로 이사를 갑니다.
Улан:	Качан көчөйүн деп жатасыз?	언제 이사를 가려고 합니까?
Кубан:	Бир жумадан кийин биротоло кетебиз.	일주일 후에 완전히 갑니다.
Улан:	Сиз менен кошуна болуп бирге жашаганды эч качан унутпайм.	당신과 이웃으로 함께 지낸 것을 결코 잊지 못할 것입니다.
	Анткени сиз баарыбыз үчүн өтө жакшы адам болчусуз.	왜냐하면 당신은 모든 사람들을 위해서 정말 좋은 사람이었습니다.
Кубан:	Чоң рахмат, Улан!	대단히 감사합니다, 울란!

✎ • «саламат»[1] 은 평안, 무사, 건강 이라는 의미로 쓰이며, **саламатта бол-** 이라는 형태로 사용하여 평안하세요, 무사하세요, 건강하세요 라는 의미를 가진다.
   • «көчүп бар-»[2] 는 көч- '이사하다, 이주하다, 이동하다' 라는 의미를 가진 본동사와 **бар-** 라는 보조동사와 결합하여 '이사를 가다, 이주를 하다' 라는 의미를 가진다.

(2) 문장분석: 헤어질 때

◆ 헤어질 때 1

| Кубан : | Жакшы барыңыз. | 안녕히 가세요. |
| Айзан : | Жакшы калыңыз. | 안녕히 계세요. |

◆ 헤어질 때 2

Кубан :　Көрүшкөнчө!　　　　　　또 만날 때까지! 또 만나요! 잘 가! 안녕 잘 있어!
　　　　　Саламатта болуңуз!　　　평안 하세요! 평안히 계세요!
　　　　　Саламатта болуңуздар!　여러분 (아무런 문제 없이) 평안히 지내세요!
　　　　　Аман-эсен болуңуз!　　　(아무런 문제 없이) 평안하세요!
Айзан :　Аман-эсен болуңуздар!　여러분 (아무런 문제 없이) 평안히 지내세요!
　　　　　Мейли!　　　　　　　　　좋아, 그래
　　　　　Мейлиңиз!　　　　　　　좋아요! 그래요!
　　　　　Мейлиңиздер!　　　　　　모두들 잘 있어요! (여러분) 그럼 잘 지내요!

■ 연습문제

1. 해석을 참고하여 ( ) 안에 있는 동사를 인칭과 시제 그리고 내용에 맞게 넣으시오.

1. Ишиңиздерге ийгилик, ар дайым аман-эсен (**бол**_____)! ▸ (당신들의 일이 형통하기를, 항상 무사하게 잘 지내세요!
2. Урматтуу досум! Туулган күнүңүз менен куттуктайм, өмүрүңүз узун, ден-соолукта үй-бүлөңүз менен аман-эсен (**бол**____). ▸ 존경하는 (나의) 친구! 생일 축하해, 장수하고, 건강하게 가족과 함께 평안히 잘 지내게.
3. Коюңуз эже, жакшы (**кал**_____. Үй-бүлөмө тийишпей эле коюңузчу. ▸ 됐어요 아주머니, 안녕히 계세요. 나의 가족에게 참견하지 말아 주세요.
4. Мейлиңиз анда, жакшы (**кал**_____. Кайра көрүшкөнчө саламатта калыңыз. ▸ 그래요 그러면, 안녕히 계세요. 다시 만날 때까지 평안하게 지내세요.
5. Жакшы **бар**____, оорубай жүр! ▸ 잘 가, 아프지 말고 지내!
6. Баарыңарга көңүлдүү эс алуу каалайм, дүйшөмбү күнү (**көр**_____) саламатта калгыла! ▸ 모두가 즐거운 휴가가 되기를 기원합니다. 월요일 날 다시 볼 때까지 건강하게 잘 지내!
7. Саламатта (**бол**_____). ▸ (당신은) 평안히 지내십시오.
8. Ата, саламатта (**бол**_____), аманчылыгыңызды тилейбиз. ▸ 아버지, 건강하게 지내세요, (우리는) 당신의 무사평안을 기원합니다.
9. Сак саламат (**бол**____), пайгамбар жашына барып деле калдыңыз. ▸ 건강하세요, (당신은 이제) 선지자의 나이가 됐습니다.
10. Кийнки жумада кайрадан бирге болуу тилеги менен саламатта (**бол**_____). ▸ 다음 주에 다시 함께 할 수 있기를 기원하며 (여러분) 안녕히 계세요.

2. 다음 문장을 해석 하시오.

1. Урматтуу делегаттар жана коноктор, баарыңыздарга ийгилик каалайбыз. Жакшы барыңыздар.
2. Жакшы барыңыздар, кечке калбай жүрүнүздөр!
3. Жакшы барып келиңиз.
4. Көрүшкөнчө саламатта болуңуз!
5. Аман-эсен барыңыз.
6. Жакшы барыңыздар, - деди Сагынай күлүмсүрөп.
7. Сүйлөшпөймүн, жолуңа түш, жакшы бар!
8. Мейли анда жакшы бар!
9. Жакшы бар. Жолуң ачык болсун!
10. Шаарга жакшы баргыла, окууга өтүп кеткиле!

1.
2.
3.
4.
5.
6.
7.
8.
9.
10.

7장 어떻게 지내세요?

1. 문장형식: **Кандайсыз?** 〖어떻게 지내세요〗

    (1) 대화

☞ 어떻게 지내니?

Кубан:	Салам, Эркин!	안녕, 에르킨!
Эркин:	Салам, Кубан!	안녕, 쿠반!
Кубан:	**Кандайсың?**⁽¹⁾ Качан келдиң?	어떻게 지내니? 언제 왔어?
Эркин:	Жакшы! Келгениме жарым сааттай болду.	좋아! 온지 30분 정도 됐어.
Кубан:	Келе жатып бир досум менен жолугуп кечигип калдым. Кечирип кой!	오다가 한 친구를 만나서 늦게 왔어. 미안해! (*용서해 줘!)
Эркин:	Эчтеке эмес!	괜찮아!
Кубан:	Иштер бүткөндө бул жерден көрүшөбүз.	(우리는) 일이 끝나면 이곳에서 만나.
Эркин:	Макул. Жалгыз кетип калба. Көрүшкөнчө.	좋아. 혼자 가지마. 이따가 봐.
Кубан:	Мейли! Көрүшкөнчө.	그래! 잘가.

✎ ▪ «кандай? кандайсың? кандайсыз?»⁽¹⁾ 어때? 어떠니? 어떻습니까? 어떤? 이라는 의미를 가진 의문사이다. 사람들 사이에서 건강이나 하고 있는 일의 좋고 나쁨을 물을 때 가장 흔하게 쓰이는 말이다. 사람의 내적 성품이나 성격을 묻거나 어떤 사건의 상황이나 상태를 물을 때도 빈번하게 사용한다.

☞ 지난 주에 많이 아프지 않았니, 지금은 어때?

Кубан:	Алтынай, **салам!**	알튼아이, 안녕!
Алтынай:	Саламатсыңбы, Кубан! Кандай, жакшысыңбы?	안녕, 쿠반! 어떻게 지내, 잘 지내니?
Кубан:	Рахмат, эң сонун!	고마워, 정말 잘 지내!
Алтынай:	Өткөн жумада катуу ооруп калбадың беле, азыр кандай?	지난 주에 많이 아프지 않았니, 지금은 어때?
Кубан:	Азыр жакшы болуп калдым. Ошондон кийин жаңы жумушка кирдим.	지금은 좋아졌어. 그 이후로 새로운 직장에 들어 갔어.
Алтынай:	Оо, ошондуктан жыргап жүрөсүң да.	오, 그래서 신나게 지내는 구나.
Кубан:	Чынында эле, жумушум абдан жакшы! Анткени бул ишке үмүттөнүп жүргөн болчумун.	정말로, 직장이 (매우) 좋아. 왜냐하면 이 일을 소망하며 지냈었거든.
Алтынай:	Куттуктайм, Кубан!	축하해, 쿠반

	Эми жакшы иштей бер.	
Кубан:	Рахмат,[1] Алтынай!	고마워, 알튼아이

- «рахмат»[1] 감사합니다, 고맙습니다 라는 의미를 가지며, 키르기즈 사람들은 조금의 친절에도 «рахмат» 이라는 말을 많이 사용한다. 따라서 키르기즈 말을 처음 배울 때 키르기즈 사람들에게 이 말을 많이 사용하면 좋은 인상을 주고 많은 도움을 받을 수 있다.

☞ 건강은 좋아?

Кубан:	Саламатсыңарбы, балдар![1]	안녕하세요, 여러분!
Балдар:	Саламатчылык.	안녕하세요!
Кубан:	**Ден соолугуңар жакшыбы?**	(너희들의) 건강은 좋아?
Балдар:	Рахмат, баарыбыз жакшыбыз![2]	감사합니다, 모두 좋습니다.
Кубан:	Үй тапшырманы аткарып келдиңерби?	숙제는 해 왔니?
Балдар:	Жок, аткарган жокпуз.	아니요, 하지 못했습니다.
	Анткени кээче баарыбыз талаада кечке чейин иштедик.	왜냐하면 어제 모두 들에서 늦게까지 일했었습니다.
Кубан:	Мейли, эми сабакты баштайбыз.	좋아, 자 그럼 수업을 시작합시다.

- «балдар»[1] 는 '아이들' 이라는 뜻이지만, 여기에서는 '여러분' 과 같이 어린 아이들 전체를 부를 때에도 쓰인다.
- «жакшы»[2] 는 "좋습니다, 좋다, 좋아" 라는 의미이다. 보통 키르기즈 사람들은 상황의 좋고 나쁨을 떠나서 거의 모든 대답에 «жакшы» 라는 대답하는 경향이 있다.

(2) 문장분석: 만나서 인사할 때

Кубан :	Кандайсыз?	(당신은) 어떻게 지내세요? 어때요?
(질문)	Кандайсың?	(너는) 어떻게 지내? 어때?
	Кандай?	(그는) 어때? (그는) 어떻게 지냅니까?
	Кандай турасыз?	(당신은) 어떻게 지내세요? 어때요?
	Кандай турасың?	(너는) 어떻게 지내? 어때?
	Баары жайындабы?	모든 것이 제자리에 있습니다. 아무런 문제가 없습니까?
	Ден соолугуңуз кандай?	(당신의) 건강은 어떻습니까? 건강은 어때요?
	Ден соолугуң кандай?	(너의) 건강은 어때?
	Иштериңиз кандай?	(하고 있는 당신의) 일은 어떻습니까?
	Иштериң кандай?	(하고 있는 너의) 일은 어때?
	Окууңуз кандай?	(당신의) 학업은 어떻습니까? 공부하는 것은 어떻습니까?
	Окууң кандай?	(너의) 학업은 어떻니? 공부하는 것은 어때?
Айзан :	Жакшы.	좋아요, 좋습니다.
(대답)	Абдан жакшы.	매우 좋아요, 매우 좋습니다.
	Сонун.	좋아요, 좋습니다.
	Эң сонун.	매우 좋아요, 매우 좋습니다, 최고예요, 최고입니다.

Шүгүрчүлүк.		(모든 것이 아무 문제 없이) 좋아요, 좋습니다, 평안합니다.
Баары жайында.		모든 것이 제자리에 있습니다, 평안합니다, 아무런 문제가 없습니다.
Жаман.		나빠요, 나쁩니다.
Эң жаман.		가장 나빠요.
Абдан жаман.		매우 나빠요. 아주 나빠요.
Жаман эмес.		나쁘지 않아요, 나쁘지 않습니다.
Жакшы эмес.		좋지 않아요, 좋지 않습니다.
Кудайга шүгүр.		하나님 감사합니다.

■ 연습문제

1. 해석을 참고하여 (   ) 안에 있는 동사를 인칭과 시제 그리고 내용에 맞게 넣으시오.

1. Өзүңүз (**кандай**_____)? ▸ 당신 (자신)은 어떻습니까?
2. (**Кандай**_____)? Чыңгыз байке! ▸ 어떻게 지내세요? 층그스 아저씨!
3. (**Кандай**_____) эже, көрүнүшүңүздөн кайгылуу отурасыз, бул жакка келгениңизге канча болду? ▸ 어떠세요 아주머니, (당신의) 안색이 슬퍼 보입니다. 이 곳에 오신지 얼마나 되었습니까?
4. (**Саламат**_____)? Интернет колдонуучулар (**кандай**_____) иштериниздер жакшыбы? ▸ (여러분) 안녕하세요? 인터넷 사용자 여러분, 어떻게 지내세요. (여러분의) 일은 좋습니까?
5. (**Кандай**_____)? Эмне жаңылык? - Жаңылык деле жок. ▸ 어때? 새로운 소식이 있니? - 새로운 소식 같은 것은 없어. (당신들은) 어떻게 지내십니까! 당신들을 무엇이 흥미롭게 하고 있습니까?
6. Кандай (**тур**_____)! Сиздерди эмне кызыктырып жатат?
7. Кандай (**тур**_____)? Ден соолугуңуз жакшыбы? ▸ (당신은) 어떻게 지내십니까? (당신의) 건강은 좋습니까?
8. Бул жактагы иштер (_____) жайындабы? ▸ 이 곳의 일들은 모두 제자리에 있습니까? (또는 아무런 문제없이 다 잘 굴러 갑니까?)
9. Салам, силерде баары (_____)? ▸ 안녕, 너희들에게 모든 것이 자기 자리에 있습니까?
10. Тилекке каршы, бүгүн кыргыз улутундагы ички ынтымак маселеси боюнча баары жайында (_____). ▸ 유감스럽게도 오늘 키르기즈 민족 내부의 화합에 대한 문제는 질서정연하지 못합니다.
11. Ден (**соолук**_____) кандай? Абдан арыктап кетиптирсиң. ▸ (너의) 건강은 어떠니? 살이 너무 빠졌어
12. Салам, Кубан. Ден соолугуң (_____)? - Баары (   ), рахмат. ▸ 안녕, 쿠반. 건강은 어때? - 다 좋아, 고마워.

2. 다음 문장을 해석 하시오.

1. Кандай жатасыңар? Ден соолугуң жакшыбы, балдар аман-эсенби?   1. _____

2. Динара эже, ден соолугуңуз кандай, жакшы болуп калдыңызбы?
3. Саламатсызбы, Улан байке, ден соолугуңуз кандай?
   - Рахмат. Ден соолук жалпысынан дурус.
4. Кандай ден-соолугуңуз, балдар чоңоюп жатабы?
5. Апа, азыр ден соолугуңуз кандай? Врачтар жакшы карап жатабы?
6. Ден соолугуңуздар чың болуп, бала-бакыраңыздардын, небелериңиздердин ийгиликтерине кубанып жүрө бериңиздер.
7. Саламатсызбы, Тынай байке, иштериңиз кандай?
   – Баары жайында. Акырын-акырын жүрөбүз.
   – Эмне жаңылыктар менен келип калдыңыз?
8. Бул иштериңиз кандай жүрүп атат?
9. Алло, досум, иштериң кандай?
10. Жазгы талаа иштери кандай жүрүп жатат?
11. Университеттеги окууңуздар кандай?
12. Кудайга шүгүрчүлүк.
13. Кудайга шүгүр, азыр ата-апам, бир туугандарым бар.
14. Баары жайында болуш үчүн ар бир адам арекеттениш керек.

2. _____
3. _____
4. _____
5. _____
6. _____
7. _____
8. _____
9. _____
10. _____
11. _____
13. _____
14. _____
15. _____

8장 우리 서로 소개합시다.

1. 문장형식: **Таанышып алабыз.** 〚우리 서로 소개합시다〛

   (1) 대화

☞ 당신과 알게 돼서 기쁩니다.

Кубан:	Атыңыз ким?	이름이 뭐예요?
Улан:	Менин атым Улан.	저의 이름은 울란이에요.
Кубан:	**Сиз менен таанышканыма кубанычтамын.**	(당신과 알게 돼서) 기쁩니다.
	Өзүмдү таанышырып кетейин.(1)	저를 소개 할게요. (소개 시켜 드릴게요.)
	Менин атым Кубан.	저의 이름은 쿠반입니다.
	Мен 21 жаштамын.	저는 스물 한 살입니다.
Улан:	Мен да сиз менен таанышканыма кубанычтамын.	저도 당신과 알게 돼서 기쁩니다.
Кубан:	Сиздин кесибиңиз эмне?	당신의 직업은 무엇입니까?
Улан:	Мен куруучу болуп иштейм, сизчи?	저는 건설 기술자로 일합니다. 당신은요?
Кубан:	Мен - студентмин.	저는 학생입니다.
Улан:	Сиз кайсы факультетте окуйсуз?	당신은 어느 학부에서 공부합니까?
Кубан:	Юридикалык факультетте окуйм.	저는 법대에서 공부합니다.
Улан:	Менин атам болсо сот болуп иштеп жатат.	저의 아버지께서는 판사로 일하고 계십니다.

> ▪ «таанышырып кет-»(1) 은 тааны(этиш) - ш(этиштин кош мамилеси) –тыр (этиштин аркылуу мамилеси) -ып(чакчыл) + кет(보조동사) 로 구성되어 있다. '서로가 서로에 대해서 알도록 만들다.' 라는 의미를 가지며, 일반적으로 '소개시켜주다, 소개시키다' 라는 의미로 사용한다.

☞ 나도 당신과 만나게 돼서 기쁩니다.

Адилбай:	Менин атым Адилбай.	나의 이름은 아딜바이입니다.
	Сиздин атыңыз ким?(1)	당신의 이름은 무엇입니까?
Айсулуу:	Менин атым Айсулуу.	나의 이름은 아이술루입니다.
Адилбай:	Сиз менен таанышканыма кубанычтамын!	당신과 알게 돼서 기쁩니다!
Айсулуу:	**Мен да сиз менен жолукканыма кубанычтамын!**	나도 당신과 만나게 돼서 기쁩니다.
Адилбай:	Сиз кайсы(2) жерде жашайсыз?	당신은 어디에 사십니까?
Айсулуу:	Мен Манас көчөсүндө турам. Сизчи?	나는 마나스 거리에 삽니다. 당신은요?
Адилбай:	Мен базардын жанында жашайм.	나는 시장 근처에 삽니다.
	Эртең сизге жолуксам болобу?	내일 당신을 만나도 되겠습니까?
Айсулуу:	Албетте, эртең бул жерден саат 12де	물론입니다, 내일 이 자리에서 12 시에 봅시다.

köрүшөбүз.

Адилбай: Жакшы барыңыз. 잘 가세요.
Айсулуу: Көрүшкөнчө! 또 봐요! (또는 안녕히 잘가!)

- «ким?»(1) 는 의문사로서 기본적으로 '누구입니까?'라는 의미를 가지며, 때로는 그 사람의 직업이나 사회적 위치를 물을 때 사용하기도 한다. 따라서 그 사람의 이름과 더불어 선생님, 도지사, 경찰 등과 같이 묻는 사람의 직업을 말하기도 한다.
- «кайсы?»(2) 는 의문 대명사로 '어느, 어디, 어떤' 의 의미를 가지며, 어떤 것을 정확하게 확인하려는 의도를 가지고 물을 때 사용한다.

☞ 서로 소개 하지요.

Адил: Саламатсызбы! 안녕하세요!
Жибек: Саламатчылык! 안녕하세요! (네, 평안합니다)
Адил: Таанышып алалы. 서로 소개하지요. (서로 알고 지내지요.)
Менин атым Адил. Сиздикичи?(1) 저의 이름은 아딜입니다. 당신은요?
Жибек: Менин атым Жибек. 저의 이름은 지벡입니다.
Адил: Мен сизди жайында иштеп жүргөндө(2) көргөм. 저는 당신을 여름에 일하면서 지낼 때 보았습니다.
Таанышканыма кубанычтуумун. 알게 돼서 기쁩니다.
Жибек: Сиз жөнүндө эжем мага айтып берди. 당신에 대해서 언니가 나에게 말해 주었습니다.
Мен да таанышканыма кубанычтуумун. 나도 알게 돼서 기쁩니다.
Адил: Ишемби күнү кечинде сиз менен жолуксам болобу? 토요일 저녁에 당신과 만나도 될까요?
Жибек: Албетте, саат канчада жолугалы? 물론입니다, 몇 시에 만날까요?
Адил: Кечки саат 7де жолуксак кандай болот? 저녁 7시에 어떻습니까?
Жибек: Жакшы, анда ишемби күнгө чейин саламатта болуңуз. 좋습니다, 그러면 토요일까지 평안하세요.

- «сиздикичи»(1) сиз(인칭 대명사 당신) – дики(소유를 나타내는 어미: ~의 것) – чи(존중의 의미를 가지면서 '(당신) 요' 의 '~는 요' 에 해당하는 말이다) 따라서 당신의 것 즉 건강이나 하고 있는 일은 어떠세요? 라는 의미로 사용한다.
- «иштеп жүргөндө»(2) иш(명사: 일) – те(명사를 동사로 만드는 어미 –ла 의 변형) – п(чакчыл) + жүр(동사: 가다, 지내다) – гөн(атоочтуктар) – де(장소를 나타내는 조사(жатыш жөндөмөсү)) 따라서 의미는 '일하면서 지낼 때' 라는 의미를 나타낸다.

☞ 아슬, 서로 알고 지내, 이 사람은 내 친구 쿠반이야.

Аман: Саламатсыңбы, Асыл! 안녕, 아슬!
Асыл: Саламатчылык, Аман! 안녕, 아만!
Аман: Асыл, таанышып(1) ал, бул - менин досум Кубан. 아슬, 서로 알고 지내, 이 (사람은) 내 친구 쿠반이야.
Кубан, бул - менин айылдашым Асыл. 쿠반, 이 (사람은) 나의 고향친구 아슬이야.

Кубан:	(Сени менен[2]) таанышканыма кубанычтамын!	(너와) 알게 돼서 기쁩니다.
Асыл:	Мен да таанышканыма кубанычтамын!	나도 알게 돼서 기쁩니다.
Кубан:	Аман экөөбүз бир айылда жашап, бир мектепте окучубуз.	아만과 우리 둘은 한 마을에서 살고, 같은 학교에서 공부했습니다.
	Биз абдан жакын доспуз.	우리는 매우 가까운 친구입니다.

- «тааны-»[1] 어떤 사람이나 사물의 특징 (형태, 색깔, 소리) 을 파악하고, 관찰하여 '알다, 인식하다' 라는 의미로 사용된다. «таанышып ал-» 에서 '-шы' 는 동사의 'кош мамиле' 로서 두 사람 이상이 서로 함께 하다는 의미를 가지게 된다. 그래서 «таанышып ал-» 은 '서로 알고 지내자' 라는 의미를 가진다.
- «мени менен» 나와 함께
- «сени менен» 너와 함께
- «сиз менен»[2] 당신과 함께
- «аны менен» 그와 함께
- «биз менен» 우리와 함께
- «силер менен» 너희들과 함께
- «сиздер менен» 당신들과 함께
- «алар менен» 그들과 함께

☞ 당신에게 소개시켜 줄게요.

Медер:	Саламатсызбы!	안녕하세요!
Сагындын эжеси:	Саламатчылык!	그래 (안녕)!
Медер:	Улан үйдөбү?[1]	울란은 집에 있습니까?
	Жумушка кеткен жокпу?	회사에 가지 않았습니까?
Сагындын эжеси:	Азыр үйдө. Сен кимсиң?	지금 집에 있어. 너는 누구니?
Медер:	Мен Уландын досумун.	저는 울란의 친구입니다.
Сагындын эжеси:	Улан! Сага бир досуң келди![2]	울란! 네게 (한) 친구가 왔어!
Улан:	Эже, таанышып алыңыз!	누나, 서로 알고 지내세요!
	(Сизге тааныштырып берейин!)	(당신에게) 소개시켜 줄게요.
	Бул менин досум - Медер.	이 (사람은) 저의 친구 메데르입니다.
	Бул эжем – Бермет.	이분은 누나 베르멧입니다.
Медер:	Бермет эже, таанышканыма кубанычтамын!	베르멧 누나, 알게 돼서 기쁩니다.
Сагындын эжеси:	Мен да таанышканыма кубанычтамын!	나도 알게 돼서 기뻐!

- «үйдөбү?»[1] үй(명사: 집) – дө(장소격 조사) – бү(의문조사)? 따라서 '집에 있습니까?' 라는 의미를 가진다.
- «бир досум келди.»[2] 에서 бир 는 수사로서 '일, 하나' 이지만 '한 친구가 왔어' 라고 말할 때처럼 정해진 특정 인물이 아니라 많은 친구들 중에 한 사람이 왔다는 것을 의미한다.

(2) 문장분석: 서로 소개할 때

Кубан :	Таанышып алыңыз.	(서로) 알고 지내세요. (서로 자신을) 소개하세요.
	Таанышып ал.	(서로) 알고 지내. (서로 자신을) 소개해.

Кыргыз	Корейский
Таанышып алабыз.	우리 서로 알고 지냅시다. 우리 서로 소개할까요?
Таанышып алгыла.	(너희들은 서로) 알고 지내. (너희들은) 서로 (자신을) 소개해.
Таанышып алыңыздар.	여러분 (서로) 알고 지내세요. 여러분 서로 (자신을) 소개하세요.
Таанышып алалы.	우리 (서로) 알고 지내지요.
Тааныштырып берейин.	(나는) 소개시켜 주겠습니다.
(= Тааныштырайын.)	
Тааныштырып бер.	소개 시켜 줘.
Тааныштырып бергиле.	(너희들이) 소개시켜 줄래.
Тааныштырып бериңиз.	(당신이) 소개시켜 주십시오.
Тааныштырып бериңиздер.	(당신들이) 소개시켜 주십시오.
Тааныштырып берели.	(우리가) 소개시켜 줄게요.
Сиз менен таанышканыма кубанычтамын!	당신과 알게 돼서 기쁩니다!
Сиз менен жолукканыма кубанычтамын!	당신과 만나게 돼서 기쁩니다!

- 'кубаныч_та_мын' 은 кубаныч (기쁨 이라는 의미를 가진 명사), та (장소를 나타내는 조사 'да' 의 변형) – мын (1 인칭 주격 'мен' 의 서술격 조사) 로 분리할 수 있다.

■ 연습문제

1. 해석을 참고하여 ( ) 안에 있는 동사를 인칭과 시제 그리고 내용에 맞게 넣으시오.

1. Апа, таанышып (**ал**_____)! Бул - курсташым Миша. ▸ 엄마, (서로) 알고 지내세요! 이 사람은 (대학교에서 함께 공부하고 있는) 미샤입니다.
2. Марлен менен таанышып (**ал**_____). ▸ (당신들은) 마를렌과 (서로) 알고 지내세요.
3. Келиңиз, таанышып (**ал**_____). ▸ 오십시오, (우리 서로) 알고 지냅시다.
4. Бир кызды жакшы көрүп калдым, бүгүн (**тааныш**_____). ▸ 한 여자를 좋아하게 됐습니다, 오늘 소개하겠습니다.
5. Жүр эми, сени ошол акынга (**тааныштыр**_____). ▸ 가자 이제, 너를 그 시인에게 소개해 줄게.
6. Тааныштырып өтпөйсүңбү өзүңдү? ▸ 소개하지 않겠니 너 자신을?
7. Сизди бирөө (**тааныш**_____) жатканда уялбаңыз. ▸ 당신을 누가 소개할 때 부끄러워하지 마십시오.
8. Сиздин аты-жөнүңүз ким, (**тааныш**_____) кетесизби? ▸ 당신의 이름과 성은 무엇(누구)인지, 소개해 주십시오.
9. Сиз менен (**жолук**_____) баарлашкым келет. ▸ 당신과 만나서 비밀 대화를 하고 싶습니다.
10. Сизди көргөнүмө өтө (**кубаныч**_____). ▸ 당신을 보게 돼서 매우 기쁩니다.
11. Сиз менен (**тааныш**_____) абдан кубанычтамын! ▸ 당신과 만나게 돼서 매우 기쁩니다.
12. Жанымда каалаган учурда адистик кеп-кеңешин бере турган адамдын бар экендигине өтө (**кубанычта**_____). ▸ (나의) 옆에 (가까이에) 원하는 시간에 전문가의 충고를 주는 사람이 있기 때문에 매우 기쁩니다.

2. 다음 문장을 해석 하시오.

1. Нургүл, таанышып ал, бул - менин досум Анвар.
   Анвар, бул менин курсташым.
2. Сен үчүн мен кубанычтамын.
3. Сиз суунун өзгөчөлүктөрү менен таанышып алыңыз.
4. Жагымдуу үнү менен күйөрман топтоого жетишкен жаш ырчы менен таанышып алыңыздар.
5. Мен сиз менен пикиримдин келишкенине кубанычтамын!
6. Бүгүн бул жерде болгонума абдан кубанычтамын.
7. Жаңы жылдын алдында жаңы өзгөрүүлөр келип жатканына өтө кубанычтамын.
8. Силерге кошулганыма кубанычтамын.
9. Бактыгул жакын арада турмушка чыгат, мен абдан кубанычтамын.
10. Мен да сиздей карындаштарымдын барына кубанычтамын.
11. Кыргыз элиме тынчылык, ынтымак, жана молчулукту каалайм.
    Мен Кыргыз болуп жаралганыма аябай кубанычтамын.
12. Жаздын келгенине жана силер менен жолугушканыма кубанычтамын!
13. Мен сени менен сүйлөшүп жатканым үчүн чексиз кубанычтамын.
14. Ушундай досторго жолукканыма Кудайга ыраазымын.
15. Темир байке, сиз менен жолукканыма абдан кубанычтамын.

9장 당신은 무엇을 원합니까?

1. 문장형식: **Сиз эмнени каалайсыз?** 〖당신은 무엇을 원합니까?〗

   (1) 대화

☞ 당신은 무엇을 원합니까?

Улан:	Сиз эмнени каалайсыз?	당신은 무엇을 원합니까?
Асан:	Мен иштегенди каалайм.	나는 일하는 것을 원합니다.
Улан:	Сиз кайсы жерде иштегенди каалайсыз?	당신은 어디에서 일하는 것을 원합니까?
Асан:	Мен өкмөттүк ишканада иштегенди каалайм.	나는 정부 기관에서 일하는 것을 원합니다.
Улан:	Өзүңүздүн адистигиңиз эмне?	당신의 전공은 무엇입니까?
Асан:	Мен - өзүм экономистмин.	나는 경제 전문가입니다.
	Акыркы он жылда банк тармагында иштеп, бөлүм башчылыгына чейин көтөрүлдүм.	최근 10년은 은행분야에서 일했고, 부서장까지 진급했었습니다.
Улан:	Экономика тармагында иштей турган жай барбы, жокпу карап көрөйүн.	경제분야에서 일할 수 있는 곳이 있는지, 없는지 찾아 보겠습니다.
Асан:	Чоң рахмат!	대단히 감사합니다!

   (2) 문장분석: **Эмне**_목적격 조사 + **каала**_착츨_인칭어미?

Жатыш жөндөмө		Чакчыл		Чакчыл		Жак мүчөлөр (인칭어미)	
의문사	목적격조사	동사어간	착츨	Жак мүчөлөр (인칭어미)	착츨		
Эмне (무엇) **Кайсы** (어느 것)	_ни (을) _ны (을)	каала	_й	단수 _м? ① _сың? ② _сыз? ③ _т? ④ 복수 _быз? ⑤ _сыңар? ⑥ _сыздар? ⑦			
			-	_ш	_а	_т?	⑧
Му (이것) **Тиги** (저것) **А** (그것)	_ну (을) _ни (을) _ны (을)	каала	_й	단수 _м. ① _сың. ② _сыз. ③ _т. ④ 복수 _быз. ⑤ _сыңар. ⑥ _сыздар. ⑦			
			-	_ш	_а	_т.	⑧

(1)	Мен (나는)	эмне_ни каала_й_м? 무엇을 원합니까? кайсы_ны каала_й_м? 어느 것을 원합니까? му_ну каала_й_м. 이것을 원합니다. тиги_ни каала_й_м. 저것을 원합니다. а_ны каала_й_м. 그것을 원합니다.	(5)	Биз (우리는)	эмне_ни каала_й_быз? 무엇을 원합니까? кайсы_ны каала_й_быз? 어느 것을 원합니까? му_ну каала_й_быз. 이것을 원합니다. тиги_ни каала_й_быз. 저것을 원합니다. а_ны каала_й_быз. 그것을 원합니다.
(2)	Сен (너는)	эмне_ни каала_й_сың? 무엇을 원합니까? кайсы_ны каала_й_сың? 어느 것을 원합니까? му_ну каала_й_сың. 이것을 원합니다. тиги_ни каала_й_сың. 저것을 원합니다. а_ны каала_й_сың. 그것을 원합니다.	(6)	Силер (너희들은)	эмне_ни каала_й_сыңар? 무엇을 원합니까? кайсы_ны каала_й_сыңар? 어느 것을 원합니까? му_ну каала_й_сыңар. 이것을 원합니다. тиги_ни каала_й_сыңар. 저것을 원합니다. а_ны каала_й_сыңар. 그것을 원합니다.
(3)	Сиз (당신은)	эмне_ни каала_й_сыз? 무엇을 원합니까? кайсы_ны каала_й_сыз? 어느 것을 원합니까? му_ну каала_й_сыз. 이것을 원합니다. тиги_ни каала_й_сыз. 저것을 원합니다. а_ны каала_й_сыз. 그것을 원합니다.	(7)	Сиздер (당신들은)	эмне_ни каала_й_сыздар? 무엇을 원합니까? кайсы_ны каала_й_сыздар? 어느 것을 원합니까? му_ну каала_й_сыздар. 이것을 원합니다. тиги_ни каала_й_сыздар. 저것을 원합니다. а_ны каала_й_сыздар. 그것을 원합니다.
(4)	Ал (그는)	эмне_ни каала_й_т? 무엇을 원합니까? кайсы_ны каала_й_т? 어느 것을 원합니까? му_ну каала_й_т. 이것을 원합니다. тиги_ни каала_й_т. 저것을 원합니다. а_ны каала_й_т. 그것을 원합니다.	(8)	Алар (그들은)	эмне_ни каала_ш_а_т? 무엇을 원합니까? кайсы_ны каала_ш_а_т? 어느 것을 원합니까? му_ну каала_ш_а_т. 이것을 원합니다. тиги_ни каала_ш_а_т. 저것을 원합니다. а_ны каала_ш_а_т. 그것을 원합니다.

(3) 예문

- Сиз кайсынысын сатып алгыңыз келет?
- Сиз кайсынысын жакшы деп ойлойсуз?
- Мен кайсынысын көргөзүп берейин?
- Мен сага кайсыны берем?
- Эмне кылууну каалайсыз?
- Канча балалуу болууну каалайсыз?
- Эмнени же кимди?
- Мен муну каалайм, буларды жакшы көрөм.
- "Мен тигини каалайм, муну каалайм" деген-

- 당신은 어느 것을 사고 싶습니까?
- 당신은 어느 것이 좋다고 생각합니까?
- 나는 어느 것을 보여 드릴까요?
- 나는 너에게 어느 것을 줄까?
- 무엇(을) 하기를 원하십니까?
- 몇 명의 자녀를 가지기를 원하십니까?
- 무엇을 또는 누구를?
- 나는 이것을 원합니다, 이것들을 좋아합니다.
- (나는) "나는 저것을 원합니다, 이것을 원합니다" 라고

- дердин айткандарын кылып жүрдүм.
- Муну менен жаштарга жол бошотуп берүүнү каалайм.
- Бирок муну билип алышыңарды каалайм.
- Бул тарыхта гана калышын каалайм.
- Сенин бактылуу болушуңду гана каалайм.
- Мен Кыргызстанга тынчтык каалайм.
- Ал мени түшүнүүсүн каалайм.
- Мен жаңы билимди көбүрөөк билүүнү каалайм.
- Бардыгы үчүн кандай күрөшүп жатканымды билишиңерди каалайм.
- Аларга кандай келечек каалайсыз?
- Тигини, эмне кылдың?
- Мен аны сүйбөсөм, кантип каалайм?
- Сүйгөн адамыңызга бакыт каалайсызбы?
- Каалайбызбы, каалабайбызбы адам бийликке келгендин эртеси душманы көбөйөт.

- 말하는 사람들의 말들을 수행하면서 지냈습니다.
- (나는) 이것으로 청년들에게 길을 내어 주기를 원합니다.
- (나는) 그러나 (너희들이) 이것을 알게 되기를 원합니다.
- (나는) 이것은 역사에만 남기를 원합니다.
- 네가 행복하기 만을 기원합니다.
- 나는 키르기즈스탄에 평안을 원합니다.
- 그가 나를 이해 하기를 원합니다.
- 나는 새로운 지식을 보다 더 많이 알기를 원합니다.
- (내가) 모두를 위해서 어떻게 싸우고 있는지를 (너희들이) 알기를 원합니다.
- (당신은) 그들에게 어떤 미래를 원하십니까?
- (너는) 그것을 어떻게 했니?
- 내가 그를 사랑하지 않으면, 어떻게 원하겠습니까?
- (당신은) 사랑하는 사람에게 행복을 원하십니까?
- 우리가 원하든지, 원하지 않든지 간에 사람이 권력을 잡은 바로 내일(부터) 원수가 많아집니다.

■ 연습문제

1) 해석을 참고해서, (   ) 안에 있는 동사를 인칭과 시제에 맞게 넣으시오.

1. Сиз кайсынысын жакшы (көр_____)? ▶ 당신은 어느 것을 좋아합니까?
2. Сага кайсынысын (жак_____)? ▶ 너에게 어떤 것이 마음에 드니?
3. Мен кайсыны жок (кыл_____)? ▶ 나는 어느 것을 없앨까요?
4. Келечекте балдарыңыздын кайсыл тармакта иштешин (каала_____)? ▶ (당신은 당신의) 아이들이 장래에 어떤 분야에 일하는 것을 원하십니까?
5. Эмне кылышымды (каала_____)? ▶ (너희들은 내가) 무엇을 하기를 원하니?
6. Ал уул (каала_____)? ▶ (그는) 아들을 원하십니까?
7. Сапаттуу товарларды сатып алууну (каала_____? ▶ (당신들은) 품질이 좋은 상품들을 사기를 원합니까?
8. Биз (каала_____бы, (каала_____бы), кыргыз эли той жандуу. ▶ 우리가 원하든지, 원하지 않든지 키르기즈 사람들에게 잔치가 너무 많습니다 (활발합니다).

2) 다음 문장을 해석 하시오.

1. Ошон үчүн анын келип биз менен чогуу жашашын каалайм .
2. Сага баардык жакшылыкты каалайм
3. Чыгармачылыгына мындан ары дагы чоң ийгиликтерди каалайм.

1. _____
2. _____
3. _____

4. Келечекти билүүнү каалайсызбы?   4. _____

5. Модель болууну каалайсызбы?   5. _____

6. Жаңы номер каалайсызбы?   6. _____

7. Мындан да көбүрөөк маалымат алууну   7. _____
   каалайсыңарбы?
8. Мен кайсыны алып келейин?   8. _____

9. Сиз кайсыны тандайсыз?   9. _____

10. Эмнени каалайсыз, айтчы? Эрмек!   11. _____

11. Эмне каалайсыз?   12. _____

10장 ~ 해도 됩니다.

1. 문장형식: 동사의 어간_са_주격조사 **+ болот** 〖~ 해도 됩니다〗

(1) 대화

☞ 틸렉, 원하는 시간에 와도 돼.

Тилек:	Агай, мен сизге барсам болобу?		선생님, 나는 당신에게 가도 됩니까?
Агай:	**Тилек, каалаган убакта келсең болот.**		틸렉, (내가) 원하는 시간에 와도 돼.
	(Өзүңө ыңгайлуу убакта кел.)		(내가 편한 시간에 와.)
Тилек:	Анда мен жумуштан бошогондо барам, агай.		그러면 저는 직장에서 쉬는 날에 가겠습니다, 선생님.
Агай:	Качан бошойсуң?		(너는) 언제 쉬니?
Тилек:	Мен бир жумадан кийин бошойм.		나는 일주일 후에 쉽니다.
	Эмки жумада барсам болобу?		다음 주에 가도 됩니까?
Агай:	Кечирип кой! Ал убакта Бишкекте болом.		미안해! (나는) 그 때 비쉬켁에 있어.
	Бирок эмки жуманын аяк жагында келем.		그러나 (나는) 다음주 주말쯤에 와.
	Биз ишембиде жолуксак болот.		우리는 토요일에 만나면 될 거야.
Тилек:	Анда, эмки ишембиде жолуксак болот экен да.		그러면 다주 토요일에 만나면 되겠군요.
Агай:	Жакшы болду, анда ошондо көрүшөлү!		좋아, 그러면 그때 보자.

☞ 뭘 좀 물어봐도 됩니까?

Улан:	**Бир нерсе сурасам болобу?**		뭘 좀 **물어봐도** 됩니까?
	* *Бир нерсе тууралуу сизден* **сурасам болобу?**		무엇에 관하여 당신에게 **물어봐도** 됩니까?
	* *Сизге* **суроо берсем болобу?**		당신에게 질문해도 됩니까?
Асан:	Болот. (* **Сурасаңыз болот**.)		됩니다. (* **물어봐도 됩니다**.)
	Эмне тууралуу билгиңиз келет?		무엇에 관하여 알고 싶습니까?
Улан:	Эң белгилүү ашкана кайда?		가장 유명한 식당은 어디입니까?
Асан:	Бишкек шаары боюнча "Ала-Тоо" ашканасы эң белгилүү.		비쉬켁에서 «알라 토» 식당이 가장 유명합니다.
Улан:	Ал ашканада кайсы тамакты даамдуу жасайт?		그 식당은 어떤 음식을 맛있게 만듭니까?
Асан:	Лагманды жана шашлыкты даамдуу жасайт.		라그만과 샤슬릭을 맛있게 만듭니다.
Улан:	Ала-Тоо ашканасы кайда?		알라토 식당은 어디에 있습니까?
Асан:	Ош базарынын жанында.		오쉬 바자르 근처에 있습니다.
Улан:	Бул жерден кантип барсам болот?		이 곳에서 어떻게 가면 됩니까?
Асан:	10-автобуска отурсаңыз барат.		10 번 버스를 타시면 (그곳에) 갑니다.
Улан:	Жол киреси канча сом?		차비는 얼마입니까?
Асан:	Бүт автобустар 8 сомдон алат.		모든 버스는 8솜씩 받습니다.
Улан:	Чоң рахмат!		대단히 감사합니다.
Асан:	Эч нерсе эмес, жакшы барыңыз.		괜찮습니다, 잘 가세요.

(2) 문장분석: 동사의 어간_ca_주격조사 + бол_о_т.

Жак (인칭)	Этиштин Уңгусу	Шарттуу Ыңгай (동사의 조건법)	Жак мүчөлөр (인칭 어미)		Жекелик сандагы 3 жактын мүчөсү (3인칭 단수의 인칭어미)		
			жекелик сан(단수)	көптүк сан(복수)	Чакчыл(착출) Жардамчы этиш(보조동사)		Сурама бөлүкчө (의문조사)
жекелик сан (단수) Мен Сен Сиз Ал	+ 동사의 어간	_ca	_м _ң _ңыз	_к _ңар _ңыздар	+ бол	_о	_т. _бу?
		-		_ышса			
		_ce	_м _ң _ңиз	_к _ңер _ңиздер			
		-		_ишсе			
көптүк сан (단수) Биз Алар Сиздер Алар		_co	_м _ң _ңуз	_к _ңор _ңоуздар			
		-		_ушса			
		_cө	_м _ң _ңүз	_к _ңөр _ңүздөр			
		-		_үшсө			

동사의 어간_ca_주격조사	+ болот.	~ 해도 됩니다, ~ 하면 됩니다.
	+ бол_о_бу?	~ 해도 됩니까? ~ 하면 됩니까?

(3) 문장비교

Мен бөлмөгө кирсем болот. 나는 방에 들어 가도 됩니다.	Биз бөлмөгө кирсек болот. 우리는 방에 들어 가도 됩니다.
Сен бөлмөгө кирсең болот. 너는 방에 들어 가도 됩니다.	Силер бөлмөгө кирсеңер болот. 너희들은 방에 들어 가도 됩니다.
Сиз бөлмөгө кирсеңиз болот. 당신은 방에 들어 가도 됩니다.	Сиздер бөлмөгө кирсеңиздер болот. 당신들은 방에 들어 가도 됩니다.
Ал бөлмөгө кирсе болот. 그는 방에 들어 가도 됩니다.	Алар бөлмөгө киришсе болот. 그들은 방에 들어 가도 됩니다.
Мен бөлмөгө кирсем болобу? 나는 방에 들어 가도 됩니까?	Биз бөлмөгө кирсек болобу? 우리는 방에 들어 가도 됩니까?
Сен бөлмөгө кирсең болобу? 너는 방에 들어 가도 됩니까?	Силер бөлмөгө кирсеңер болобу? 너희들은 방에 들어 가도 됩니까?
Сиз бөлмөгө кирсеңиз болобу? 당신은 방에 들어 가도 됩니까?	Сиздер бөлмөгө кирсеңиздер болобу? 당신들은 방에 들어 가도 됩니까?
Ал бөлмөгө кирсе болобу? 그는 방에 들어 가도 됩니까?	Алар бөлмөгө киришсе болобу? 그들은 방에 들어 가도 됩니까?

(3) 예문

- Мага баарын айтсаң болот.
- Ошондо гана акынмын деп айтсаң болот.
- Балык өстүрүп жатканыбызды да айтсам болот.
- Чоң жардамы тийип жатат деп айтсам болот.
- Өнүккөн коомдо балдарды уруп-сабоо жокко эсе деп айтсам болот.
- Түшүнүк деген бир объект жөнүндө ой-жүгүртүүбүздөн пайда болот деп айтсак болот.
- Кыргыз-түрк "Манас" университетин бардык жагынан өзгөчө университет деп айтсак болот.
- Силер чоң алкышты алайлыктарга айтсаңар болот!
- Мен сизге белек берсем болобу?
- Мен үй-бүлөм жөнүндө айтсам болобу?
- Мен бул жерге отурсам болобу?
- Жооп айтсам болобу?
- Бул форумдан досторду тапса болобу?
- Ошондо жакшы болобу?
- Мен 3 күндөн кийин орозо кармасам болобу?
- Сүйүүсүз үй-бүлө курса болобу?
- Мен кыргыз тилин окусам болобу?
- Ага турмушка чыксам болобу?

- (너는) 나에게 모든 것을 말해도 돼.
- (너는) 그때라야 비로소 시인이라고 말해도 돼.
- (나는) 물고기를 양식하고 있는 것도 말해도 됩니다.
- (나는) 큰 도움이 되고 있다고 말할 수 있습니다.
- (나는) 발전한 사회에서는 아이들을 폭행하는 것은 없다고 말할 수 있습니다.
- (우리는) 이해라고 하는 것을 어떤 사물에 대한 (우리의) 사고로부터 파생한다고 말할 수 있습니다.
- (우리는) 키르기즈-터키 "만나스" 대학을 모든 영역에서 특별한 대학이라고 말해도 됩니다.
- 너희들은 큰 칭찬을 알아이 지방 사람들에게 말해도 됩니다!
- 나는 당신에게 선물을 줘도 됩니까?
- 나의 가족에 관하여 말해도 됩니까?
- 나는 이곳에 앉아도 됩니까?
- (내가) 대답해도 됩니까?
- (그는) 이 포럼에서 친구들을 찾아도 됩니까?
- 그러면 잘 됩니까?
- 나는 3일 후에 금식을 해도 됩니까?
- 사랑이 없는 가정을 이루어도 됩니까?
- 나는 키르기즈어를 공부해도 됩니까?
- (나는) 그에게 시집을 가도 됩니까?

2. 문장형식: 동사의 어간_са_주격조사 + болбойт. 〚~ 하면 안됩니다〛

(1) 대화

☞ 나는 지금부터는 담배를 피우면 안됩니다.

Улан:	Сиздин ден-соолугуңуз кандай?	당신의 건강은 어떻습니까?
Асан:	Менин ден-соолугум жакшы эмес. Кечээ ооруканага барып келдим. **Мындан ары тамеки чексем болбойт.**	나의 건강은 좋지 않습니다. 어제 병원에 갔다 왔습니다. 지금부터는 담배를 피우면 안됩니다.
Улан:	Эмне үчүн?	왜요?
Асан:	Мен жыйырма беш жыл бою тамеки тарттым. Ошондуктан өпкөм өтө начар болуп калды. Ошого байланыштуу жүрөгүм, боорум, ичегим да начар!	나는 25년 동안 담배를 피웠습니다. 그래서 폐가 매우 않좋습니다. 그와 관련해서 심장, 간, 내장도 나쁩니다.

Улан:	Жакшы чечтиңиз!	잘 결정했습니다.
	Тамекиден эч кандай пайда жок.	담배는 아무런 유익이 없습니다.
	Мен да бир жыл мурун тамекини таштадым.	저도 1 년 전에 담배를 끊었습니다.

☞ 당신은 이곳에서 일하면 안됩니까?

Улан:	**Сиз бул жерден иштесеңиз болбойбу?**	당신은 이곳에서 일하면 안됩니까?
Асан:	Кечирип кой, бобойт.	용서해줘, 안돼.
	Анткени атам мени чакыртып жатат.	왜냐하면 나의 아버지가 나를 부르고 있어.
	Атам эми картайып калды.	(나의) 아버지께서 이제 연세가 많이 드셨어.
	Ошондуктан атамдын ишканасынын ишин мен алып барышым керек.	그래서 아버지의 회사의 일을 내가 맡아야 합니다.
Улан:	Андай болсо, мейли!	그렇다면, 할 수 없지요!
	Бирок бул жерге да келип туруңуз.	그러나 이곳에도 (자주) 들려 주세요.
Асан:	Албетте, убактым болсо эле келе берем.	물론입니다, 시간이 있으면 오겠습니다.
	Мен сиздерди абдан жакшы көрөм да.	나는 당신들을 매우 좋아합니다.
Улан:	Анда жакшы барыңыз.	그래요, 안녕히 가세요.
Асан:	Рахмат, жакшы калыңыз.	감사합니다, 안녕히 계세요.

(2) 문장분석: 동사의 어간 _са_ 주격조사 **+ бол_бо_й_т.**

Жак (인칭)	Этиштин Уңгусу	Шарттуу ыңгай (동사 조건법)	Жак мүчөлөр		Жекелик Сандагы 3 жактын мүчөсү (3인칭 단수의 인칭어미)			Сурама бөлүкө (의문조사)
			жекелик сан(단수)	көптүк сан(복수)	Жар. эт. (보조동사)	Чакчыл(착출) Тес. Фор. (부정형 조사)		
жекелик сан (단수) Мен Сен Сиз Ал	+ 동사어간	_са	_м _ң _ңыз _	_к _ңар _ңыздар	+ бол	_бо	_й	_т?
		-		_ышса				
		_се	_м _ң _ңиз _	_к _ңер _ңиздер				
		-		_ишсе				
көптүк сан (복수) Биз Алар Сиздер Алар		_со	_м _ң _ңуз _	_к _ңор _ңоуздар				_бу?
		-		_ушса				
		_сө	_м _ң _ңүз	_к _ңөр _ңүздөр				
		-		_үшсө				

동사의 어근_ca_인칭어미 + **болбойт.**	~ 하면 안됩니다.
+ **болбойбу?**	~ 하면 안됩니까?
+ **болбойт беле?**	~ 하면 안됩니까?

Мен бөлмөгө кирсем болбойт.	Биз бөлмөгө кирсек болбойт.
나는 방에 들어 가면 안됩니다.	우리는 방에 들어 가면 안됩니다.
Сен бөлмөгө кирсең болбойт.	Силер бөлмөгө кирсеңер болбойт.
너는 방에 들어 가면 안됩니다.	너희들은 방에 들어 가면 안됩니다.
Сиз бөлмөгө кирсеңиз болбойт.	Сиздер бөлмөгө кирсеңиздер болбойт.
당신은 방에 들어 가면 안됩니다.	당신들은 방에 들어 가면 안됩니다.
Ал бөлмөгө кирсе болбойт.	Алар бөлмөгө киришсе болбойт.
그는 방에 들어 가면 안됩니다.	그들은 방에 들어 가면 안됩니다.
Мен бөлмөгө кирсем болбойбу?	Биз бөлмөгө кирсек болбойбу?
나는 방에 들어 가면 안됩니까?	우리는 방에 들어 가면 안됩니까?
Сен бөлмөгө кирсең болбойбу?	Силер бөлмөгө кирсеңер болбойбу?
너는 방에 들어 가면 안됩니까?	너희들은 방에 들어 가면 안됩니까?
Сиз бөлмөгө кирсеңиз болбойбу?	Сиздер бөлмөгө кирсеңиздер болбойбу?
당신은 방에 들어 가면 안됩니까?	당신들은 방에 들어 가면 안됩니까?
Ал бөлмөгө кирсе болбойбу?	Алар бөлмөгө киришсе болбойбу?
그는 방에 들어 가면 안됩니까?	그들은 방에 들어 가면 안됩니까?

(3) 예문

- Өзүм эле барсам болбойт беле?
- Жок, мен алып барсам болбойт, өзүңүз алып барып берип, кечирим сурабасаңыз болбойт!
- Куру кол барсам болбойт.
- Анан 2-курстан баштап "кой, минтип жүрө берсем болбойт" деп дүкөнгө кароолчу болуп ишке орношуп алдым.
- Башка адамдарга окшоп мен да айтканга макул болуп жүрө берсем болбойт беле?
- Экөөнү тең айтсаңыз болбойт.
- Сүйсө сүйгөнү үчүн күрөшсө болбойбу?
- Ноорузду кыргызча атаса болбойбу?
- Белгилеп койсо болбойбу?
- Шыр эле сүрөтүңүздү бериңиз деп сурасаң болбойбу?
- Ар айда сыйынуунун календарын чыгарса болбойбу?
- Арак ичкендер менен дос болсо да болбойбу?

- 나만 가면 안되는 것입니까?
- 안돼요, 내가 가지고 가면 안됩니다. 당신이 가지고 가서 주고, 용서를 구하지 않으면 안됩니다.
- (나는) 빈손으로 가면 안됩니다.
- 그리고 나서 대학교 2학년부터 시작해서 "됐어, 이렇게 지내면 안돼"라고 (생각해서) 상점의 경비원으로 취직했습니다.
- 다른 사람들 처럼 나도 (그가) 말한 것에 찬성하면서 (마음 편하게) 살면 안됩니까?
- (당신은) 두 가지를 동시에 말하시면 안됩니다.
- 사랑하면 사랑하는 사람을 위해서 싸우면 안됩니까?
- 노루스(새해)를 키르기즈어로 말하면 안됩니까?
- 표시해두면 (기억해 두면) 안됩니까?
- (너는) "바로 (당신의) 그림을 주세요", 라고 요청하면 안되니?
- 매월 기도 달력을 만들면 안됩니까?
- 술마시는 사람들과 친구가 되어도 안됩니까?

3. 문장형식: 동사의 어간_ca_주격조사 + (жакшы) болмок 〖~ 하면 좋을 텐데〗

(1) 대화

☞ 당신이 우리에게 와서 일하면 좋겠는데요.

Улан:	**Сиз бизге келип иштесеңиз жакшы болмок.**	당신이 우리에게 와서 일하면 좋겠는데요.
	Бизге сиздин талантыңыз абдан керек эле.	우리에게 당신의 재능이 정말 필요한데.
Асан:	Мен дагы окушум керек.	나는 더 공부해야 합니다.
	Менин убагым али келе элек.	나의 시간은 아직 오지 않았습니다.
	Эмки айда Америкага барам.	다음 달에 미국에 공부하러 갑니다.
	Ал жерден эл аралык саясат тууралуу окуйм.	그 곳에서 국제 정치에 대하여 공부할 것입니다.
Улан:	Анда Америкада канча жыл болосуз?	그러면 미국에서 몇 년 있을 것입니까?
	4 жылдай болом го...	4년 정도 있을 것 같습니다.
Асан:	Эгерде окууну бүтүрүп кайра келсеңиз, сөзсүз	만약에 공부를 마치고 다시 오시면, 꼭
	бизге келип иштеп бериңиз.	우리에게 와서 일해 주십시오.
Улан:	Кудай буйруса!	하나님이 명령하시면! (그 때 가서 한번 보지요!)
Асан:	Сиздин жолуңузга ийгилик каалайм!	당신의 길에 형통하기를 기원합니다!
Улан:	Чоң рахмат!	대단히 감사합니다!

(2) 문장분석: 동사의 어간_**ca**_주격조사 + (жакшы) бол_мок

Жак (인칭)	Этиштин Уңгусу	Шарттуу ыңгай (동사 조건법)	Жак мүчөлөр		Жардамчы этиш (보조동사)	?
			жекелик сан (단수)	көптүк сан (복수)		
жекелик сан (단수) **Мен Сен Сиз Ал** көптүк сан (복수) **Биз Алар Сиздер Алар**	+ 동사어간	_са	_м _ң _ңыз _	_к _ңар _ңыздар	+ (жакшы) бол	_мок.
		-		_ышса		
		_се	_м _ң _ңиз _	_к _ңер _ңиздер		
		-		_ишсе		
		_со	_м _ң _ңуз _	_к _ңор _ңоуздар		
		-		_ушса		
		_сө	_м _ң _ңүз	_к _ңөр _ңүздөр		
		-		_үшсө		

동사의 어근_**са**_인칭어미	+ **болмок** *(экен).*	하면 될 텐데; ~해도 될 텐데; ~하면 좋겠는데
	+ **жакшы болмок** *(экен).*	~하면 좋을 텐데; ~하면 좋을 것 같은데

✏️ • «동사의 어근_ca_주격조사 + болмок» 은 시제를 나타내는 문장성분이 없으며, 문장의 시제는 문맥과 어제(**кээче**), 내일(**эртең**)'과 같이 시제를 나타내는 말에 의해서 결정된다. 해석도 과거 문장이면 '~했으면 될 텐데'로 해석하고, 현재나 미래이면 '~하면 될 텐데'로 해석하면 된다.

Мен бөлмөгө кирбесем жакшы болмок.	Биз бөлмөгө кирбесек жакшы болмок.
나는 방에 들어가지 않으면 좋을 텐데.	우리는 방에 들어 가면 안됩니까?
Сен бөлмөгө кирбесең жакшы болмок.	Силер бөлмөгө кирбесеңер жакшы болмок.
너는 방에 들어 가면 안됩니까?	너희들은 방에 들어 가면 안됩니까?
Сиз бөлмөгө кирбесеңиз жакшы болмок.	Сиздер бөлмөгө кирбесеңиздер жакшы болмок.
당신은 방에 들어 가면 안됩니까?	당신들은 방에 들어 가면 안됩니까?
Ал бөлмөгө кирбесе жакшы болмок.	Алар бөлмөгө кирбешисе жакшы болмок.
그는 방에 들어 가면 안됩니까?	그들은 방에 들어 가면 안됩니까?

(3) 예문

- Биздин өкмөт туруктуу болсо жакшы болмок.
- Ушул базаны киргизбей эле койсок жакшы болмок.
- Сиз да келсеңиз жакшы болмок.
- Декабрдын ортосунда белгилесек жакшы болмок.
- Анан ошонун жыйынтыгы боюнча иш алып барсак болмок.
- Мен ал жакта деле калып калсам болмок.
- Адил адамдардан болсо жакшы болмок экен!
- Кээче китеп чыгарбай эле койсом болмок экен!
- Негизи, бул ишти бүтүрүп алганда жакшы болмок.

- 우리의 정부가 든든하면 좋을 텐데.
- (우리는) 이 기지를 세우는 것을 허락하지 않으면 좋을 텐데.
- 당신도 오시면 좋을 텐데요.
- (우리는) 12월 중순에 기념하면 좋을 텐데.
- 그리고 나서 (우리는) 그것의 결과에 따라 일을 하면 좋을 텐데.
- 나는 그 곳에 남아도 될 뻔 했습니다.
- 의로운 사람들이면 좋을 텐데요!
- 어제 책을 출판하지 않았으면 (좋을) 뻔 했습니다.
- 기본적으로 이 일은 끝냈으면 좋았을 텐데.

4. 문장형식: 동사의 어간_**ба_са**_주격조사 + (**жакшы) болмок**. 《~ 하지 않으면 좋을 텐데》

(1) 대화

☞ 내일 비가 내리지 않으면 좋을 텐데.

Асел:	**Эртең жамгыр жаабаса жакшы болмок.**	내일 비가 내리지 않으면 좋을 텐데.
Кубан:	Эмне үчүн?	왜?
Асел:	Эртең агамдын үйлөнүү тоюнда бийлеп беришим керек.	내일 오빠의 결혼식에 춤을 추어야 합니다.
Кубан:	Кандай бийди бийлейсиң?	어떤 춤을 출거니?
Асел:	Кыргыз бийин бийлейм.	(나는) 키르기즈 (민속)춤으로 출겁니다.

	Сиз кайсы бийди жакшы көрөсүз?	당신은 어떤 춤을 좋아합니까?
Кубан:	Мен ар дайым латын-америка бийине машыгам.	나는 항상 라튼-아메리카 춤을 연습합니다.
	Ошондуктан латын-америка бийин жакшы көрөм.	그래서 라튼-아메리카 춤을 좋아합니다.
Асел:	Көрсөм болобу?	볼 수 있습니까?
Кубан:	Албетте!	물론입니다.

(2) 문장분석: 동사의 어간 _ба_са_ 주격조사 + (жакшы) бол_мок

Жак (인칭)		Этиштин Уңгусу	Тес. фор. (부정조사)	Шарттуу ыңгай (동사 조건법)	Жак мүчөлөр		Жардамчы этиш (보조동사)	?
					жекелик сан (단수)	көптүк сан (복수)		
жекелик сан (단수) Мен Сен Сиз Ал	+	동사어간	_ба _па	_са	_м _ң _ңыз	_к _ңар _ңыздар	+(жакшы) бол	_мок.
			-			_ышпаса		
			_бе _пе	_се	_м _ң _ңиз	_к _ңер _ңиздер		
			-			_ишпесе		
көптүк сан (복수) Биз Алар Сиздер Алар			_бо _по	_со	_м _ң _ңуз	_к _ңор _ңоуздар		
			-			_ушпаса		
			_бө _пө	_сө	_м _ң _ңүз	_к _ңөр _ңүздөр		
			-			_үшпөсө		

동사의 어근 _ба_са_ 인칭어미	+ болмок (экен).	~ 하지 않으면 될 텐데; ~ 하지 않아도 될 텐데; ~ 하지 않으면 좋겠는데
	+ жакшы болмок (экен).	~ 하면 좋을 텐데; ~ 하면 좋을 것 같은데

Мен бөлмөгө кирбесем болмок.	Биз бөлмөгө кирбесек болмок.
나는 방에 안 들어가면 좋을 텐데.	우리는 방에 안 들어가면 좋을 텐데.
Сен бөлмөгө кирбесең болмок.	Силер бөлмөгө кирбесеңер болмок.
너는 방에 안 들어가면 좋을 텐데.	너희들은 방에 안 들어가면 좋을 텐데.
Сиз бөлмөгө кирбесеңиз болмок.	Сиздер бөлмөгө кирбесеңиздер болмок.
당신은 방에 안 들어가면 좋을 텐데요.	당신들은 방에 안 들어가면 좋을 텐데요.
Ал бөлмөгө кирбесе болмок.	Алар бөлмөгө киришпесе болмок.
그는 방에 안 들어가면 좋을 텐데.	그들은 방에 안 들어가면 좋을 텐데.

(3) 예문

- Ал иштебесе эл үчүн жакшы болмок.
- Эртең жамгыр жаабаса жакшы болмок.
- Биз Ошко барбасак жакшы болмок.
- Мен бул тууралуу ойлонбосом болмок.
- Сен атаңа ал жөнүндө айтпасаң жакшы болмок.
- Сиз аны менен жолукпасаңыз жакшы болмок.
- Сиздер тоого чыкпасаңыздар жакшы болмок.
- Алар келишпесе жакшы болмок.
- Ош шаарынын мэри барса жакшы болмок экен. Бизге Түркиядан чалышып, кайра-кайра Ош шаарынын мэри келсин деп сурап жатышты.
- Силердин оюңарча ал дагы башкарып турса жакшы болмок экен.
- Бул депутат кетип, жаңы депутат ордуна келсе жакшы болмок!
- Топ болсо алып алсаңар жакшы болмок, бизде деле бар, бирок дагы бирөө болсо ашыкча болмок эмес.

- 그는 일하지 않는 것이 국민을 위해서 좋을 텐데.
- 내일 비가 내리지 않으면 좋을 텐데.
- 우리가 오쉬에 가지 않기를 바라는데.
- 나는 이것에 관하여 생각 안 해도 될 텐데.
- 너는 아버지에게 그에 관하여 말하지 않으면 좋을 텐데.
- 당신은 그와 만나지 않으면 좋을 텐데.
- 당신들은 산에 올라가지 않으면 좋을 텐데.
- 그들은 오지 않으면 좋을 텐데.
- 오쉬 시장이 가면 좋을 텐데. 우리에게 (그들은) 터키에서 전화해서, 자꾸만 오쉬 시장이 와야 돼 라고 부탁하고 있습니다.
- 너희들의 생각 대로라면 그가 또 다스리면 좋을 텐데.
- 이 국회의원은 떠나고, 새 국회의원이 (이) 자리에 오면 좋겠는데!
- 공이 있으면 가지고 오면 좋을 텐데, 우리에도 있어, 그러나 하나 더 있다고 해서 필요 없이 남아도는 공은 안 될 텐데.

5. 문장형식: 동사의 어간_ба_са_주격조사 + (жакшы) болмок. 〚~ 하지 않으면 좋을 텐데〛

(1) 대화

☞ 당신은 목이 마르시면 이것을 마시면 됩니다.

Улан:	Сиз суусаганыңызда ушуну ичип **койсоңуз болот**.	당신은 목이 마르시면 이것을 마시면 됩니다.
Асан:	Бул эмне?	이것은 무엇입니까?
Улан:	Бул алма ширеси, абдан даамдуу!	이것은 사과주스이고, 매우 맛있습니다!
Асан:	Рахмат! Таза суу да барбы?	고맙습니다! 생수도 있습니까?
Улан:	Албетте, муздаткычтын ичинде бар.	물론입니다, 냉장고 안에 있습니다.
Асан:	Дагы бир нерсе керек болсо, качан болсо да, мага айтып койсоңуз болот.	또 필요한 것이 있으면, 언제든지 나에게 말씀해 주시면 됩니다.
Улан:	Чоң рахмат!	감사합니다.

- « 동사의 어간_ып + кой_со_주격조사 + болот» 에서 'кой_' 보조동사(жардамчы этиш) 로서 본동사의 기본적인 의미에 약간의 의미 또는 느낌을 더한다. 예를 들어, 'ичип койсоңуз' 를 직역하면 '마시고 (그렇게) 해 놓으면' 정도로 번역할 수 있다. 우리말로 부드럽게 번역을 하면 '마시면' 정도로 번역할 수 있다.

(2) 문장분석: 동사의 어간 _ба_са_ 주격조사 + (жакшы) бол_мок

Этиштин уңгусу		Шарттуу ыңгай (동사의 조건법)		Жак мүчөлөр (인칭어미)		Жеке. Сан. 3 жак. М. (3인칭 단수의 인칭어미)		
Жак (인칭)		Жардамчы этиш (보조 동사)				Чакчыл (착츨)		
Жекелик сан (단수)		Чакчыл (착츨)		Жекелик сан (단수)	Көптүк сан (복수)	Жадам. Э. (보조 동사)		Сурама Атооч 의문조사
Мен Сен Сиз Ал Көптүк сан (복수) Биз Алар Сиздер Алар	+ 동사 어간	_ып _ип _уп _үп _коюшса	+ кой	_со	_м _ң _ңуз –	_к _ңор _ңоуздар	+ бол	_о	_т. - - - - - - _бу?

동사의 어간 _ып + кой_со_ 주격조사	+ болот.	~ 해 놓아도 됩니다. / ~ 해 주어도 됩니다. ~ 하면 됩니다. / ~ 해도 됩니다.
	+ бол_о_бу?	~ 해 놓아도 됩니까? ~ 해 주어도 됩니까?

(3) 문장비교

Мен ага айтып койсом болот.	Биз ага айтып койсок болот.
내가 그에게 말해 놓아도 됩니다.	우리는 그에게 말해 놓아도 됩니다.
Сен ага айтып койсоң болот.	Силер ага айтып койсоңор болот.
네가 그에게 말해 놓아도 됩니다.	너희들은 그에게 말해 놓아도 됩니다.
Сиз ага айтып койсоңуз болот.	Сиздер ага айтып койсоңуздар болот.
당신이 그에게 말해 놓아도 됩니다.	당신들은 그에게 말해 놓아도 됩니다.
Ал ага айтып койсо болот.	Алар ага айтып коюшса болот.
그가 그에게 말해 놓아도 됩니다.	그들은 그에게 말해 놓아도 됩니다.
Мен ага айтып койсом болобу?	Биз ага айтып койсок болобу?
내가 그에게 말해 놓아도 됩니까?	우리는 그에게 말해 놓아도 됩니까?
Сен ага айтып койсоң болобу?	Силер ага айтып койсоңор болобу?
네가 그에게 말해 놓아도 됩니까?	너희들은 그에게 말해 놓아도 됩니까?
Сиз ага айтып койсоңуз болобу?	Сиздер ага айтып койсоңуздар болобу?
당신이 그에게 말해 놓아도 됩니까?	당신들은 그에게 말해 놓아도 됩니까?
Ал ага айтып койсо болобу?	Алар ага айтып коюшса болобу?
그가 그에게 말해 놓아도 됩니까?	그들은 그에게 말해 놓아도 됩니까?

(3) 예문

- Мурун даярдалган макалаңызды көчүрүп койсоңуз болот.
- 전에 준비한 (당신의) 칼럼을 옮겨 적어도 됩니다.

- Туура эмес жол менен алган кирешени кайтарып койсоңуз болот.
- Сага мүмкүнчүлүк болгондо берип койсоң болот.
- Быша элек жемиштерин жумшарышы үчүн жылуу бөлмөдө калтырып койсоңуз болот.
- Кереги жок бутактарды кесип койсоңуз болот.
- Түшүнбөгөнүңүздү бул доскага жазып койсоңуз болот.
- Айтпай койсом болобу?
- Ага тийишип койсом болобу?
- Аны менен үйлөнбөй койсом болобу?
- Жолуңузду тосконго акым жок, бирок үйүңүзгө чейин узатып койсом болобу?
- Агай, сизди акыркы жолу агам катары өөп койсом болобу?
- Негизинен, добушка койсом болобу?
- Сизди узатып койсом болобу?
- Сизди жеткирип койсом болобу?
- Жайында сиз аны балконго койсоңуз болот.
- Сиз анын сапаттык жагын ойлонбой эле койсоңуз болот.
- Ошол кызга жардам берүү жолдорун айтып койсоңуз болобу?

- (당신은) 옳지 않은 방법으로 얻은 수입은 되돌려 주면 됩니다.
- 너에게 능력이 있을 때 주면 돼.
- 익지 않은 열매들을 부르럽게 하기 위해서 (당신은) 따뜻한 방에 놓아 두면 됩니다.
- 당신은 필요 없는 가지들을 잘라 놓으면 됩니다.
- (당신이) 이해하지 못하는 것을 이 칠판에 적어 놓으면 됩니다.
- (나는) 말하지 않아도 됩니까?
- (나는) 그를 건드려도(집적거려도) 됩니까?
- 그와 결혼하지 않아도 됩니까?
- (당신의) 길을 막을 권리는 없습니다, 그러나 (당신의) 집까지 마중해도 되겠습니까?
- 선생님, (당신을 마지막으로 오빠와 같이 여기고 (제가) 뽀뽀해도 됩니까?
- 근본적으로 투표에 부쳐도 되겠습니까?
- 당신을 마중해도 됩니까?
- 당신을 데려다 줘도 됩니까?
- 여름에 그것을 발코니에 놓아도 됩니다.
- 당신은 그것의 품질에 대해서는 생각하지 않아도 됩니다.
- (당신은) 그 여자에게 도움을 주는 길들을 말해 줘도 됩니까?

6. 문장형식: 동사의 어간_ба_са_주격조사 + (жакшы) болмок. 《~ 하지 않으면 좋을 텐데》

(1) 대화

☞ 당신이 나에게 미리 말해 주면 좋겠습니다.

Улан: **Сиз мага алдын ала айтып койсоңуз жакшы болмок.**

당신이 나에게 미리 말해 주면 좋을 텐데요. (좋을 것 같습니다.)

Асан: Албетте, эгерде планымда өзгөрүү болсо, сизге айтып коём, жана кокусунан башка жакка кете турган болсом, сөзсүз сизге телефон чалам.
Сизге айтпай эч нерсе кылбайм, анткени мен бул жерге биринчи келдим.

물론입니다, 만약에 계획에 변화가 있으면 당신에게 말하겠습니다, 그리고 갑자기 다른 곳으로 가게 되면, 반드시 당신에게 전화를 하겠습니다.
당신에게 말하지 않고는 아무것도 하지 않겠습니다, 왜냐하면 나는 이곳에 처음 왔기 때문입니다.

Улан: Чоң рахмат!

대단히 감사합니다.

Асан: Мен дагы колуман келишинче сизге жардам берейин.

나도 할 수 있는 한 도와 드리겠습니다.

(2) 문장분석: 동사의 어간_ып + кой_со_주격조사 + (жакшы) бол_мок

Этиштин уңгусу		Шарттуу ыңгай (동사의 조건법)		Жак мүчөлөр (인칭어미)		Жадамчы этиш (보조 동사)	?
Жак (인칭)		Жардамчы этиш (보조 동사)					
Жекелик сан (단수)		Чакчыл (착출)		Жекелик сан (단수)	Көптүк сан (복수)		
Мен							
Сен							
Сиз			_м	_к			
Ал		_ып		_ң	_ңар		
Көптүк сан (복수)	+ 동사 어간	_ип _уп	+ кой _со	_ңуз	_ңуздар	+ (жакшы)бол	_мок
Биз		_үп		—			
Алар							
Сиздер							
Алар		коюшса					

동사의 어근_ып + кой_со_인칭어미	+ болмок.	~ (을) 해 놓으면 될 텐데요. ~ (을) 해 놓으면 될 것 같습니다. ~ (을) 하면 될 텐데요. ~ (을) 하면 될 것 같습니다.
	(жакшы) болмок.	~ (을) 해 놓으면 좋을 텐데요. ~ (을) 해 놓으면 좋을 것 같습니다. ~ (을) 하면 좋을 텐데요. ~ (을) 하면 좋을 것 같습니다.

(3) 예문

- Барып жолугуп койсоңуз жакшы болмок.
- Убактың болсо карап оңдоп койсоң жакшы болмок.
- Бир жолу кабар алып койсоңуз жакшы болмок.
- Ал ушу жагын өзү көз салып койсо болмок.
- Ата, ушуну сатпай эле койсоңуз жакшы болмок.
- Жок дегенде анын жүзүн көрүнө турган кылып койсоңуз болмок.
- Бизге айлыктарды алдын ала берип койсоңуз болмок.
- Ушуга буруп койсоңуз жакшы болот.
- Намаз окуганга атайын узун жабык кийим, жоолук алып койсоңуз жакшы болот.
- Аларды тартипке чакырып койсоңуз жакшы болот.

- (당신은) 가서 만나시면 좋을 텐데요.
- (너는 너의) 시간을 (살펴) 보고 고치면 좋을 텐데.
- (당신은) 한번 방문하시면 좋을 텐데.
- 그가 이 부분을 관심 있게 살펴보면 될 텐데.
- 아버지, 이것을 팔지 않으면 좋을 것 같습니다.
- 적어도 그의 얼굴이 보이도록 하시면 좋을 것 같은데요.
- (당신은) 우리게 월급들을 미리 주시면 될 텐데.
- (당신은) 이것으로 전환하시면 좋을 텐데.
- 나마즈 (이슬람식 기도) 할 때 특별히 길고 닫혀 있는 옷과 졸룩 (스카프 일종)을 준비해 두면 좋습니다.
- 그들이 질서를 지키도록 하면 좋겠습니다.

7. 문장형식: 동사의 어간_ба_са_주격조사 + (жакшы) болмок. 〖~ 하지 않으면 좋을 텐데〗

(1) 대화

☞ 그들이 학생들로부터 돈을 받지 않으면 좋을 텐데.

Улан:	**Алар окуучулардан акча албай эле коюшса жакшы болмок экен.**	그들이 학생들로부터 돈을 받지 않으면 좋을 텐데.
Асан:	Албетте!	물론입니다!
Улан:	Окуучулар мектепке бара жатканда, аларды коркутуп 10 сомдон тартып алышат.	(그들은) 학생들이 학교에 갈 때, 그들을 위협해서 10 솜씩 빼앗습니다.
Асан:	Бул тууралуу мугалимдерге айтып коюшубуз керек.	(우리는) 이것에 대해서 선생님들에게 말해야 합니다.
Улан:	Мен да жакшы деп ойлойм.	나도 좋다고 생각합니다.

(2) 문장분석: 동사의 어간_**ба_й эле + кой_со_**주격조사 + (жакшы) бол_мок

Этиштин уңгусу		Шарттуу ыңгай (동사의 조건법)		Жак мүчөлөр (인칭어미)		Жадамчы этиш (보조 동사)	?
Жак (인칭)		Жардамчы этиш (보조 동사)					
Жекелик сан (단수)		Чак.+Те. ф. (착출 + 부정조사)		Жекелик сан (단수)	Көптүк сан (복수)		
Мен Сен Сиз Ал	+ 동사 어간	_ба_й _па_й _бе_й _пе_й _бо_й _по_й _бө_й _пө_й	эле кой	_м _ң _ңуз —	_к _ңор _ңоуздар	+ (жакшы)бол	_мок
Көптүк сан (복수)							
Биз Алар Сиздер Алар			коюшса				

동사의 어근_**ба_й эле + кой_со_**인칭어미 + **болмок.**

~ (을) 하지 않아도 될 텐데요; ~ (을) 하지 않아도 될 것 같습니다;
~ (을) 해 놓지 않아도 될 텐데요, ~ (을) 해 놓지 않아도 될 것 같습니다

동사의 어근_**ба_й эле + кой_со_**인칭어미 + *(жакшы)* **болмок.**

~ (을) 해 놓지 않아도 좋을 텐데요, ~ (을) 해 놓지 않아도 좋을 것 같습니다
~ (을) 하지 않아도 좋을 텐데요, ~ (을) 하지 않아도 좋을 것 같습니다.

(3) 예문

- Мынчалыкка барбай деле койсоңуз болмок.
- Сиз Кореяга кетпей эле койсоңуз жакшы болмок.

- (당신은) 이렇게까지 가지(하지) 않아도 될 텐데요.
- 당신은 한국으로 떠나지 않으면 좋을 텐데요.

- Мен апама айтпай эле койсом болмок.
- Ал Ысык-Көлдөн эс албай эле койсо болмок экен.
- Биз төлөмдөрдү төкпөй эле койсок жакшы болмок.
- Силер бизге келбей эле койсоңор болмок.
- Алар студенттерден акча албай эле коюшса жакшы болмок экен.
- Сиз бул китепти окубай эле койсоңуз жакшы болмок.

- 나는 어머니에게 말하지 않아도 될 텐데.
- 그는 이스쿨에서 쉬지 않아도 될 것 같은데.
- 우리는 요금들을 내지 않으면 좋을 텐데.
- 너희들은 우리에게 오지 않아도 될 것 같은데.
- 그들이 대학생들로부터 돈을 받지 않으면 좋을 텐데.
- 당신은 이 책을 읽지 않으면 좋을 텐데요.

■ 연습문제

1. 해석을 참고해서, ( ) 안에 있는 동사를 인칭과 시제에 맞게 넣으시오.

1. Сиздер да бизге өз оюңуздарды (айт_____) болот.
   ▸ 당신들도 우리에게 당신들의 생각들을 말해도 됩니다.
2. Мен сизден жардам (сур_____) болобу?
   ▸ 나는 당신에게 도움을 구해도 됩니까?
3. Мен сизге жардам (бер_____) болобу?
   ▸ 나는 당신에게 도움을 줘도 됩니까?
4. Жок дегенде үй-бүлөңө арнап, ыр чыгарып (кой_____) болбойбу?
   ▸ (너는) 적어도 (너의) 가족에게 바치는 노래를 만들면 안되니?
5. Сөздү иш менен (бекемде_____) болбойбу?
   ▸ 말을 행함으로 굳건하게 하면 안됩니까?
6. Тигилер балалуу боло электе ажырашып (кет____) жакшы болмок экен.
   ▸ 저들은 자녀가 생기기 전에 이혼 하면 좋을 것 같습니다.
7. Жайында балконго чыгарып (кой_____) болот.
   ▸ 여름에 베란다에 빼놓으면 됩니다.
8. Эгерде, мүмкүн болсо, мага ишенсең, мен сенин кызыңа тарбия берип (кой_____) болобу?
   ▸ 만약에 가능하다면, 나를 믿으면, 내가 너의 딸을 교육해도 됩니까?
9. Мына ушулардан оюңду эркин (айт_____) болот.
   ▸ (너는) 여기 이 사람들에게 (너의) 생각을 자유롭게 말해도 돼.
10. Силер бул катты (көр_____) болмок экен.
    ▸ 너희들은 이 편지를 보지 않으면 좋을 것 같은데.
11. Бияка келатканда жалгыздап келбей, бири-бирибизди чакыра келсек (бол_____)?
    ▸ 이곳으로 오고 있을 때 혼자 오지 말고, 서로서로를 불러서 오면 안됩니까?
12. Жок дегенде төрөлө элек балаңды (ойло_____) болбойбу?
    ▸ 적어도 태어나지 않은 (당신의) 아이를 생각하면 안됩니까?
13. Барбай (кой_____) да (бол_____).
    ▸ (너는) 가지 않으면 안됩니다.

2. 다음 문장을 해석 하시오.

1. Бизде чыгыш таануу илими 91-92-жылдары башталды деп айтсам болот.
   1. _____
2. Мен тамеки тартпасам болбойт.
   2. _____

3. Мени кабыл албасаңыз болбойт. 3. _____

4. Оруп жаткан болсо да шайлоого барсаңар болмок. 4. _____

5. Ошондо армияга барып келсем болмок экен. 5. _____

6. Биз бул жерде иштебесек жакшы болмок экен. 6. _____

7. Сиз суусаганыңызда ушуну ичип койсоңуз болот. 7. _____

8. Жазганымда катаны көрүп калсаңар, уялбай эле айтып оңдотуп койсоңор болот. 8. _____

9. Биздин да абалыбызды түшүнүп койсоңуз жакшы болмок. 9. _____

10. Сен ошол фондго акча салбай эле койсоң жакшы болмок. 10. _____

11장 ~ 해야(만) 합니다.

1. **문장형식**: 동사의 어간 _ыш_ 소유격 어미 **+ керек.** 〖~ 해야(만) 합니다〗

   동명사 어미 '_ыш_' 는 [동사의 어간 + _ыш_ + 소유격 어미 + **керек**] 과 같은 문장 형식을 만들어 서법(敍法) 즉 'Модалдык этиш; ~ 해야(만) 한다' 라는 의미의 문장을 만든다.

   ☞ 서법(敍法)은 문장의 내용에 대한, 말하는 사람의 심적 태도를 나타내는 동사의 어형 변화를 말한다. 키르기즈어에서는 'Модалдык этиш' 라고 말한다. 예를 들어서 '~ 해야 한다; ~ 하고 싶다; ~ 해도 될까요?' 이런 의미를 만드는 동사의 형태를 'Модалдык этиш' 즉 서법이라고 한다.

   (1) 대화

☞ 나는 오쉬에 가야(만) 합니다.

Улан:	**Мен ошко барышым керек.**	나는 오쉬에 가야(만) 합니다.
Асан:	Сиз эмне үчүн барасыз?	당신은 왜 갑니까?
Улан:	Менин ошто маанилүү ишим бар.	나는 오쉬에 중요한 일이 있습니다.
Асан:	Ал кандай иш?	그것은 어떤 일입니까?
Улан:	Мен оштогу досторум менен жолугушум керек.	나는 오쉬에서 있는 친구들과 만나야(만) 합니다.
Асан:	Сиздер эмне үчүн жолугасыздар?	당신들은 왜 만납니까?
Улан:	Биз жайында Ысык-көлгө эс алганы чогуу барабыз.	우리는 여름에 이스쿨에 쉬기 위하여 함께 갈 것입니다.
	Ошондуктан алдын ала жолугуп, пландашы-быз керек.	그렇기 때문에 미리 만나서 계획을 세워야만 합니다.
Асан:	Сиздердин жайында эң сонун пландарыңыз бар турбайбы?	당신들은 여름에 정말 좋은 계획들을 있으시군요?

☞ 너희들은 허락을 3일 전에 구해야 했습니다.

Улан:	**Силер уруксатты 3 күн мурда сурашыңар керек болчу.**	너희들은 허락을 3일 전에 구해야 했습니다.
Асан:	Биз билбей калдык, анда эмне кылышыбыз керек?	우리는 알지 못했습니다, 그러면 (우리는) 무엇을 (어떻게) 해야 합니까?
Улан:	Бүгүн уруксат сурагыла!	(너희들은) 오늘 허락을 맡아라!
	Андан кийин 3 күн күтүп алышыңар керек.	그리고 나서 (너희들은) 3일을 기다려야 해.
Асан:	Башка жолдор жокпу?	다른 길은 없습니까?
Улан:	Андай жолдор жок болсо керек.	그런 길들은 없을 것 같은데.
Асан:	Биз абдан шашып жатабыз.	우리는 매우 급합니다.
	Кандайдыр бир жолун таап бере албайсызбы?	어떤 방법을 찾아 주시지 않으시겠습니까?
Улан:	Эмнеге жоо куугандай шашып жатасыңар?	왜 (너희들은) 적군을 쫓는 것 같이 급하니?
Асан:	Бизге маанилүү бир иш болуп калдык.	우리게 중요한 일이 생겼습니다.

(2) 문장분석: 동사의 어간_ыша_ 소유격 어미 + керек.

Жак (인칭)	Этиштин уңгусу	Модалдык этиш (서법)			Модалдык сөз (서법을 만드는 말)
		Кыймыл атооч мүчөлөр (동명사 어미)	Таандык мүчөлөр (소유격 어미)		
			Жекелик Сан (단수)	Көптүк Сан (복수)	
Жекелик сан (단수) Менин Сенин Сиздин Анын	+ 동사 어간	'а, ы, я' 모음 뒤에 _(ы)ш	_ым _ың _ыңыз _ы _ (소유격이 아닐 경우)	_ыбыз _ыңар _ыңыздар _ы	керек. (= зарыл[1].) керекпи? керек болчу.
		'е, э, и' 모음 뒤에 _(и)ш	_им _иң _иңиз _и _ (소유격이 아닐 경우)	_ибиз _иңер _иңиздер _и	+ керек болчубу? мүмкүн. мүмкүнбү?
Көптүк сан (복수) Биздин Силердин Сиздердин Алардын		'о, у' 모음 뒤에 _(у)ш	_ум _уң _уңуз _у _ (소유격이 아닐 경우)	_убуз _уңар _уңуздар _у	
		'ө, ү' 모음 뒤에 _(ү)ш	_үм _үң _үңүз _ү _ (소유격이 아닐 경우)	_үбүз _үңөр _үңүздөр _ү	

	керек.	~ 해야(만) 합니다.
동사의 어간_(ы)ш_(소유격 어미) +	керек_пи?	~ 해야(만) 합니까?
	керек болчу.	~ 해야(만) 했(었)습니다.
	керек болчу_бу?	~ 해야(만) 했(었)습니까?
	мүмкүн.	~ 할 가능성이 있습니다. ~ 할 것 같습니다.
	мүмкүн_бү?	~ 할 가능성이 있습니까? ~ 할 것 같습니까?

● [1] 'керек' 은 'зарыл' 과 같은 뜻으로, 서로 바꾸어 써도 된다.

(3) 문장비교

Мен китеп окуш<u>ум</u> **керек**. (나는 책(을) 읽어야 합니다.)	Биз китеп окуш<u>убуз</u> **керек**. (우리는 책(을) 읽어야 합니다.)
Мен китеп окуш<u>ум</u> **керекпи**? (나는 책(을) 읽어야 합니까?)	Биз китеп окуш<u>убуз</u> **керекпи**? (우리는 책(을) 읽어야 합니까?)
Мен китеп окуш<u>ум</u> **керек болчу**. (나는 책(을) 읽어야 했(었)습니다.)	Биз китеп окуш<u>убуз</u> **керек болчу**. (우리는 책(을) 읽어야 했(었)습니다.)
Мен китеп окуш<u>ум</u> **керек болчубу**? (나는 책(을) 읽어야 했(었)습니까?)	Биз китеп окуш<u>убуз</u> **керек болчубу**? (우리는 책(을) 읽어야 했(었)습니까?)

Мен китеп окушум **мүмкүн**. (나는 책(을) 읽을 가능성 있습니다.) Мен китеп окушум **мүкүнбү?** (나는 책(을) 읽을 가능성이 있습니까?)	Биз китеп окуш<u>убуз</u> **мүмкүн.** (우리는 책(을) 읽을 가능성 있습니다.) Биз китеп окуш<u>убуз</u> **мүкүнбү?** (우리는 책(을) 읽을 가능성이 있습니까?)
Сен китеп окуш<u>уң</u> **керек.** (너는 책(을) 읽어야 합니다.) Сен китеп окуш<u>уң</u> **керекпи?** (너는 책(을) 읽어야 합니까?) Сен китеп окуш<u>уң</u> **керек болчу.** (너는 책(을) 읽어야 했(었)습니다.) Сен китеп окуш<u>уң</u> **керек болчубу?** (너는 책(을) 읽어야 했(었)습니까?) Сен китеп окуш<u>уң</u> **мүмкүн.** (너는 책(을) 읽을 가능성 있습니다.) Сен китеп окуш<u>уң</u> **мүкүнбү?** (너는 책(을) 읽을 가능성이 있습니까?)	Силер китеп окуш<u>уңар</u> **керек.** (너희들은 책(을) 읽어야 합니다.) Силер китеп окуш<u>уңар</u> **керекпи?** (너희들은 책(을) 읽어야 합니까?) Силер китеп окуш<u>уңар</u> **керек болчу.** (너희들은 책(을) 읽어야 했(었)습니다.) Силер китеп окуш<u>уңар</u> **керек болчубу?** (너희들은 책(을) 읽어야 했(었)습니까?) Силер китеп окуш<u>уңар</u> **мүмкүн.** (너희들은 책(을) 읽을 가능성 있습니다.) Силер китеп окуш<u>уңар</u> **мүкүнбү?** (너희들은 책(을) 읽을 가능성이 있습니까?)
Сиз китеп окуш<u>уңуз</u> **керек.** (당신은 책(을) 읽어야 합니다.) Сиз китеп окуш<u>уңуз</u> **керекпи?** (당신은 책(을) 읽어야 합니까?) Сиз китеп окуш<u>уңуз</u> **керек болчу.** (당신은 책(을) 읽어야 했(었)습니다.) Сиз китеп окуш<u>уңуз</u> **керек болчубу?** (당신은 책(을) 읽어야 했(었)습니까?) Сиз китеп окуш<u>уңуз</u> **мүмкүн.** (당신은 책(을) 읽을 가능성 있습니다.) Сиз китеп окуш<u>уңуз</u> **мүкүнбү?** (당신은 책(을) 읽을 가능성이 있습니까?)	Сиздер китеп окуш<u>уңуздар</u> **керек.** (당신들은 책(을) 읽어야 합니다.) Сиздер китеп окуш<u>уңуздар</u> **керекпи?** (당신들은 책(을) 읽어야 합니까?) Сиздер китеп окуш<u>уңуздар</u> **керек болчу.** (당신들은 책(을) 읽어야 했(었)습니다.) Сиздер китеп окуш<u>уңуздар</u> **керек болчубу?** (당신들은 책(을) 읽어야 했(었)습니까?) Сиздер китеп окуш<u>уңуздар</u> **мүмкүн.** (당신들은 책(을) 읽을 가능성 있습니다.) Сиздер китеп окуш<u>уңуздар</u> **мүкүнбү?** (당신들은 책(을) 읽을 가능성이 있습니까?)
Ал китеп окуш<u>у</u> **керек.** (그는 책(을) 읽어야 합니다.) Ал китеп окуш<u>у</u> **керекпи?** (그는 책(을) 읽어야 합니까?) Ал китеп окуш<u>у</u> **керек болчу.** (그는 책(을) 읽어야 했(었)습니다.) Ал китеп окуш<u>у</u> **керек болчубу?** (그는 책(을) 읽어야 했(었)습니까?) Ал китеп окуш<u>у</u> **мүмкүн.** (그는 책(을) 읽을 가능성 있습니다.) Ал китеп окуш<u>у</u> **мүкүнбү?** (그는 책(을) 읽을 가능성이 있습니까?)	Алар китеп окуш<u>у</u> **керек.** (그들은 책(을) 읽어야 합니다.) Алар китеп окуш<u>у</u> **керекпи?** (그들은 책(을) 읽어야 합니까?) Алар китеп окуш<u>у</u> **керек болчу.** (그들은 책(을) 읽어야 했(었)습니다.) Алар китеп окуш<u>у</u> **керек болчубу?** (그들은 책(을) 읽어야 했(었)습니까?) Алар китеп окуш<u>у</u> **мүмкүн.** (그들은 책(을) 읽을 가능성 있습니다.) Алар китеп окуш<u>у</u> **мүкүнбү?** (그들은 책(을) 읽을 가능성이 있습니까?)

(4) 예문

- Мен эмнеге барышым керек?
- Мен сөзсүз аларга барышым керек!
- Мен базарга барышым керек.
- Эми жатаар убактысы болду, эртең сабакка барышың керек, кызым.
- Сиз бардыгын ыраазычылык менен кабыл

- 나는 왜 가야만 합니까?
- 나는 반드시 그들에게 가야만 합니다!
- 나는 시장에 가야(만) 합니다.
- 이제 자야 할 시간이 됐어, 내일 수업에 가야만 해 딸.
- 당신은 모든 것을 감사함으로 받아야만

- Албетте, аны уюштургандар да сөзсүз түрдө өзүнүн баасын алышы керек.
- Аларга тоскоолдук жасабай, тескерисинче шарт түзүп беришиңиздер керек.
- Окуу китебин мугалимдер да, окуучулар да бирдей кабыл алышы керекпи?
- Акча бер, тигини да алышым керек, муну да алышым керек!
- Жаштыгыбызды жакшы өткөрүп алышыбыз керекпи?
- Ушул кредитти ушул жуманын аягына чейин кайра төлөшүбүз керек
- Биздин ишибизди аларга өткөрүп берүүнү баштоо үчүн иш-аракеттерибизди макулдашышыбыз керек болчу.
- Силер Уруксатты 12 күн мурда сурашыңар керек болчу.
- Аны ишке киргизээрден мурда алдын ала даярдаш керек болчубу?
- Жубайым деле кызганышы мүмкүн.
- Жалпысынан ар түрдүү көз караштар болушу мүмкүн.
- Кандай дейсиң файлдар бузук болушу мүмкүнбү?

- алышыңыз керек.
- 물론, 그것을 조직한 사람들에게서도 반드시 그 자체의 값은 받아야만 합니다.
- 그들에게 방해하지말고, 반대로 편의를 제공해야 합니다.
- 교과서를 선생님들도, 학생들도 똑같이 받아들여야 합니까?
- 돈을 줘, 저것도 사야 돼고, 이것도 사야 돼!
- 우리는 청년 시절을 잘 보내야 합니까?
- 이 대출금을 이번 주말까지 다시 갚아야만 합니다.
- 우리는 우리의 일을 그들에게 넘겨 주는 것을 시작하기 위해 (우리의) 활동들을 협의 해야만 했습니다.
- 너희들은 허락을 12일 전에 구해야만 했습니다.
- 그를 채용하기 전에 미리 준비해야만 했습니까?
- 내 (아내 또는 남편)도 질투할 수도 있습니다.
- 전체적으로 다양한 견해(가치관)가 있을 수 있습니다.
- 어떤데, 파일들이 깨진 것일 수 있는 거니?

2. 문장형식: 동사의 어간_ба_ш_소유격 어미 + керек 《~ 하지 않아야(만) 합니다》

   (1) 대화

☞ 당신은 돈을 사랑하지 말아야 합니다.

Улан:	**Сиз акчаны сүйбөшүңүз керек.**	당신은 돈을 사랑하지 말아야 합니다.
Асан:	Эмне үчүн?	왜?
	Акча бардыгынан караганда эң жакшы го.	돈은 모든 것에 비해서 가장 좋잖아요.
Улан:	Жок, андай эмес!	아닙니다, 그렇지 않아요!
	Бардык жамандыктар андан пайда болот.	모든 악한 것들은 그것으로부터 생깁니다.
Асан:	Мен сиздикиндей пикирде эмесмин.	나는 당신과 같은 생각이 아닙니다.
	Акча абдан керек.	돈은 정말 필요합니다.
	Акча жок болсо, кантип жашайбыз?	돈이 없으면, (우리가) 어떻게 삽니까?
Улан:	Туура, акча керек.	옳습니다, 돈이 필요합니다.
	Бирок сизге акчаны сүйбөө керек экендигин айткым келет.	그러나 당신에게 돈을 사랑하지 말아야 하는 것을 이야기하고 싶습니다.
Асан:	Эми түшүндүм.	이제 이해했습니다.
	Рахмат, Сизге!	고맙습니다. 당신에게!

(2) 문장분석: 동사의 어간_**ба_ш**_소유격 어미 + **керек**

Жак (인칭)	Этиштин уңгусу	Тескери Формасы (부정형 조사)	Модалдык этиш (서법)			
			동명사 어미	Таандык мүчөлөр (소유격 어미)		Модалдык сөз (서법을 만드는 말)
				Жекелик сан (단수)	Көптүк сан (복수)	
Жекелик сан (단수) **Менин** **Сенин** **Сиздин** **Анын** Көптүк сан (복수) **Биздин** **Силердин** **Сиздердин** **Алардын**	동사 어간	'а, ы, я, у' 모음 뒤에 _ба _па	_ш	_ым _ың _ыңыз _ы _ (소유격이 아닐 경우)	_ыбыз _ыңар _ыңыздар _ы	**керек**. (= зарыл.) **керек_пи?** **керек болчу.** **керек болчубу?** **мүмкүн.** **мүмкүнбү?**
		'е, э, и' 모음 뒤에 _бе _пе	_ш	_им _иң _иңиз _и _ (소유격이 아닐 경우)	_ибиз _иңер _иңиздер _и	+
		'о, ё' 모음 뒤에 _бо _по	_ш	_ум _уң _уңуз _у _ (소유격이 아닐 경우)	_убуз _уңар _уңуздар _у	
		'ө, ү' 모음 뒤에 _бө _пө	_ш	_үм _үң _үңүз _ү _ (소유격이 아닐 경우)	_үбүз _үңөр _үңүздөр _ү	

동사의 어간_**ба_ш**_(소유격 어미) +	**керек.**	~ 하지 않아야(만) 합니다. ~ 하지 말아야 합니다.
	керек_пи?	~ 하지 않아야(만) 합니까? ~ 하지 말아야 합니까?
	керек болчу.	~ 하지 않아야(만) 했습니다. ~ 하지 말아야 했습니다.
	керек болчубу?	~ 하지 않아야(만) 했습니까? ~ 하지 말아야 했습니까?
	мүкүн.	~ 하지 않을 가능성이 있습니다. ~ 하지 않을 수 있습니다.
	мүкүнбү?	~ 하지 않을 가능성이 있습니까? ~ 하지 않을 수 있습니까?

(3) 문장비교

Мен китеп оку**ба**ш**ым** керек. (나는 책(을) 읽지 않아야 합니다.) Мен китеп оку**ба**ш**ым** керекпи? (나는 책(을) 읽지 않아야 합니까?) Мен китеп оку**ба**ш**ым** керек болчу. (나는 책(을) 읽지 않아야 했습니다.) Мен китеп оку**ба**ш**ым** керек болчубу? (나는 책(을) 읽지 않아야 했습니까?) Мен китеп оку**ба**ш**ым** мүмкүн. (나는 책(을) 읽지 않을 가능성 있습니다.)	Биз китеп оку**ба**ш**ыбыз** керек. (우리는 책(을) 읽지 않아야 합니다.) Биз китеп оку**ба**ш**ыбыз** керекпи? (우리는 책(을) 읽지 않아야 합니까?) Биз китеп оку**ба**ш**ыбыз** керек болчу. (우리는 책(을) 읽지 않아야 했습니다.) Биз китеп оку**ба**ш**ыбыз** керек болчубу? (우리는 책(을) 읽지 않아야 했습니까?) Биз китеп оку**ба**ш**ыбыз** мүмкүн. (우리는 책(을) 읽지 않을 가능성 있습니다.)

Мен китеп оку**ба**ш**ым** мүмкүнбү? (나는 책(을) 읽지 않을 가능성이 있습니까?)	Биз китеп оку**ба**ш**ыбыз** мүмкүнбү? (우리는 책(을) 읽지 않을 가능성이 있습니까?)
Сен китеп оку**ба**ш**ың** керек. (너는 책(을) 읽지 않아야 합니다.) Сен китеп оку**ба**ш**ың** керекпи? (너는 책(을) 읽지 않아야 합니까?) Сен китеп оку**ба**ш**ың** керек болчу. (너는 책(을) 읽지 않아야 했습니다.) Сен китеп оку**ба**ш**ың** керек болчубу? (너는 책(을) 읽지 않아야 했습니까?) Сен китеп оку**ба**ш**ың** мүмкүн. (너는 책(을) 읽지 않을 가능성 있습니다.) Сен китеп оку**ба**ш**ың** мүмкүнбү? (너는 책(을) 읽지 않을 가능성이 있습니까?)	Силер китеп оку**ба**ш**ыңар** керек. (너희들은 책(을) 읽지 않아야 합니다.) Силер китеп оку**ба**ш**ыңар** керекпи? (너희들은 책(을) 읽지 않아야 합니까?) Силер китеп оку**ба**ш**ыңар** керек болчу. (너희들은 책(을) 읽지 않아야 했습니다.) Силер китеп оку**ба**ш**ыңар** керек болчубу? (너희들은 책(을) 읽지 않아야 했습니까?) Силер китеп оку**ба**ш**ыңар** мүмкүн. (너희들은 책(을) 읽지 않을 가능성 있습니다.) Силер китеп оку**ба**ш**ыңар** мүмкүнбү? (너희들은 책(을) 읽지 않을 가능성이 있습니까?)
Сиз китеп оку**ба**ш**ыңыз** керек. (당신은 책(을) 읽지 않아야 합니다.) Сиз китеп оку**ба**ш**ыңыз** керекпи? (당신은 책(을) 읽지 않아야 합니까?) Сиз китеп оку**ба**ш**ыңыз** керек болчу. (당신은 책(을) 읽지 않아야 했습니다.) Сиз китеп оку**ба**ш**ыңыз** керек болчубу? (당신은 책(을) 읽지 않아야 했습니까?) Сиз китеп оку**ба**ш**ыңыз** мүмкүн. (당신은 책(을) 읽지 않을 가능성 있습니다.) Сиз китеп оку**ба**ш**ыңыз** мүмкүнбү? (당신은 책(을) 읽지 않을 가능성이 있습니까?)	Сиздер китеп оку**ба**ш**ыңыздар** керек. (당신들은 책(을) 읽지 않아야 합니다.) Сиздер китеп оку**ба**ш**ыңыздар** керекпи? (당신들은 책(을) 읽지 않아야 합니까?) Сиздер китеп оку**ба**ш**ыңыздар** керек болчу. (당신들은 책(을) 읽지 않아야 했습니다.) Сиздер китеп оку**ба**ш**ыңыздар** керек болчубу? (당신들은 책(을) 읽지 않아야 했습니까?) Сиздер китеп оку**ба**ш**ыңыздар** мүмкүн. (당신들은 책(을) 읽지 않을 가능성 있습니다.) Сиздер китеп оку**ба**ш**ыңыздар** мүмкүнбү? (당신들은 책(을) 읽지 않을 가능성이 있습니까?)
Ал китеп оку**ба**ш**ы** керек. (그는 책(을) 읽지 않아야 합니다.) Ал китеп оку**ба**ш**ы** керекпи? (그는 책(을) 읽지 않아야 합니까?) Ал китеп оку**ба**ш**ы** керек болчу. (그는 책(을) 읽지 않아야 했습니다.) Ал китеп оку**ба**ш**ы** керек болчубу? (그는 책(을) 읽지 않아야 했습니까?) Ал китеп оку**ба**ш**ы** мүмкүн. (그는 책(을) 읽지 않을 가능성 있습니다.) Ал китеп оку**ба**ш**ы** мүмкүнбү? (그는 책(을) 읽지 않을 가능성이 있습니까?)	Алар китеп оку**ба**ш**ы** керек. (그들은 책(을) 읽지 않아야 합니다.) Алар китеп оку**ба**ш**ы** керекпи? (그들은 책(을) 읽지 않아야 합니까?) Алар китеп оку**ба**ш**ы** керек болчу. (그들은 책(을) 읽지 않아야 했습니다.) Алар китеп оку**ба**ш**ы** керек болчубу? (그들은 책(을) 읽지 않아야 했습니까?) Алар китеп оку**ба**ш**ы** мүмкүн. (그들은 책(을) 읽지 않을 가능성 있습니다.) Алар китеп оку**ба**ш**ы** мүмкүнбү? (그들은 책(을) 읽지 않을 가능성이 있습니까?)

(4) 예문

- Мен акчаны сүйбөшүм керек.
- Өзүңдү жакшы көрсөтөм десең, албетте, андай иштерге барбашың керек.
- Сиз клубга улуттук кийимдерди кийип келбешиңиз керек.
- Студенттер эч качан акча берип окубашы керек.
- Биз малыбыз үчүн эмне үчүн салык

- 나는 돈을 사랑하지 않아야 합니다.
- 네 자신을 잘 보이고 싶으면, 당연히, 그런 일들에 가지 않아야 합니다.
- 당신은 클럽에 민속 의상을 입고 오지 말아야 합니다.
- 학생들은 절대로 돈(뇌물)을 주고 공부하지 말아야 합니다.
- 우리는 우리의 가축을 위해서 왜 세금을 내지

- төлөбөшүбүз керек?
- Силер ушуларды сактап, тигилерди да калтырбашыңар керек.
- Сиздер бийликти сүйбөшүңүздөр керек.
- Жок, балам, Кыргызстандан кетпешиң керек!
- Ошондуктан кыз биринчи сүйбөшү керек деп ойлойм.
- Жагдайларды дестабилизация кылган кырдаалга жеткирбеши керек.
- Аны бир жылга чейин сатпашың керек болчу.
- Сен аны менен чогуу жүргөндүктөн барышың керек болчубу?
- Ошол мелдешке барбай, эс алышыбыз керек болчубу?

- 말아야 합니까?
- 너희들은 이것들을 지키고, 저것들도 빠뜨리지 말아야 합니다.
- 당신들은 권력을 사랑하지 말아야 합니다.
- 안돼, 아들아, (너는)키르기즈스탄을 떠나면 안돼!
- 그렇기 때문에 여자가 먼저 말하지 말아야 한다고 생각합니다.
- 상황들을 불안전하게 하는 상태까지 가게 해서는 안됩니다.
- (너는) 그것을 1년까지 팔지 말아야 했습니다.
- 너는 그와 함께 다녔기 때문에 가야만 했습니까?
- (우리는) 그 경기에 가지 말고, 쉬어야만 했습니까?

■ 연습문제

1. 해석을 참고하여 (　　) 안에 있는 동사를 인칭과 시제에 맞게 넣으시오.

1. Сиз башка банкка иштеп (**кет**_____) керек болчу. ▸ 당신은 다른 은행에 취직하지 말아야 했습니다.
2. Абийиримди эч качан (**сат**_____) керек болчу. ▸ (나는) 양심을 결코 팔지 말아야 했습니다.
3. Силер ошол жолду тандап (**ал**_____) керек болчубу? ▸ 너희들은 그 길을 선택해야만 했었니?
4. Андан уруксат (**ал**_____) керек болчубу? ▸ (당신은) 그로부터 허락을 받아야만 했습니까?
5. Сиздер бизге өзүңүздөрдүн баалуу кеңештериңиз-дерди (**бер**_____) керек. ▸ 당신들은 우리에게 당신들의 귀한 충고들을 해주어야만 합니다.
6. Адамдар алган акчасын ушул мөөнөттөрдө проценттери менен (**төл**_____) керек. ▸ 사람들이 받은 돈은 이 기간들에 (맞춰) 이자를 지불해야만 합니다.
7. Иштеген адамда катачылык болбой койбойт, бирок катачылык кетсе өзүңүз (**айт**_____) керек болчу. ▸ 일하는 사람에게 실수가 없을 수는 없습니다, 그러나 실수가 생기면 당신 스스로가 말해야만 했었습니다.
8. Муну 2 жыл мурда эле (**жаса**_____) керек болчубу? ▸ (그는) 이것을 2년 전에 만들어야 했었습니까?
9. Улуту ким экенин такыр (**көрсөтүл**_____) керек болчу. ▸ 어떤 민족인지 절대로 보여주지 말아야 했습니다.
10. Ар бир айда жок дегенде бир жерге барып эс алып (**кел**_____) керекпи? ▸ (당신은) 매월 적어도 한 곳에 가서 쉬고 와야 합니까?
11. Өкмөт кыйын учурда кызматтан (**кет**_____) керек болчу. ▸ (당신은) 정부가 어려울 때 관직에서 떠나지 말았어야 했습니다.
12. Айыл башчыдан уруксат (**сура**_____) керек болчу. ▸ (당신은) 마을 지도자로부터 허락을 구해야 했습니다.

13. Президент сөзүнө (**тур**_____) керек болчубу?   ▸   대통령은 자신의 말을 지켜야 했습니까?

    2. 다음 문장을 해석 하시오.

1. Мага бирөө келип "саат мынчага бул жакка барышың керек" деп айтпайт.
2. Сиз бул окуя тууралуу элге ачык-айкын айтып жеткиришиңиз керек.
3. Мисалы, бул проблеманы декабрдын аягына калтырбай октябрь, же ноябрь айында чечишим керек болчу.
4. Бирок сен өз оозуң менен айтышың керек болчу.
5. Анда экөөбүз эле барып ойноп келишибиз керекпи?
6. Силер мындай суроолорду беришиңер керекпи?
7. Кыз болсо мындай жерге барбашы керекпи?
8. Мындай ишке барбашым керекпи?
9. Биз муну айтпашыбыз керекпи?
10. Анда уулуңду туулган жерине кайра жиберишим керекпи?
11. Чындыгында, муну менен каршылашып кетпешибиз керек болчу.

12장 ~ 할 수 있습니다.

1. 문장형식: 동사의 어간_а + ал_а_인칭어미 〖~ 할 수 있습니다〗

(1) 대화

☞ 당신은 키르기즈 말을 할 수 있습니까?

Улан:	**Сиз кыргызча**⁽¹⁾ **сүйлөй аласызбы?**	당신은 키르기즈 말을 할 수 있습니까?
Асан:	Жок, сүйлөй албайм. Сизчи?	아니요, (나는) 말할 수 없습니다. 당신은요?
Улан:	Мен бир аз сүйлөй алам.	나는 조금 말할 수 있습니다.
Асан:	Анда кайсы тилде⁽²⁾ сүйлөй аласыз?	그러면 어떤 말(언어)을 할 수 있습니까?
Улан:	Мен англисче жакшы сүйлөй алам.	나는 영어를 잘 말할 수 있습니다.
Асан:	Жакшы болду, менин эжем да англисче жакшы сүйлөй алат.	잘됐습니다, 나의 언니(누나)도 영어를 잘 말합니다.
	Аны чакырып келейин, бир аз күтүп тура аласызбы?	그녀를 불러 오겠습니다, 조금 기다려 줄 수 있습니까?
Улан:	Албетте, мен күтө алам.	물론입니다. 나는 기다릴 수 있습니다.
Асан:	Мен жарым сааттын ичинде келип калам.	나는 30분 안에 오겠습니다.

- «**кыргызча**»⁽¹⁾ 는 '**кыргыз + ча**' 키르기즈 식의 라는 의미를 가지며, 보통 '민족 + ча' 는 그 민족의 언어를 의미한다. 예를 들면, **корейсче** (한국어), **орусча** (러시아어), **япончо** (일본어) 등이다
- «**тил**»⁽²⁾ 은 1) 혀 2) 말 과 같이 두 가지 의미를 가진다. '**тил ал_**' 은 '순종하다, 말을 듣다' 라는 의미를 가지며, '**тил алчаак**' 은 '순종' 이라는 의미를 가진다.

☞ (너는) 말을 탈 수 있니?

Улан:	Сен машина айдаганды билесиңби?	너는 자동차를 운전할 줄 아니?
Асан:	Жок, айдаганды билбейм.	아니오, 운전하는 것을 모릅니다.
Улан:	Анда, **ат мине аласыңбы?**	그러면, 말 탈 수 있니?
Асан:	Албетте, мине алам.	물론, 탈 수 있습니다.
	Мен жылкычынын баласымын.	나는 말을 치는 사람의 아들입니다.
Улан:	Мен ат мине албайм.	나는 말을 탈 수 없어.
	Ат мингенди үйрөнгүм келет.	말 타는 것을 배우고 싶어.
Асан:	Праблама жок, мен сизге ат мингенди үйрөтөм.	문제 없습니다, 나는 당신에게 말 타는 것을 가르쳐 주겠습니다.

Улан:	Рахмат! Качан үйрөнсөм болот?	고마워! 언제 배우면 되니?
Асан:	Кааласаңыз эртең баштасам да болот.	원하시면 내일 시작해도 됩니다.
	Жакын жерде менин сарайым бар.	가까운 곳에 나의 목장이 있습니다.

(2) 문장분석: 동사의 어간_**a** + **ал_а**_인칭어미

Жак (인칭)	Модалдык этиш (서법)				Жак мүчөлөр (인칭 어미)	Сурама бөлүкчө (인칭 어미)
	Этиштин Уңгусу	Чакчыл (첨촐)	Жардамчы этиш (보조동사)	Чакчыл (첨촐)		
жекелик сан **Мен** **Сен** **Сиз** **Ал**	동사어간	'а, ы, я' (모음 뒤에) _**а** 'е, э, и' (모음 뒤에) _**е** 'о' (모음 뒤에) _**о** 'у' (모음 뒤에) _**й** 'ө, ү' (모음 뒤에) _**ө**	+ ал	_а	жекелик сан _**м** _**сың** _**сыз** _**т** көптүк сан _**быз** _**сыңар** _**сыздар** _**ышат**.	. бы? _ышабы?
көптүк сан **Биз** **Алар** **Сиздер**						
Алар						

동사의 어간_**a** + **ал_й**_인칭어미.	~ 할 수 있습니다.
동사의 어간_**a** + **ал_й**_인칭어미_**бы**?	~ 할 수 있습니까?

- Алар 의 경우는 _**ышат** 의 형태로 **алышат**.

(3) 예문

- Сен бул ишти кыла аласыңбы? Мен бул ишти кыла алам.
- Сиз машина айдай аласызбы? Ооба, мен машина айдай алам.
- Ал кыргызча ырдай алабы? Албетте, Ал кыргызча ырларды абдан жакшы ырдайт.
- Мен эми башка кызды сүйө аламбы?
- Элдин акчасын үнөмдөөгө үлгү көрсөтө аласыңбы?

- 너는 이 일을 할 수 있니? 나는 이 일을 할 수 있습니다.
- 당신은 자동차를 운전할 수 있습니까? 네, 나는 자동차를 운전할 수 있습니다.
- 그는 키르기즈어로 노래할 수 있습니까? 물론, 그는 키르기즈 노래들을 매우 잘 부릅니다.
- 나는 이제 다른 여자를 사랑할 수 있을까요?
- (너는) 국민의 돈을 아끼는 본을 보여 줄 수 있니?

- Сен жер айдай аласыңбы?
- Эң жакшы көргөн тамагыңыз кайсы жана аны жасай аласызбы?
- Телефон аркылуу иш бүтүрө аласызбы?
- Чындыгында, ар бир адамды тегиз, бирдей көрө аласызбы?
- Ал эки эл үчүн ынтымактын көпүрөсү боло алабы?
- Кызымдын жашоосун өзгөртө алабы?
- Кымбатчылыка туруштук бере алабызбы?
- Элге убада кылган программаны аткара аласыңарбы?
- Суроого кененирээк жооп бере аласыздарбы?
- Анын акыбалын, ден-соолугун билип бере аласыздарбы?
- Акыйкат чечим чыгара алышабы?

- (너는) 땅을 경작할 수 있니?
- (당신은) 가장 좋아하는 음식은 무엇이며, 그것을 만들 수 있습니까?
- (당신은) 전화기로 일을 끝낼 수 있습니까?
- (당신은) 진실로 모든 사람들을 동일하게, 똑같이 대할 수 있습니까?
- 그는 두 민족을 위해 화합의 다리가 될 수 있습니까?
- 그는 (나의) 딸의 삶을 바꿀 수 있습니까?
- (우리는) 고비용의 삶을 견딜 수 있습니까
- (너희들은) 국민에게 약속한 계획을 실천할 수 있겠니?
- (당신들은) 질문에 폭넓게 대답해 주실수 있습니까?
- (당신들은) 그의 상태와 건강을 알아 봐 줄 수 있습니까?
- (그들은) 정직한 결정을 내릴 수 있습니까?

2. 문장형식: 동사의 어간_a + ал_ба_й_인칭어미 〖~ 할 수 없습니다〗

(1) 대화

☞ 이제는 그로부터 돈을 받을 수 없습니다.

Улан:	Сиз ал үчүн канча жыл иштеп бердиңиз?	당신은 그를 위해서 몇 년 일해 주었습니까?
Асан:	Мен 2 жыл иштедим.	나는 2년 일했습니다.
Улан:	Сиз андан акча алдыңызбы?	당신은 그에게서 돈을 받았습니까?
Асан:	Жок, акча алган жокмун.	아니요, 돈을 받지 못했습니다.
Улан:	**Эми андан акча ала албайсыз.** Анткени оор кылмыш иш жасап, бир өлкөгө качып кетти.	이제는 그로부터 돈을 받을 수 없습니다. 왜냐하면 무거운 범죄를 지어서, 어떤 나라로 도망갔습니다.
Асан:	Кандай кылмыш иш жасаптыр?	어떤 범죄를 저질렀답니까?
Улан:	Бир нече адамдарды алдап, ири суммадагы акчаны уурдаган окшойт.	몇몇 사람들을 속여서, 많은 돈을 훔친 것 같습니다.
Асан:	Мен андай адам деп ойлогон жокмун. Мен аны жакшы адам деп жүрдүм.	나는 그런 사람이라고 생각하지 못했습니다. 나는 그를 좋은 사람이라고 생각하고 지냈습니다.

☞ 너는 한국말을 말할 수 없니?

Улан:	**Сен корейче сүйлөй албайсыңбы?**	너는 한국말을 말할 수 없니?
Асан:	Жок, мен жакшы сүйлөй алам.	아닙니다, 나는 잘 말할 수 있습니다.
	Анткени университетте 5 жыл бою Корей тилин окудум.	왜냐하면 대학교에서 5년 동안 한국어를 공부했습니다.
Улан:	Кореяга барып келдиңби?	한국에 갔다 왔니?
Асан:	Мен Сеулда 3 жыл иштедим.	나는 서울에서 3년 일했습니다.
Улан:	Кайсы жерде иштедиң?	어느 곳에서 일했어?
Асан:	Мен бир ишканада котормочу болуп иштедим.	나는 어떤 회사에서 통역가로 일했습니다.
Улан:	Кайсы тил боюнча которуп жүрдүң?	어떤 말들을 통역했니?
Асан:	Корейче, орусча, кыргызча, ангилсчелерди котордум.	한국어, 러시아어, 키르기즈어, 영어를 통역했습니다.
Улан:	Оо, сен көп тилдерди билесиң!	오, 너는 많은 언어들을 알고 있구나!

(2) 문장분석: 동사의 어간_**а** + **ал_ба_й**_인칭어미

Жак (인칭)	Модалдык этиш (서법)					Жак мүчөлөр (인칭 어미)	Сурама бөлүкчө (인칭 어미)
	Этиштин Уңгусу	Чакчыл (착츨)	Жардамчы этиш (보조동사)	Тескери формасы (보조동사)	Чакчыл (착츨)		
жекелик сан		'а, ы, я' (모음 뒤에)				жекелик сан	
Мен		_а				_м	.
Сен		'е, э, и' (모음 뒤에)				_сың	
Сиз	동사어간		+ ал	_ба	_й	_сыз	
Ал		_е				_т	
көптүк сан		'о' (모음 뒤에)				көптүк сан	
Биз		_о				_быз	
Алар		'у' (모음 뒤에)				_сыңар	бы?
Сиздер		_й				_сыздар	
Алар		'ө, ү' (모음 뒤에)		_ышпайт.			
		_ө		_ышпайбы?			

동사의 어간_**а** + **ал_ба_й**_인칭어미.	~ 할 수 없습니다.
동사의 어간_**а** + **ал_ба_й**_인칭어미_**бы**?	~ 할 수 없습니까?

(3) 예문

- Космостогу абалды сөз менен жеткире албайм.
- Бул окуя тууралуу 'жок' деп да, 'ооба' деп да айта албайм.
- саясатчы болбогондон кийин кээде сүйлөгөнүн ооздуктай албайм.
- руханий байлыкты миллиондорго сатып ала албайсың.
- Эч ким билимди акча менен сатып ала албайсың
- Белгилүү болгондой, ден соолукту акчага сатып ала албайсыз.
- Тыңчыларды оңойлук менен кармап ала албайсыз.
- Силер андан эч качан накталай акча албайсыңар.
- Кыргыз тили дипломатциялык тили боло албайбы?
- Кыргыз тили иш кагаздарын жүргүзүүдө, биринчи тил боло албайбы?
- Эми бийликте ошончо билимдүү адам отуруп, ушул электр энергиясынын проблемасын чече албайбы?
- Сиз улуттук баалуулуктарды коргой албайсыбы?

- (나는) 우주에 있는 상태를 말로 다 표현할 수 없습니다.
- (나는) 이 사건에 대하여 '아니오' 라고도 '예' 라고도 말할 수 없습니다.
- 가끔 쿠반의 말하는 것을 제어할 수 없습니다.
- (너는) 영적인 보배들을 백만장자들에게 살 수 없어.
- 아무도 지식을 돈으로 살 수 없습니다.
- 분명한 것은 (당신은) 건강을 돈으로 살수 없습니다.
- 당신은 간첩들을 쉽게 잡을 수 없습니다.
- 너희들은 그로부터 결코 돈을 현금으로 받을 수 없을 거야.
- 키르기즈 언어는 외교 언어가 될 수 없습니까?
- 키르기즈어는 행정처리를 하는데 있어서, 첫 번째 언어가 될수 없습니까?
- 이제 권력의 자리에 지식 있는 많은 사람들이 앉아서, 이 전기 에너지 문제를 해결 할 수 없습니까?
- 당신은 민족의 고귀한 가치를 지키지 못합니까?

3. 문장형식: 동사의 어간_a + ал_а турган 〖~ 할 수 있는〗

(1) 대화

☞ 이곳에 자동차를 운전할 수 있는 사람이 있습니까?

Улан:	**Бул жерде машина айдай ала турган адам барбы?**	이곳에 자동차를 운전할 수 있는 사람이 있습니까?
Асан:	Жок, эч ким машинаны айдай албайт.	없어요, 아무도 자동차를 운전할 수 없습니다.
Улан:	Айдоочуну кайдан тапсак болот?	(우리는) 어디에서 운전사를 찾을 수 있습니까?
Асан:	Менин байкем айдай алат. Ага телефон чалып көрөйүн.	나의 형은 운전할 수 있습니다. 그에게 전화를 해 볼게요.
Улан:	Сиздин байкеңиз эмне деди?	당신의 형은 무엇이라고 했습니까?

Асан:	Байкем «Жардам бере алам» деди.	(나의) 형은 도와 줄 수 있다고 말했습니다.
Улан:	Жакшы болду!	잘됐습니다!
	Качан келе алат?	언제 올 수 있습니까?
Асан:	Бир сааттан кийин келе алат.	1 시간 후에 올수 있습니다.

(2) 문장분석: 동사의 어간_а + ал_а турган

Модалдык этиш (서법)						
Этиштин Уңгусу	Чакчыл (착츌)	Жардамчы этиш (보조동사)	Тескери формасы (부정조사)	Чакчыл (착츌)	Жардамчы этиш (보조동사)	Атоочтук (동사의 형용사격)
동사의 어간	'а, ы, я' (모음 뒤에) _а	+ ал		_а	тур	_ган
	'е, э, и' (모음 뒤에) _е					
	'о' (모음 뒤에) _о					
	'у' (모음 뒤에) _й		_ба	_й		
	'ө, ү' (모음 뒤에) _ө					

동사의 어간_а + ал_а тур_ган	~ 할 수 있는
동사의 어간_а + ал_ба_й тур_ган	~ 할 수 없는

(3) 구문 비교

тамак	жасай	+ ала турган	адам	음식(을) 만들 수 있는 사람
кыргызстанга	бара		мүкүнчүлүк	회사에 갈 수 있는 시간
тоодо	иштей		адам	산에서 일할 수 있는 사람
арак	иче		адам	술 마실 수 있는 사람
алыс жакты	көрө		инструмент	먼 곳을 볼 수 있는 기구
жүрөгүм менен	ишене		адам	마음으로 믿을 수 있는 사람
өз убагында	бере		акча	정한 시간에 줄 수 있는 돈
жакшы	ырдай		ыр	잘 부를 수 있는 노래
жакшы	уктай		бөлмө	잘 잘잘 수 있는 방

тамак	жасай		адам	음식(을) 만들 수 없는 사람
кыргызстанга	бара		мүкүнчүлүк	회사에 갈 수 없는 시간
тоодо	иштей		адам	산에서 일할 수 없는 사람
арак	иче	+ албай турган	адам	술 마실 수 없는 사람
алыс жакты	көрө		инструмент	먼 곳을 볼 수 없는 기구
жүрөгүм менен	ишене		адам	마음으로 믿을 수 없는 사람
өз убагында	бере		акча	정한 시간에 줄 수 없는 돈
жакшы	ырдай		ыр	잘 부를 수 없는 노래
жакшы	уктай		бөлмө	잘 잠잘 수 없는 방

(3) 예문

- Ошко да барып, кыргыз-өзбек өспүрүмдөрү чогуу билим ала турган искусство мектебин ачсамбы деп ойлонуп жатам.
- Ал - адам баласынын бардык маселелерине жооп бере ала турган Ыйык Китеп.
- Англис тилинен кыргызчага которо ала турган акылдуу балдар көп.
- Мен дамдуу тамак жасай ала турган адаммын.
- Тоодо иштей ала турган адм барбы?
- Кыргызстанга бара ала турган мүнкүнчүлүгүң барбы?
- Арак иче ала турган адам барбы?
- Алыс жакты көрө ала турган инструмент эмне?

- 오쉬에도 가서 키르기즈-우즈벡 청소년들이 함께 교육을 받는 예술학교를 세울까 라고 생각하고 있습니다.
- 그것은 인류의 모든 문제에 대답을 줄 수 있는 거룩한 책입니다.
- 영어에서 키르기즈어로 번역할 수 있는 영리한 아이들이 많습니다.
- 나는 맛있는 음식을 만들 수 있는 사람입니다.
- 산에서 일할 수 있는 사람이 있습니까?
- (너는) 키르기즈스탄에 갈 수 있는 능력(기회, 가능성)이 있습니까?
- 술 마실 수 있는 사람이 있습니까?
- 먼 곳을 볼 수 있는 기구는 무엇입니까?

■ 연습문제

1. 해석을 참고하여 ( ) 안에 있는 동사를 인칭과 시제에 맞게 넣으시오.

1. Сен компьютерди жакшы (**колдон_____ ал_____**)? ▸ 너는 컴퓨터를 잘 사용할 수 있니?
2. Сунушумду кабыл (**ал_____**)? ▸ (너희들은 나의) 제안을 받아 드릴 거니?
3. Ал президент эл (**башкар____ ал_____**)? ▸ 그 대통령은 백성을 다스리지 못합니까?

4. Бир аз (**түшүр___ ал_____**)?

5. Биз карызсыз (**жаша___ ал_____**)?

6. Ал болсо таптакыр эле сүйлөбөйт экен, же кыргызча (**сүйлө___ ал_____**)?

7. Кыргызча (**ырда___ ал___ тур_____** ыры барбы?

8. Азыр (**укта___ ал___ тур_____** бөлмө кайсы?

9. Ар кандай коркунучтардан коркпой, чындыкты (**жаз____ ал____ тур_____**) журналисттерди сыйлайм.

▸ (당신은) 조금 (가격을) 내릴 수 없습니까?

▸ 우리는 빚을 지지 않고 살 수 없습니까?

▸ 그는 전혀 말하지 않는군요, 아니면 키르기즈 말을 할 수 없는 것입니까?

▸ 키르기즈어로 노래할 수 있는 노래가 있습니까?

▸ 지금 잘 수 있는 방은 어느 것입니까?

▸ 온갖 위험으로부터 두려워하지 않고, 진실을 쓸 수 있는 기자들을 존경합니다.

2. 다음 문장을 해석 하시오.

1. Сизге ишене ала турган адамдар барбы?

2. Мага бере ала турган акчаңыз барбы?

3. Эгер жаныбыздагы эле Өзбекстанды мисалга ала турган болсок, ал жакта да баа 2-3 эсе өсүп кетти.

4. Мен компьютер боюнча адис болгондуктан жакшы колдоно алам.

5. Сиз орусча сүйлөй аласызбы?

6. Ишиңди улап кете аламбы?

7. Мен ишимди анын макулдугусуз алмаштыра аламбы?

8. 30 жылдык стажым менен пенсияга чыга аламбы?

9. Биз өзүбүздүн сөзүбүзгө, ишибизге жооп бере алабызбы?

1. _____

2. _____

3. _____

4. _____

5. _____

6. _____

7. _____

8. _____

9. _____

13장 ~ 하고 싶습니다.

1. 문장형식: 동사의 어간 **гы** 인칭어미 + **келет** 《~ 하고 싶습니다》

   (1) 대화

☞ 나는 지금 쉬고 싶습니다.

Улан:	Сиз азыр эмне кылгыңыз келет?	너는 지금 무엇을 하고 싶니?
Асан:	**Мен азыр эс алгым келет.**	나는 지금 쉬고 싶습니다.
Улан:	Сиз азыр мени менен кино театрга баргыңыз келеби?	당신은 지금 나와 함께 영화관에 가고 싶습니까?
Асан:	Албетте! Баргым келет.	물론입니다! 가고 싶습니다.
Улан:	Мен азыр аябай чарчадым.	나는 지금 매우 피곤합니다.
Асан:	Бирок мен кино көргөндү абдан жакшы көрөм.	그러나 나는 영화 보는 것을 매우 좋아합니다.

☞ 당신은 오쉬에 있는 (당신의) 친구를 보고 싶습니까?

Улан:	**Сиз Оштогу досуңузду көргүңүз келеби?**	당신은 오쉬에 있는 (당신의) 친구를 보고 싶습니까?
Асан:	Албетте, мен да аны абдан сагындым. Анткени мен да аны көрбөгөнүмө көп болду.	물론입니다, 나도 그가 정말 그립습니다. 왜냐하면 저도 그를 못 본지 오래 됐습니다.
Улан:	Эмки жумада чогуу барбайлыбы?.	다음 주에 함께 가지 않겠어요.
Асан:	Жакшы! Чогуу барып келебиз.	좋습니다! 함께 갔다 옵시다.

☞ 나는 어렸을 때 항상 영화관에 가고 싶어 했습니다.

Улан:	**Мен жаш чагымда дайыма кино театрга баргым келчү.**	나는 어렸을 때 항상 영화관에 가고 싶어 했습니다.
Асан:	Ошондуктан сиз азыр да кино көргөндү жакшы көрөсүз.	그래서 당신은 지금도 영화 보는 것을 좋아 하시는 군요.
Улан:	Бүгүн абдан кызыктуу бир кино коёт экен, көргөнү барбайлыбы?	오늘 아주 재미있는 영화 하나를 상영한다고 하네요, 보러 가지 않겠어요?
Асан:	Жакшы, чогуу барабыз.	좋아요, 함께 갑시다
Улан:	Абдан кызыктуу болду! Эмкиде дагы чогуу баралы.	아주 재미 있었습니다. 다음에도 함께 갑시다.
Асан:	Албетте!	물론입니다.

(2) 문장분석: 동사의 어간_гы_인칭어미 + **келет**

Жак (인칭)	Этиштин Уңгусу	Жак мүчөлөр (인칭 어미)	Модалдык этиш (서법)							
			Жардамчы этиш (보조동사)	Тескери формасы (부정형 조사)	Чакчыл (부정형 조사)	Адат өткөнчак (습관 과거 시제)	3 жактын мүчөсү (3인칭 단수 어미)	Сурама бөлүкчө (의문형 조사)		
Жекелик сан **Мен** **Сен** **Сиз** **Ал** Көптүк сан **Биз** **Алар** **Сиздер** **Алар**	동사어간	_гы _гу _ги _гү _кы _ку _ки _кү	Жекелик сан _м _ың _ыңыз _сы Көптүк сан _быз _ыңар _ыңыздар _сы, _лар	+	кел	_бе _бе	_е _е _й _й чү. чү	т. т.	би? би? бү?

동사의 어간_гы_인칭어미 **кел_е_т.**	~을 하고 싶습니다.
동사의 어간_гы_인칭어미 **кел_е_би?.**	~을 하고 싶습니까?
동사의 어간_гы_인칭어미 **кел_бе_й_т.**	~을 하고 싶지 않습니다.
동사의 어간_гы_인칭어미 **кел_бе_й_би?**	~을 하고 싶지 않습니까?
동사의 어간_гы_인칭어미 **кел_чү.**	~을 하고 싶어 했었습니다.
동사의 어간_гы_인칭어미 **кел_чү_бү?**	~을 하고 싶어 했었습니까?
동사의 어간_гы_인칭어미 **кел_чү эмес.**	~을 하고 싶지 않았었습니다.
동사의 어간_гы_인칭어미 **кел_чү эмеспи?**	~을 하고 싶지 않았었습니까?

(3) 예문

- Мен мектепте директор болуп иштегим келет.
- Сен шаңдуу ырларды ырдагың келеби?
- Сиз кечке чейин уктагыңыз келеби?
- Биз түшкү тамакты азыр жегибиз келет.
- Силер Кыргызстанга барып жашагыңар келеби?
- Сиздер ким менен сүйлөшкүңүздөр келет?

- 나는 학교에서 교장 선생님으로 일하고 싶습니다.
- 너는 경쾌한 노래들을 노래하고 싶니?
- 당신은 늦게까지 잠자고 싶습니까?
- 우리는 점심을 지금 먹고 싶습니다.
- 너희들은 키르기즈스탄에 가서 살고 싶니?
- 당신들은 누구와 이야기하고 싶습니까?

- Ал Жина менен үйлөнгүсү келет.
- Мен бүгүн иштегим келбейт.
- Эмне үчүн иштегиңиз келбейт?
- Бүгүн бир туугандарым менен эс алганы токойго бармакмын.
- Ошондуктан иштегим келбей жатат.
- Бирок сиз жок болсо ишбиз токтоп калат го.
- Эртең иштейм. Бүгүн болсо бир туугандарым менен бирге болушум керек.
- Макул! Анда эртең көрүшөбүз.

- 그는 지나와 결혼하고 싶어합니다.
- 나는 오늘 일하고 싶지 않습니다.
- 왜 당신은 일하고 싶지 않습니까?
- (나는) 가족 친지들과 쉬러 숲에 가려고 했습니다.
- 그래서 일하고 싶지 않습니다.
- 그러나 당신이 없으면 (우리의) 일이 중단 될 것입니다.
- 내일 일하겠습니다. 오늘은 가족 친지들과 함께 있어야만 합니다.
- 좋습니다! 그러면 내일 봅시다.

2. 문장형식: Эмне кыл_гы_인칭어미 + келет? 〖무엇을 하고 싶습니까?〗

(1) 대화

☞ 당신은 지금 무엇을 하고 싶습니다.

Улан:	**Сиз азыр эмне кылгыңыз келет?**	당신은 지금 무엇을 하고 싶습니다.
Асан:	Мен үйгө баргым келет.	나는 집에 가고 싶습니다.
	Үйдөн чыкканыма 1 ай болду.	집 나온 지 1 달이 되었습니다.
	Үйдөгүлөрдү сагынып кеттим.	식구들이 너무 그립습니다.
Улан:	Кайра качан барасыз?	다시 언제 가십니까?
Асан:	Дагы 2 ай жүрүшүм керек.	2 달 더 있어야 합니다.
	Жумуштарымды бүтүрмөйүнчө бара албайм.	일을 끝내지 않는 한 가지 못합니다.
Улан:	Анда дагы 2 ай көрүшөт экенбиз да.	그러면 2 달 더 볼 수 있겠네요.
	Бизге да келип чай ичип кетсеңиз.	우리게도 와서 차를 마시고 가세요. (-식사를 하고)
Асан:	Чоң рахмат!	대단히 감사합니다.

(2) 문장분석: эмне кыл_гы_인칭어미 + келет

Эмне кыл_гы_인칭어미 келет?
무엇을 하고 싶습니까?

Мен эмне кылгым келет?	나는 무엇을 하고 싶은가?
Мен досторум менен чогуу ойногум келет.	나는 친구들과 함께 놀고 싶습니다.
Сен эмне кылгың келет?	너는 무엇을 하고 싶니?
Мен жайкы каникулда тоого чыккым келет.	나는 여름 방학 때 등산하고 싶습니다.
Сиз эмне кылгыңыз келет?	당신은 무엇을 하고 싶습니까?
Мен жогоруку окуу жайда окугум келет.	나는 대학에서 공부하고 싶습니다.

Ал эмне кылгысы келет?	그는 무엇을 하고 싶어하니?
Ал Ысык-көлдө жалгыз эс алгысы келет.	나는 이스쿨에서 혼자 쉬고 싶습니다.
Биз эмне кылгыбыз келет?	우리는 무엇을 하고 싶어합니까?
Биз тынчтыкты сактоого аракет кылгыбыз келет.	우리는 평화를 지키기 위해 노력하고 싶습니다.
Силер эмне кылгыңар келет?	너희들은 무엇을 하고 싶어하니?
Биз мүкүнчүлүк болсо, Кореяга баргыбыз келет.	우리는 기회가 된다면 한국에 가고 싶습니다.
Сиздер эмне кылгыңыздар келет?	당신들은 무엇을 하고 싶어합니까?
Биз кечирим сурагыбыз келет.	우리는 용서를 구하고 싶습니다.
Алар эмне кылгылар (кылгысы) келет?	그들은 무엇을 하고 합니까?
Алар атасын көргүлөрү (көргүсү) келет.	그들은 아버지를 보고 싶어 합니다.

(3) 예문

- Мен бул жашоодо эмне иш кылгым келээрин өзүм деле түшүнчү эмесмин.
- Университетте жакшы окуп, элиме ак эмгегим менен кызмат кылгым келет.
- Жарыкка жаралгандан кийин эмне кылгың келет?
- Жолдошуң жөнүндө сөз кылгым келбейт.
- Сиз ким болгуңуз, эмне кылгыңыз жана эмнеге ээ болгуңуз келээрин жазыңыз.
- Эмне сооп[(1)] иш кылгыңыз келип жатабы?
- Айнура болсо эч нерседен тартынчу[(2)] эмес, эмне айткысы келсе айтып, эмне кылгысы келсе жасай берчү.
- Кымызга кызыган кишилер, бирдемелерди айтып тамаша кылгылары келет да.

- 나는 이 삶(인생)에서 무슨 일을 하고 싶은지 내 자신도 이해하(알)지 못했습니다.
- (나는) 대학교에서 잘 공부해서, (나의) 민족을 위해서 깨끗하게 일하고 싶습니다.
- 밝은 (세상)에 창조된 이후에 (너는) 무엇을 하고 싶니?
- (나는 너의) 남편에 대해 말하고 싶지 않습니다.
- 당신은 누가 되고 싶은지, 무엇을 하고 싶은지 그리고 무엇에 도달하고 싶은지를 적으세요.
- (지금 당신은) 무슨 선한 일을 하고 싶습니까?
- 아이누라는 그 무엇도 주저하지 않았고, 무엇을 말하고 싶으면 (그것을) 말하고, 무엇을 하고 싶으면 (그것을) 했었습니다.
- 크므즈에 약간 취기가 있는 사람들은, 무인가(말해서) 농담을 하고 싶어 합니다.

✎
- «сооп»[(1)] 이슬람에서 선한 일을 함으로 죄를 용서받고, 지옥에서 천국으로 갈 수 있다고 믿는 '선행'을 말한다.
- «тартынчу»[(2)] 'Тартын + чу'에서 'чу' 어미는 과거에 습관적으로 계속 해 왔음을 나타내며, '주저하는, 부끄러워서 나서지 않는, 망설이는' 과 같은 의미를 가진다.

3. 문장형식: 동사어간 **гы** 인칭어미 + **келип жатат** 〖지금 ~ 을 하고 싶습니다〗

(1) 대화

☞ 나는 식당에 가서 생선을 먹고 싶습니다.

Улан **Мен ашканага барып балыкты жегим келип**   나는 식당에 가서 생선을 먹고 싶습니다.

	жатат.	
Асан	Сиз балыкты жакшы көрөсүзбү?	당신은 생선을 좋아 하십니까?
Улан	Ооба, Мен балыкты аябай жакшы көрөм.	물론입니다, 나는 생선을 매우 좋아합니다.
Асан	Сиз болсоңуз кайсы тамакты жакшы көрөсүз?	당신은 어떤 음식을 좋아 하십니까?
Улан	Мен койдун этинен жасалган бардык тамактарды жакшы көрөм.	나는 양고기로 만든 모든 음식들을 좋아합니다.
Асан	Анда бүгүн сиздин каалооңуз боюнча койдун этинен жасалган шашлык жейбиз.	그러면 오늘은 당신을 위해서 양고기로 만든 샤쉬륵을 먹읍시다.
Улан	Чоң рахмат!	대단히 감사합니다.

(2) 문장분석: 동사의 어간_гы_인칭어미 + **келип жатат**

Этиштин уңгусу		Модалдык этиш (서법)		Сурама бөлүкчө (의문형 조사)			
				3 жактын мүчөсү (3인칭 단수 어미)			
				Тес. формасы (부정형 조사)	Жардамчы Этиш (인칭)		
Жак (인칭)		Жак мүчөлөр (인칭 어ми)		Жардамчы этиш (인칭)	Чакчыл (착출)	Чак. (착출)	
Жекелик сан	동사어간	Жекелик сан	Жекелик сан	+ кел	_ип	жат	т.
Мен Сен Сиз Ал		_гы _гу _ги _гү	_м _ың _ыңыз _сы			_а	
Көптүк сан		_кы _ку _ки _кү	Көптүк сан		_бе	_й	бы?
Биз Алар Сиздер Алар			_быз _ыңар _ыңыздар _сы, _лар				

동사의 어간_гы_인칭어미 **келип жатат.**	지금 ~ 을 하고 싶습니다. ~ 을 하고 싶어집니다.
동사의 어간_гы_인칭어미 **келип жатабы?**	지금 ~ 을 하고 싶습니까? ~ 을 하고 싶어집니까?
동사의 어간_гы_인칭어미 **келбей жатат.**	지금 ~ 을 하고 싶지 않습니다.
동사의 어간_гы_인칭어미 **келбей жатабы?**	지금 ~ 을 하고 싶지 않습니까?

(3) 예문

- Мен апама баргым келип жатат.
- Сен футбол ойногуң келип жатабы?
- Сиз кайра аны менен иштегиңиз келип жатабы?

- 나는 (지금 나의) 어머니에게 가고 싶어집니다.
- 너는 (지금) 축구를 하고 싶어집니까?
- 당신은 다시 그와 함께 일하고 싶어집니까?

- Ал сиз менен мамиле кылгысы келип жатат.
- Биз кыргызстандын тоолорун көргүбүз келип жетат.
- Сиздер эмне кылгыңыздар келип жатат.
- Мен 3 ай эс алдым эле, азыр өтө иштегим келип жатат.
- Сиз чарчагандыктан эс алгыңыз келип жатат.
- Балаңыз кеткендиктен сиз ыйлагыңыз келип жатасыз.

- 그는 당신과 교제를 하고 싶어합니다.
- 우리는 키르기즈스탄의 산들이 보고 싶어집니다.
- 당신들은 (지금) 무엇을 하고 싶습니다.
- 나는 3 달을 쉬었는데, 지금 너무 일하고 싶습니다.
- 당신은 피곤하기 때문에 (지금) 쉬고 싶어 합니다.
- (당신의) 아들이 떠났기 때문에 당신은 지금 울고 싶어 합니다.

4. 문장형식: 동사어간_гы_인칭어미 + келгендиктен 〖~을 하고 싶기 때문에〗

(1) 대화

☞ 나는 보고 싶기 때문에 왔습니다.

Улан:	Сен эмне үчүн келдиң?	너는 왜 왔니?
Асан:	**Мен көргүм келгендиктен келдим.**	나는 보고 싶(었)기 때문에 왔습니다.
Улан:	Сен эмнени көргүң келди?	너는 무엇이 보고 싶었니?
	Мен Кыргызстандын тоолорун көргүм келди.	나는 키르기즈스탄의 산들이 보고 싶었습니다.
	Көп жыл сагынып жүрдүм.	여러 해 동안 그리워 했습니다.
Асан:	Бирок шартым болбой келе албай жүрдүм.	그러나 여건이 허락하지 않아서 오지 못하고 있었습니다.
	Быйыл келгенге мүмкүнчүлүк болду.	금년에 올 수 있는 여건이 허락 되었습니다.
	Бүгүн менин жериме келип тоолорду көрүп жатканым үчүн абдан кубандым.	오늘 나의 땅(조국)에 와서 산들을 보고 있어서 매우 기쁩니다.
Улан:	Чын эле жакшы келдиңиз.	정말로 잘 왔습니다.

☞ 진심으로 말하면, (나는) 공부하고 싶지 안았기 때문에 수업에 오지 않았습니다.

Улан:	Эмне үчүн сабакка келген жоксуң?	왜 수업에 오지 않았니?
Асан:	**Мен чындыгын айтсам, окугум келбегендиктен сабакка келген жокмун.**	(내가) 진심을 말하면, 공부하고 싶지 안(았)기 때문에 수업에 오지 않았습니다.
Улан:	Асан! Эмне үчүн окугуң келбейт?	아산! 왜 공부하고 싶지 않니?
Асан:	Досторум мени жаман көрөт.	(나의) 친구들이 나를 싫어해요.
Улан:	Сенин жүрөгүң кандай экенин түшүнөм.	너의 마음이 어떤지 이해해.
	Анткени мен да сеникиндей кыйынчылыкты көргөм.	왜냐하면 나도 너와 같은 어려움을 겪었어.
Асан:	Чын элеби?	진짜예요.
Улан:	Ооба, ошондуктан айтып жатам.	그래, 그렇기 때문에 말하는 거야.

(2) 문장분석: 동사의 어간_гы_인칭어미 + **келгендиктен**

Этиштин уңгусу		Модалдык этиш (서법)		Тескери формасы (부정형 조사)		Себептерди билдирүүчү мүчө 원인이나 이유를 밝혀 주는 어미
Жак (인칭)		Жак мүчөлөр (인칭 어ми)		Жардамчы этиш (인칭)		
Жекелик сан			Жекелик сан			
Мен Сен Сиз Ал	동사어간	_гы _гу _ги _гү	_м _ың _ыңыз _сы	+ кел	- _бе	_гендиктен
Көптүк сан		_кы _ку _ки _кү	Көптүк сан			
Биз Алар Сиздер Алар			_быз _ыңар _ыңыздар _сы, _лар			

동사의 어간_гы_인칭어미 **келгендиктен**	~ 하고 싶(었)기 때문에
동사의 어간_гы_인칭어미 **келбегендиктен**	~ 하고 싶지 않(았)기 때문에

(3) 구문비교

Мен жолуккум келгендиктен жолуктум.	나는 만나고 싶(었)기 때문에 만났습니다.
Мен жолуккум келбегендиктен келген жокмун.	나는 만나고 싶지 안(았)기 때문에 오지 않았습니다.
Сен жолуккуң келгендиктен жолуктуң беле?	너는 만나고 싶(었)기 때문에 만났니?
Сен жолуккуң келбегендиктен үйгө кеттиң беле?	너는 만나고 싶지 않(았)기 때문에 집에 갔었니?
Сиз жолуккуңуз келгендиктен жолуктуңузбу?	당신은 만나고 싶(었)기 때문에 만났습니까?
Сиз жолуккуңуз келбегендиктен үйдө калдыңызбы?	당신은 만나고 싶지 않(았)기 집에 남았습니까?
Ал жолуккусу келгендиктен жолукту.	그는 만나고 싶(었)기 때문에 만났습니다.
Ал жолуккусу келбегендиктен айылга кетип калды.	그는 만나고 싶지 않(았)기 때문에 마을로 떠났습니다.
Биз жолуккубуз келгендиктен жоллуктук.	우리는 만나고 싶(었)기 때문에 만났습니다.
Биз жолуккубуз келбегендиктен айткан жокпуз.	우리는 만나고 싶지 않(았)기 때문에 말하지 않았습니다.
Силер жолуккуңар келгендиктен жолуктуңарбы?	너희들은 만나고 싶(었)기 때문에 만났니?
Силер жолуккуңар келбегендиктен барбадыңарбы?	너희들은 만나고 싶지 않(았)기 때문에 안갔(었)니?
Сиздер жолуккуңуздар келгендиктен жолуктуңуздар.	당신들은 만나고 싶(었)기 때문에 만났습니다.
Сиздер жолуккуңуздар келбегендиктен кеттиңиздерби?	당신들은 만나고 싶지 않(았)기 때문에 떠났습니까
Алар жолуккулар келгендиктен жолугушту.	그들은 만나고 싶(었)기 때문에 만났습니다.
Алар жолуккулар келбегендиктен эч жакка чыккан жок.	그들은 만나고 싶지 않(았)기 때문에 아무데도 나가지 않았습니다.

(3) 예문

- Мен эс алгым келгендиктен тоого келдим.
- Сен аны менен жолуккуң келгендиктен бардың.
- Сиз музыканы уккуңуз келбегендиктен концертке барбадыңыз.
- Ал ойногусу келбегендиктен стадиондон кетип калды.
- Мен Таласка баргым келгендиктен таксике отурдум.
- Сен уктагың келгендиктен үйгө эрте келдиң.
- Сиз акча алгыңыз келгендиктен иштегенсиз.
- Ал тамак жегиси келгендиктен жеген жок.
- Мен окугум келгендиктен университетке кирдим.

- 나는 쉬고 싶(었)기 때문에 산에 왔습니다.
- 너는 그(녀)와 만나고 싶(었)기 때문에 갔어.
- 당신은 음악을 듣고 싶지 않(았)기 때문에 음악회에 안갔습니다.
- 그는 놀고 싶지 않(았)기 때문에 운동장에서 떠났습니다.
- 나는 탈라스에 가고 싶(었)기 때문에 택시를 탔습니다.
- 너는 자고 싶(었)기 때문에 일찍 집에 왔어.
- 당신은 돈을 벌고 싶(었)기 때문에 일했습니다.
- 그는 음식을 먹고 싶지 안(았)기 때문에 먹지 않았습니다.
- 나는 공부하고 싶(었)기 때문에 대학에 들어갔습니다.

5. 문장형식: 동사어간 _гы_ 인칭어미 + **келген** 〘~을 하고 싶은〙

(1) 대화

☞ 장관이 되고 싶어 하는 "청년"들에게 말하고 싶은 것이 있습니다.

Улан:	**Министр болгусу келген "жаштарга" айткым келет эле.**	장관이 되고 싶어 하는 "청년"들에게 말하고 싶은 것이 있습니다.
Асан:	Эмне деп айткыңыз келет.	뭐라고 말하고 싶습니까?
Улан:	Мен биздин жаштарыбызга үч нерсени айткым келет.	나는 우리의 청년들에게 3 가지를 말하고 싶습니다.
	Биринчи ар бир убакта, ар бир адамга момун болгула!	첫째 모든 시간에, 모든 사람에게 겸손해라!
	Экинчи бардык иштерде адилеттүү болгула!	둘째 모든 일에 정직해라! (공의롭게 하세요!)
	Үчүнчү бардык адамдарга сүйүү менен мамиле кылгыла!	셋째 모든 사람에게 사랑으로 관계를 맺어라!
Асан:	Абдан жакшы сөз! Мен да сиздин сөзүңүзгө толугу менен кошулам.	정말 좋은 말씀입니다! 나도 당신의 말에 완전히 동의합니다.

☞ 권력에서 떠나고 싶어하지 않는 사람들의 마지막이 어떨 것이라는 것을 알지?

Улан:	**Бийликтен кеткиси келбегендердин аягы кандай болорун билесиң?**	권력에서 떠나고 싶어하지 않는 사람들의 마지막이 어떨 것이라는 것을 알지?
Асан:	Ооба, мен жакшы билем.	네, 나는 잘 압니다.
	Адамдар бийликтин акыр-аягы кайгы менен бүтөрүн билип туруп, ошол бийликке умтулуп жатам.	사람들은 권력의 최후가 슬픔으로 끝날 것이라는 것을 알고도 그 권력을 얻기 위해 노력합니다.

	Адамдын жүрөгү бийликке отургандан кийин өзгөрүлөт.	사람들의 마음은 권력을 얻은 후에 바뀌어 집니다.
Улан:	Туура!	맞습니다!

(2) 문장분석: 동사의 어간_гы_인칭어미 + келген

Этиштин уңгусу		Модалдык этиш (서법)		Тескери формасы (부정형 조사)		Атоочтук (동사의 형용사격)
Жак (인칭)		Жак мүчөлөр (인칭 어미)		Жардамчы этиш (인칭)		
Жекелик сан	동사어간	Жекелик сан				
Мен Сен Сиз Ал		_гы _гу _ги _гү	_м _ың _ыңыз _сы	+ кел	- _бе	_ген
Көптүк сан		_кы _ку _ки _кү	Көптүк сан			
Биз Алар Сиздер Алар			_быз _ыңар _ыңыздар _сы, _лар			

동사의 어간_гы_인칭어미 **келген**	~ 하고 싶은
동사의 어간_гы_인칭어미 **келбеген**	~ 하고 싶지 않은

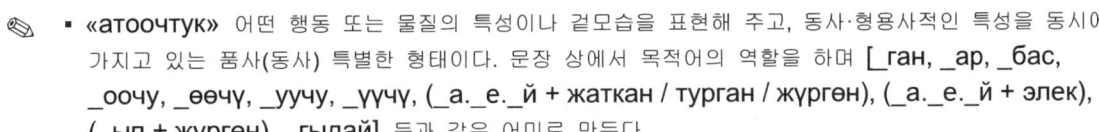
- «атоочтук» 어떤 행동 또는 물질의 특성이나 겉모습을 표현해 주고, 동사·형용사적인 특성을 동시에 가지고 있는 품사(동사) 특별한 형태이다. 문장 상에서 목적어의 역할을 하며 [_ган, _ар, _бас, _оочу, _өөчү, _уучу, _үүчү, (_а._е._й + жаткан / турган / жүргөн), (_а._е._й + элек), (_ып + жүргөн), _гыдай] 등과 같은 어미로 만든다.
- «атоочтуктарды жасоочу мүчө » 동사·형용사적인 성질을 가진 동사의 특별한 형태를 만드는 어미.

(3) 예문

- Менин тобума кошулгусу келген активдүүлөрдү издеп жатам.
- Бул дүйнөдө бай болгусу келген адамдар көп.
- Президент болгусу келген 14 жаштагы балага айттым.
- Биз актёр болгусу келген жаштарды тарбиялайбыз.
- Ал макул болгусу келген жок.
- Баргысы келген адам барат да көп сөз кылбай эле койгула!
- Асан өтө жалбарып суранды, бирок ал баргысы келген жок.

- 나의 그룹에 참여하고 싶은 활동적인 사람들을 찾고 있습니다.
- 이 세상에는 부자가 되고 싶은 사람들이 많습니다.
- 대통령이 되고 싶어하는 14 세의 소년에게 말했습니다.
- 우리는 남자 배우가 되고 싶어하는 청년들을 교육합니다.
- 그는 찬성(동의)하고 싶지 않았습니다.
- 가고 싶은 사람은 갈 것입니다. (그러니) 많은 말 하지 말아라!
- 아산은 정말 간절히 부탁했습니다. 그러나 그는 가고 싶어하지않았습니다.

- Бийликтен кеткиси келбеген адам - эң акылсыз адамдардын бири.
- Өзгөргүсү келбеген адамдын келечеги жок.

- 권력에서 떠나고 싶지 않은 사람은 가장 어리석은 사람들 중에 하나입니다.
- 변화를 거부하는 사람의 미래는 없습니다.

6. 문장형식: 동사어간_гы_인칭어미 + келсе 〖~ 을 하고 싶으면〗

(1) 대화

☞ 당신은 키르기즈스탄의 아름다운 곳을 보고 싶으면, 나에게 말하면 됩니다.

Улан:	**Сиз Кыргызстандын кооз жерлерин көргүңүз келсе, мага айтсаңыз болот**.	당신은 키르기즈스탄의 아름다운 곳을 보고 싶으면, 나에게 말하면 됩니다.
Асан:	Рахмат! Сиз көп жерге барып көргөнсүзбү?	고맙습니다! 당신은 많은 곳에 가 보았습니까?
Улан:	Албетте! Мен Кыргызстандын бүт жерлерин кыдырып чыктым. Чынында эле, Кыргызстандын тоолору абдан кооз жана бийик.	물론입니다! 나는 키르기즈스탄의 모든 곳에 돌아 다녀 보았습니다. 정말 키르기즈스탄의 산들은 매우 아름답고, 높습니다.
Асан:	Мен да сиз менен ошол тоолорду көргүм келет. Качан убактыңыз болот?	나도 당신과 함께 그 산들을 보고 싶습니다. 언제 (당신의) 시간이 됩니까?
Улан:	Июндун башында каникул башталат. Ошондо мен бошмун.	6월 초에 방학이 시작됩니다. 그때 나는 시간이 있습니다.
Асан:	Анда, ошондо чогуу чыкпайлыбы?	그러면, 그때 같이 (여행을) 가지 않겠습니까?
Улан:	Жакшы!	좋습니다!
Асан:	Чоң, рахмат!	정말 감사합니다!

(2) 문장분석: 동사의 어간_гы_인칭어미 + келсе

Этиштин уңгусу		Модалдык этиш (서법)		Тескери формасы (부정형 조사)		Шартуу ыңгай (동사의 조건법)
Жак (인칭)		Жак мүчөлөр (인칭 어ми)		Жардамчы этиш (인칭)		
Жекелик сан		Жекелик сан				
Мен **Сен** **Сиз** **Ал**	동사арган	_гы _гу _ги _гү	_м _ың _ыңыз _сы	+ кел	- _бе	_се
Көптүк сан		Көптүк сан				
Биз **Алар** **Сиздер** **Алар**		_кы _ку _ки _кү	_быз _ыңар _ыңыздар _сы, _лар			

78

동사의 어간_гы_인칭어미 **келсе**	~ 하고 싶으면
동사의 어간_гы_인칭어미 **келбесе**	~ 하고 싶지 않으면

(3) 예문

- Кандай жашагым келсе, кимге эмне деп айткым келсе өзүм билем да, тууработы?
- Мага айткың келбесе, башчыбызга кир - деп шаштыра сүйлөдү.
- Кайсы бир окуя, маселе боюнча кыска-нуска ой-пикир, сунуш, сын, каалооңузду бүт кыргызга жарыя айткыңыз келсе, анда, "Эркин Тоо" менен байланышыңыз!
- Эгер сиз биздин компанияда иштегиңиз келсе, ulan@yahoo.co.kg электрондук дарегибизге резюмеңизди жөнөтүңүз.
- Жаңы орношкон жумушуңузга көпкө калып иштегиңиз келсе, үйдөгү уруш-талашты жумушка сүйрөп келбеңиз.
- Эгерде ырдагым келсе, түн жарымына карабай комуз чертип ырдайм.
- Ал кеткиси келсе жөн эле кетип калбайбы деп ойлойм.

- 어떻게 살고 싶으면 (-살든지), 누구에 뭐라고 말하고 싶으면 (-말하든지 그것은) 내 자신이 아는 것입니다, 맞지요?
- 나에게 말하고 싶지 않으면, (우리의) 지도자에게 들어가 - 라고 급하게 말했습니다.
- (당신은) 어떤 사건, 이슈에 대한 짧은 견해, 제안, 평가, 소원을 전체 키르기즈 사람들에게 알리고 싶으면, "에르킨 토"에 문의하십시오.
- 만약 당신이 우리 회사에 일하고 싶으면, ulan@yahoo.co.kg 전자(우편) 주소로 이력서를 보내세요.
- (당신이) 새로 입사한 직장에 오랫동안 일하고 싶으면, 집안 문제(싸움, 논쟁)를 직장에 끌고 오지 마세요.
- 만약에 (나는) 노래하고 싶으면, 깊은 밤이라는 것도 아랑곳 하지 않고, 코무즈를 치며 노래합니다.
- 그는 떠나고 싶으면, 그냥 (아무 말 없이) 떠나면 안되나 하고 생각합니다.

7. 문장형식: 동사어간_гы_인칭어미 + **келгенде** 《~ 을 하고 싶을 때》

(2) 대화

☞ 당신은 집에 가고 싶을 때 나에게 말해 주세요.

Улан:	Сиз үйгө баргыңыз келгенде мага айтып коюңуз.	당신은 집에 가고 싶을 때 나에게 말해 주세요.
Асан:	Мен сизди үйгө чейин жеткирип коёюн.	나는 당신을 집까지 바래다 주겠습니다.
Улан:	Чоң рахмат!	대단히 감사합니다.
Асан:	Бирок азыр баргым келбейт, баргым келгенде сизге айтам.	그러나 지금은 가고 싶지 않습니다. 가고 싶을 때 당신에게 말하겠습니다.
Улан:	Сиз эртең кечки тамакка да келе аласызбы?	당신은 내일 저녁 식사에도 올 수 있습니까?
Асан:	Менин балдарым сизди абдан жакшы көрүшөт.	나의 아이들이 당신을 매우 좋아 합니다.
Улан:	Албетте, убактым бар болсо, дайыма келгим келет.	물론입니다, (나의) 시간이 있으면, 항상 오고 싶습니다.
Асан:	Сиздин үй-бүлөңүз мага абдан жагат.	(나는) 당신의 가족이 매우 좋아 합니다.

(2) 문장분석: 동사의 어간_гы_인칭어미 + **келгенде**

Этиштин уңгусу		Модалдык этиш (서법)		Атоочтук (동사의 형용사격)		Жатыш жөндөмө (장소격 조사)
Жак (인칭)			Жак мүчөлөр (인칭 어미)	Тескери формасы (부정형 조사)		
Жекелик сан			Жекелик сан	Жардамчы этиш (인칭)		
Мен Сен Сиз Ал	동사어간	_гы _гу _ги _гү	_м _ың _ыңыз _сы	+ кел	- _бе	_ген	_де
Көптүк сан			Көптүк сан			
Биз Алар Сиздер Алар		_кы _ку _ки _кү	_быз _ыңар _ыңыздар _сы, _лар				

동사의 어간_гы_인칭어미 **келгенде**	~ 하고 싶을 때
동사의 어간_гы_인칭어미 **келбегенде**	~ 하고 싶지 않을 때

(3) 예문

- Шашлык жегим келгенде дайыма "Ысык-Көл" ашканасына барам.
- Кээде баарын таштап, басып кетким келгенде апамды ойлонуп өзүмдү токтотом.
- Мен ага сылык сөздөрду айткым келгенде чын жүрөгүм менен айтчымын.
- Мен уктагым келгенде жакшы уктай албайм.
- Мен эс алгым келгенде токойго барып эс алам.
- Сен сүйлөшкүң келгенде мени чакыр.
- Сиз китеп окугуңуз келгенде бул жердеги китептерди окусаңыз болот.
- Биз кино көргүбүз келгенде тиги бөлмөдөн көрсөк болот.
- Адатта, кишилер так кесе "жок" деп айткысы келгенде бирок аны айтууга күчү жетпей жаткан убакта адамдын жан дүйнөсү кыйналат.
- Негизи эс алгым келгенде маршрутка менен үйгө баратып эки-үч аялдама эрте түшүп калып үйгө чейин жөө басып барганды жакшы көрөм.

- 샤슬릭을 먹고 싶을 때 항상 "이스쿨" 식당에 갑니다.
- 가끔 모든 것을 버리고, 떠나 버리고
- 나는 그에게 존경의 말을 하고 싶었을 때 진심으로 (말)했습니다.
- 나는 자고 싶을 때 잘 잘 수 없습니다.
- 나는 쉬고 싶을 때 숲에 가서 쉽니다.
- 너는 이야기하고 싶을 때 나를 불러.
- 당신은 책을 읽고 싶을 때 이곳에 있는 책들을 읽으면 됩니다.
- 우리는 영화를 보고 싶을 때 저 방에서 보면 됩니다.
- 습관대로 사람들은 단호하게 "안돼"라고 말하고 싶을 때 그러나, 그것을 말하기에 힘이 모자랄 때 사람의 정신(마음)은 힘들어 합니다.
- 기본적으로 쉬고 싶을 때 마슈룻카(봉고차)를 타고 집에 가다가, 2-3개 정거장 일찍 내려서 집까지 걸어가는 것을 좋아합니다.

8. 문장형식: 동사어간_**ГЫ**_인칭어미 + **келсе да,** 동사어간_**ыш**_인칭어미 + **керек**
   → 〚~ 하고 싶어도, ~ 해야 합니다〛

(3) 대화

☞ 나는 쉬고 싶어도, 참아야만 합니다.

Улан:	**Мен эс алгым келсе да, чыдашым керек.**	나는 쉬고 싶어도, 참아야만 합니다.
	Анткени эртең сынак(экзамен) бар.	왜냐하면 내일 시험이 있기 때문입니다.
	Мен жакшы даярданган жокмун.	나는 잘 준비하지 못했습니다.
Асан:	Бир күн эле катуу окуп жакшы баа алам деп жүрөсүңбү?	하루만 열심히 공부해서 좋은 점수를 얻을 것 같니?
	Сабак учурунда жакшы даярданып,	수업 시간에 잘 준비하고,
	активдүүлүк менен катышып жүрсөң,	적극적으로 참여하면,
	экзамен учурунда кыйналбайсың.	시험 기간에 힘들지 않을 거야.
Улан:	Туура, мен ойногонду жакшы көрдүм, мен жалкоо болчумун.	맞아, 나는 노는 것을 좋아했어요, 나는 게으름쟁이입니다.
Асан:	Азыр да кеч эмес, ар бир сабакта ишенимдүү болуу абдан маанилүү.	지금도 늦지 않았어요, 모든 수업에 성실한 것은 매우 중요합니다.

(2) 문장분석: 동사어간_**ГЫ**_인칭어미 + **келсе да,** 동사어간_**ыш**_인칭어미 + **керек**

Этиштин уңгусу	Модалдык этиш (서법)		Кыймыл атооч мүчө (동명사)					
			Этиштин уңгусу					
			Жатыш жөндөмө (장소격 조사)					
			Шартуу ыңгай (동사의 조건법)					
		Жак мүчөлөр (인칭 어미)	Жардамчы этиш (인칭)				Жак мүчөлөр (인칭 어ми)	
동사어간	_гы _гу _ги _гү _кы _ку _ки _кү	Жекелик сан _м _ың _ыңыз _сы Көптүк сан _быз _ыңар _ыңыздар _сы, _лар	+ кел	_се	да,	동사어간	_(ы)ш _(и)ш _(у)ш _(ү)ш	Жекелик сан _(ы)м _(ы)ң _(ы)ңыз _ы Көптүк сан _(ы)быз _(ы)ңар _(ы)ңыздар	+ керек

동사의 어간_**ГЫ**_인칭어미 **келсе да,** 동사의 어간_**ыш**_인칭어미 **керек**	~ 하고 싶어도, ~ 해야 합니다.

동사의 어간_**гы**_인칭어미 **келсе да**, 동사의 어간_**ба_ыш**_인칭어미 **керек**	~ 하고 싶어도, ~ 하지 말아야 합니다.
동사의 어간_**гы**_인칭어미 **келбесе да**, 동사의 어간_**ыш**_인칭어미 **керек**	~ 하고 싶지 않아도, ~ 해야 합니다.

- «модалдык этиш» (동사어간_ гы _인칭어미 + келсе да: ~하고 싶어도), (동사어간 _(ы)шы_인칭어미 + керек: ~해야만 합니다.) 와 같이 말하는 사람의 심적 태도를 나타내 주는 동사의 형태를 말한다
- «шарттуу ыңгай» 동사의 조건 법(法)으로서 어떤 동작이 일어나기 위해서 필요한 조건을 보여 주는 동사의 한 형태이다.
- «бөлүкчө» 보조사는 독립적으로는 사전적인 아무런 의미를 가지지 않으며, 격(格)과는 아무 관계 없이 체언(명사·대명사·수사)과 부사 뒤에 붙어서 그 성분에 어떤 뜻을 더하여 돕는 조사이다.

(3) 예문

- Мен эс алыгм келсе да, күнү-түнү иштешим керек.
- Сиз үйгө баргыңыз келсе да, азыр жумушту бүтүрүшүңүз керек.
- Ал окугусу келсе да, азыр болсо сөзсүз эс алышы керек.
- Мен апамды көргүм келсе да, азыр барбашым керек.
- Мен ага акча бергим келсе да, бербешим керек.
- Сен машина алгың келсе да, карызга албашың керек.
- Мен баргым келбесе да, ата-эмне үчүн баршым керек.
- Сен айткың келсе да, чыдашың керек.

- 나는 쉬고 싶어도, 밤낮으로 일해야 합니다.
- 당신은 집에 가고 싶어도, 지금 일을 마쳐야만 합니다.
- 그는 공부하고 싶어도, 지금은 반드시 쉬어야 합니다.
- 나는 엄마를 보고 싶어도, 지금은 가지 말아야 합니다.
- 나는 그에게 돈을 주고 싶어도, 주면 안됩니다.
- 너는 자동차를 사고 싶어도, 빚으로 사지 말아야 합니다.
- 나는 가고 싶지 않아도, 부모님을 위해서 가야 합니다.
- 너는 말하고 싶어도, 참아야 합니다.

9. 문장형식: 동사어간_**гы**_인칭어미 + **келсе да**, 동사어간_**а ал_ба_й**_인칭어미
   → 〖~ 하고 싶어도, ~ 할 수 없습니다〗

(1) 대화

☞ 나는 이렇게 (나의) 가족을 보고 싶어도, 볼 수 없습니다.

Улан:	**Мен ушунчалык үй-бүлөмдү көргүм келсе да, көрө албайм.** Анткени алардын баары Кореяда, мен болсом Кыргызстанда жалгыз жүрөм.	나는 이렇게 (나의) 가족을 보고 싶어도, 볼 수 없습니다. 왜냐하면 그들의 모두는 한국에 (있고), 나는 키르기즈스탄에서 혼자 지냅니다.

Асан:	Телефон менен сүйлөшүп турасызбы?	전화는 하고 있습니까?
Улан:	Албетте, күн сайын телефон чалып турам. Бирок аларга болгон сагынычым телефон аркылуу канбайт экен.	물론, 매일 전화하고 있습니다. 그러나 그들을 향한 그리움을 전화를 통해서는 해소되지 않는군요.
Асан:	Сиз кайра Кореяга качан барасыз.	당신 다시 한국에 언제 갑니까?
Улан:	Мен июлдун аяк жагында барам.	나는 6월 말에 갑니다.
Асан:	Эми азы калды го, бир аз чыдап турсаңыз да.	이제 조금 남았네요. 조금 참으세요.
Улан:	Мен чыдап жатам, бирок жалгыз кыйын экен.	나는 참고 있습니다. 그러나 혼자라는 것이 (참) 어렵네요.
Асан:	Албетте, кыйын! Мен да жумуш боюнча Кытайда 1 жыл болгом. Ошондуктан мен сизди түшүнө алам.	물론, 힘듭니다! 나도 일 때문에 중국에 1년 있었습니다. 그래서 당신을 이해할 수 있습니다.

(2) 문장분석: 동사어간_гы_인칭어미 + келсе да, 동사어간_а ал_ба_й_인칭어미

Этиштин уңгусу	Модалдык этиш (서법)		Чачыл (착츨)			Жардамчы этиш (인칭)			
			Этиштин уңгусу			Тескери формасы (부정형 조사)			
			Байламта (접속사)						
			Шартуу ыңгай (동사의 조건법)			Чачыл (착츨)			
		Жак мүчөлөр (인칭 어미)	Жардамчы этиш (인칭)			Жак мүчөлөр (인칭 어미)			
		Жекелик сан				Жекелик сан			
동사어간	_гы _гу _ги _гү _кы _ку _ки _кү	_м _ың _ыңыз _сы	+ кел	_се	да, + 동사어간	_а	ал	_ба	_й
		Көптүк сан				_м _сың _сыз _т			
		_быз _ыңар _ыңыздар _сы, _лар				Көптүк сан			
						_быз _сыңар _сыздар _ышпайт			

동사의 어간_гы_인칭어미 келсе да, 동사의 어간_а ал_ба_й_인칭어미	~ 하고 싶어도, ~ 할 수 없습니다.

- 'Ушунчалык, Канчалык' 이라는 말이 동사 앞에 놓으면, '아무리, 너무나, 진짜' 라는 의미를 가지며, 너무나 간절한 소원을 나타낸다.
- «чакчыл» 시제나 격(格)을 나타내지 않으면서 주동사를 확인하고 주동사의 행동을 보충적으로 설명해주는 동사의 특별한 형태이다. «чакчыл»은 문장에서 부사의 역할을 한다.

(3) 예문

- Душмандар бизге ар кандай жалааларды жапкысы келсе да, эч качан коркпойбуз.
- Мен баргым келсе да, бара албайм.
- Сен уктагың келсе да, уктай албай жатасың.
- Сиз уулуңузду көргүңүз келсе да, көрө албайсыз.
- Ал бул ишти бирөөгө тапшыргысы келсе да, тапшыра албай жүрөт.
- Биз тоодо калгыбыз келсе да, кала албайбыз.
- Мен ал адам тууралуу китеп жазгым келсе да, жаза албайм.
- Мен жаңы машина алгым келсе да, акча жокдугунан сатып ала албайм.

- 원수들이 우리에게 온갖 중상모략하고 싶어해 도, 우리는 결코 무서워하지 않습니다.
- 나는 가고 싶어도, 갈 수 없습니다.
- 너는 자고 싶어도, 자지 못하고 있어.
- 당신은 아들을 보고 싶어도, 볼 수 없습니다.
- 그는 이 일을 아무에게 맡기고 싶어도, 맡기지 못하고 있습니다.
- 우리는 산에 남고 싶어도, 남을 수 없습니다.
- 나는 그 사람에 대하여 책을 쓰고 싶어도, 쓸 수 없습니다.
- 나는 새 자동차를 사고 싶어도, 돈이 없기 때문에 살 수 없습니다.

■ 연습문제

1. 해석을 참고하여 (   ) 안에 있는 동사를 인칭과 시제 그리고 내용에 맞게 넣으시오.

1. Мен жаш убагымда (оку_____) келчү. ▸ 나는 젊었을 때 공부하고 싶어 했습니다.
2. Сен жаш убагыңда (оку_____) келчүбү? ▸ 너는 젊었을 때 공부하고 싶어 했니?
3. Сиз жаш убагыңызда (оку_____) келчү. ▸ 당신은 젊었을 때 공부하고 싶어 했습니다.
4. Ал жаш убагында (оку_____) келчүбү? ▸ 그는 젊었을 때 공부하고 싶어 했습니까?
5. Биз жаш убагында (оку_____) келчү. ▸ 우리는 젊었을 때 공부하고 싶어 했습니다.
6. Силер жаш убагында (оку_____) келчү. ▸ 너희들은 젊었을 때 공부하고 싶어 했어.
7. Сиздер жаш убагында (оку_____) келчүбү? ▸ 당신들은 젊었을 때 공부하고 싶어 했습니까?
8. Алар жаш убагында (оку_____) келчү. ▸ 그들은 젊었을 때 공부하고 싶어 했습니다.
9. Сен бүгүн мектепке (бар_____ кел_____)? ▸ 너는 오늘 학교에 가고 싶지 않니?
10. Ал бүгүн мектепке (бар_____) келбейт. ▸ 그는 오늘 학교에 가고 싶지 않습니다.
11. Биз бүгүн мектепке (бар_____) келбейт. ▸ 우리는 오늘 학교에 가고 싶지 않습니다.
12. Эмне (кыл_____) (кел_____) жатканын өзүм да билбейм. ▸ (나는) 무엇을 하고 싶은 지를 내 자신도 모르겠습니다.
13. Сиздер (жолук_____) келгендиктен жолуктуңуздар. ▸ 당신들은 만나고 싶(었)기 때문에 만났습니다.
14. Сен аны (көр_____) келбегендиктен келген жоксуң. ▸ 너는 그를 만나고 싶지 않(았)기 때문에 오지 않았어.
15. Журналистерди (корго_____ кел_____) өлкөлөрдө чындык жок. ▸ 기자들을 보호하기를 원하지 않는 나라들에는 진실이 없습니다.
16. Өмүр бою үйдөн (чык_____ кел_____) балдар бар. ▸ 평생 집에서 나가고 싶어하지 않는 아이들이 있습니다.

17. Сен (укта_____ кел_____), апама айтсаң даярдап берет. ▸ 너는 자자고 싶으면, (나의) 어머니께 말하면 준비해 주실 것입니다.

18. Сиз аны менен (жолук_____ кел_____) мага айтып коюңуз. ▸ 당신은 그와 만나고 싶을 때 나에게 말해 주세요.

2. 다음 문장을 해석 하시오.

1. Мен бүгүн мектепке баргым келбейт. 1. _____
2. Сиз бүгүн мектепке баргыңыз келбейт. 2. _____
3. Силер бүгүн мектепке баргыңар келбейби? 3. _____
4. Сиздер бүгүн мектепке баргыңыздар келбейби? 4. _____
5. Алар бүгүн мектепке баргылар келбейт. 5. _____
6. Мен Кореядагы балдарымды абдан көргүм келип жатат. 6. _____
7. Сиздер жолуккуңуздар келбегендиктен кеттиңиздерби? 7. _____
8. Мен иштегим келгендиктен Кореяга бардым. 8. _____
9. Сиз түбөлүк өмүр тууралуу билгиңиз келгендиктен ала бара жатасыз. 9. _____
10. Алар мындай материалдарды жазгысы келбеген журналистерди кугунтукка алышты. 10. _____
11. Элдин акчасын жегиси келген адамдарды көргүлө! 11. _____
12. Сиз түшкү тамак жегиңиз келсе, мага айтып коюңуз. 10. _____
13. Мен ойногум келгенде досторум менен стадионго барам. 11. _____
14. Мен англисче окугум келсе да, убактым жоктугунан окуй албайм. 10. _____
15. Сен Оштон кеткиң келсе да, кеткен жоксуң. 11. _____
16. Ал агасы менен жолуккусу келсе да, жолуга албайт. 10. _____
17. Сиз тамак жегиңиз келсе да, жебеңиз. 11. _____

14장 아직 ~ 하지 않았습니다.

1. **문장형식**: (али) 동사의 어간_**а элек**_인칭어미 〖아직 ~ 하지 않았습니다〗

   (1) 대화

☞ 그는 아직 오지 않았어요.

Улан:	**Ал (али) келе элек.**		그는 아직 오지 않았어요.
Асан:	Эмне үчүн келе элек?		왜 아직 오지 않았습니까?
Улан:	Балким, келе жатканда жолдон адашып калган окшойт.		아마도, 오다가 길을 잃어버린 것 같습니다.
Асан:	Анын телефон номерин ким билет? Саат канчага чейин келем деди эле?		그의 전화 번호를 누가 압니까? 몇 시까지 온다고 했습니까?
Улан:	Анын телефон номери 0555 – 344576. Ал саат үчкө чейин келем деген болчу.		그의 전화번호는 영오백오십오 – 삼십사, 사십오, 칠십 육 입니다. 그는 세시까지 온다고 했었습니다.
Асан:	Азыр саат канча болду?		지금 몇 시 입니까?
Улан:	Азыр үчтөн 25 мүнөт өттү.		지금 세시 25분 입니다.

   (2) 문장분석: 인칭대명사 + **(али)** + 동사의 어간_**а** + **элек**_인칭어미

Жак (인칭)	Этиштин кош мамилеси (동사의 상호태)		Чакчыл (착츨)	?	Жак мүчөлөр (인칭 어미)	Сурама бөлүкчө (의문 조사)
		Этиштин уңгусу				
Жекелик сан (단수) **Мен Сен Сиз Ал**	(али)	+ 동사 어간	_а _е _й _о _ө	+ элек	Жекелик сан (단수) _мин _сиң _сиз —	.
Көптүк сан (단수) **Биз Силер Сиздер**					Көптүк сан (단수) _пиз _сиңер _сиздер	_би? _пи?
Алар			_(ы)ш _(и)ш _(у)ш _(ү)ш		—	

(али) 동사의 어간_**а элек**_인칭어미	아직 ~ 하지 않았습니다.
(али) 동사의 어간_**а элек**_ 인칭어미_**би?**	아직 ~ 하지 않았습니까?

(3) 예문

- Мен бактымды сүйүүдөн таба элекмин.
- Мен Кыргызстандан эч жакка чыга элекмин.
- Сен али эч нерсени түшүнө элексиң.
- Сен азыр жашсың, мындай олуттуу сапаттарга жетише элексиң, өндүрүштү башкарып көрө элексиң, ал тургай өз алдыңча аким да болбодуң.
- Бирок, айланаңызга топтогон командаңыз тууралуу эч нерсе айта элексиз.
- Азия оюндарында Кыргызстандын спортчулары бир да медаль ала элек.
- Комиссия бүтүм чыгара элек.
- Идеологияны издеп таба элекпиз.
- Ушул убакка чейин ал тууралуу жаман айтылган сөздөрдү уга элекпиз.
- Биз али максатыбызга жете элекпиз! Көп нерсеге жете элекпиз али!
  Эч нерсе кыла элекпиз!
- Силер биз окуган китептерди гана окуй элексиңер.
- Эмне үчүн бул күнгө чейин балалуу боло элексиңер?

- 나는 행복을 사랑에서 아직 찾지 못했습니다.
- 나는 키르기즈 외에 아직 어디에도 가보지 않았습니다.
- 너는 아직 아무것도 이해하지 못했어.
- 너는 지금 어리고, 이런 훌륭한 성품에 이르지 못했어, 산업현장을 아직 경영하지도 않았을 뿐만 아니라 독립적으로 지역 행정관도 되지 못했어.
- 그러나, (당신은) 주위에 모은 (당신의) 팀(조직)에 대하여 아직 아무것도 말하지 않았습니다.
- 아시안 게임에서 키르기즈스탄의 스포츠맨들은 아직 메달 1개도 따지 못했습니다.
- 위원회는 아직 합의를 이루지 못했습니다.
- (우리는) 이념(사상)을 아직 찾지 못했습니다.
- 이 시간까지 그에 대하여 나쁘게 말한 말들을 아직 듣지 못했습니다.
- 우리는 아직 (우리의) 목적에 도달하지 못했습니다! 많은 것에 아직 도달하지 못했습니다!
- 너희들은 우리가 읽은 책들만 아직 읽지 않았어.
- (너희들은) 왜 이 날까지 자녀를 갖지 못했어?

■ 연습문제

1. 해석을 참고하여 (　) 안에 있는 동사를 인칭과 시제 그리고 내용에 맞게 넣으시오.

1. Той дагы деле (бүт___ элек_____)?　▸ 잔치가 아직도 끝나지 않았습니까?
2. Алардын баары жоодон алган жарааттан (айык_____ элек_____)?　▸ 그들 모두는 적군에게서 받은 상처가 아직 낫지 않았습니까?
3. Алардан эч бир пайда (тап___ элек_____)?　▸ (우리는) 그들로부터 아직 아무런 이익을 찾지 못했습니다.
4. Биз али Бишкекке (жет___ элек_____)?　▸ 우리는 아직 비쉬켁에 도착하지 못했습니까?
5. Дагы эле (бил___ элек_____)?　▸ (너희들은) 아직도 알지 못했어?
6. Чындап эле силер да али (түшүн_____ элек_____)?　▸ 진실로 너희들도 아직 이해하지 못했어?
7. Сиздер эки жүздүүлүктөн жана жалганчылыктан (чарча___ элек_____)?　▸ 당신들은 외식(이중인격)하는 것과 거짓을 행하는 것에서 아직 지치지 않았습니까?
8. Сиздер Ошко кайтып (бар_____ элек_____)?　▸ 당신들은 오쉬에 아직 되돌아가지 않았습니까?
9. Алар дагы эле максатына (жет_____ элек_____)?　▸ 그들은 아직도 목적에 도달하지 못했습니까?
10. Алар үйгө (кел_____ элек____)?　▸ 그들은 집에 아직도 오지 않았습니까?

2. 다음 문장을 해석 하시오.

1. Бирок сиздер азыркыга чейин жооп бере элексиздер.
2. Азырынча акыйкатка жете элексиздер, үмүтүнүздөр өчө элекпи?
3. Депутатта бир пикирге келише элек.
4. Убактылуу өкмөттүн 14 мүчөсү бири-бири менен толук келише элек.
5. Карачы, атымды да айта элекминби?
6. Бирок, тилекке каршы, анчалык акылдууболо элекминби?
7. Анда чыныгы сүйүүгө туш боло элексиңби?
8. Сен бирөөдөн карыз алып андан кутула элексиңби?
9. Сиз каттала элексизби?
10. Мектептеги кесиптештериңизди сагына элексизби?

1. _____
2. _____
3. _____
4. _____
5. _____
6. _____
7. _____
8. _____
9. _____
10. _____

15장 ~ 에게 ~ 해 주세요.

1. 문장형식: (대)명사_방향격조사 ~ 동사어간_**ып кой**_인칭어미 〖~에게 ~ 해 주세요〗

    (1) 대화

☞ 당신의 어머니에게 안부를 전해 주세요.

Кубан:	Кандайсыз? Улан байке!		어떻게 지내세요? 울란 아저씨!
Улан:	Жакшы, рахмат!		잘 지내, 고마워!
Кубан:	Сиздин апаңыз кандай?		당신의 어머니는 어떻게 지내세요?
Улан:	Менин апам жакшы.		나의 어머니는 잘 지냅니다.
Кубан:	Сиздин апаңыз азыр кайсы жерде турат?		당신의 어머니는 지금 어디에서 지내십니까?
Улан:	Апам азыр агамдын үйүндө турат.		(나의) 어머니는 지금 형님의 집에서 지내십니다.
Кубан:	Апаңыз быйыл канчага чыкты?		(당신의) 어머니는 올해 연세가 어떻게 되십니까?
Улан:	Апам быйыл 72ге чыкты.		(나의) 금년에 어머니는 일흔 두 살이 되셨습니다.
Кубан:	**Апаңызга менден салам айтып коюңуз.**		(당신의) 어머니에게 안부를 전해 주세요.
Улан:	Ооба, сизден салам айтам.		네, 당신의 안부를 전하겠습니다.

- «салам айт-» 안부를 전하다.
- «салам айтып кой-» 안부를 전해 주다.
- «кайсы жерде турат?» 어디에서 지냅니까? 'тур-' 는 기본적으로 '서다' 라는 의미를 가지지만 '살다, 지내다' 라는 의미로 사용되기도 한다.
- «72ге чыкты.» 72세가 되다. 'чык-' 는 기본적으로 '오르다' 라는 의미를 가지지만 '(몇 살이) ~ 되다' 라는 의미로도 사용한다.

    (2) 안부를 전할 때 사용하는 말

◆ 안부를 전할 때	
Ата-энеңизге салам айтып коюңуз.	부모님에게 안부를 전해 주세요.
Жибек эжеге ысык салам айтып кой.	지벡 아주머니에게 뜨거운 안부를 전해 주세요.
Атама кабар алганы бара жатам.	(나는) 아버지에게 안부를 묻기 위해서 가고 있습니다.
Анын үйүнө чогулган коноктторго салам айтып койгула.	(너희들은) 그의 집에 모인 손님들에게 안부를 전해 줘.
Балаңызды өөп коюңуз.	(당신의) 아들에게 (나를 대신해서) 뽀뽀해 주세요.
Ширин кызыңарды өөп койгула.	(너희들은) 쉬린 따님에게 (나를 대신해서) 뽀뽀해 줘.
Аяштарга салам айтып, балдарыңарды өөп койгула.	(너희들은) 남편 (또는 아내) 들에게 안부를 전하고, (너희들의) 아이들에게 (나를 대신해서) 뽀뽀해 줘.

(3) 문장분석

1) (대)명사_га ~ деп айт_ып кой_(인칭)어미

(대)명사_장소격조사	동사_(ы)п ко(й)	_чу. _ёсуң. _юңуз(_чу). _суң.	
~ (에)게	~ 해	놓아요. / 줘요. 놓습니다. 주십시오. 놓으시오.	* 어미에 따라 높임말 또는 낮춤말이 된다. * _чу 어미는 보다 공손한 표현을 만든다.
(대)명사_장소격조사	동사_(ы)п бер	_чи. _есиң. _иңиз(_чи). _син.	
~ (에)게	~ 해	줘. 줘요. 줍니다. 주십시오. 주시오.	

2) (대)명사_га ~ деп айт_ып кой_(인칭)어미

인칭대명사_га	~ деп айт_ып кой	_чу.	
누구에게	(너는) ~ 라고	말해 줘. 말해 놔.	*인칭어미에 따라 높임말 또는 낮춤말이 된다. * _чу 어미는 보다 공손한 표현을 만든다.
	~ деп айт_ып коёсуң	_бу?	
	(너는) ~ 라고	말해 줍니다. (-말해 줘.) 말해 주겠니? / 말해 놓겠니?	* 위는 강한 명령조인 반면에, 이것은 서술적인 형태의 명령형이다.
	~ деп айт_ып коюңуз(чу).		
	(당신은) ~ 라고	말해 주십시오. 말해 놓으세요.	
	~ деп айт_ып койсун.		
	(그는) ~ 라고	말하시오. 말해 놓으시오.	
	~ деп айт_ып коёсуңар	_бы?	
	(너희들은) ~ 라고	말해 줘. 말해 주겠니? / 말해 놓겠니?	
	~ деп айт_ып коюңуздар.		
	(당신들은) ~ 라고	말해 주십시오. 말해 놓으세요.	

(4) 예문

- Жөнөкөй эле адамга катуу сөз айтып кой. Ал адамга октон да катуу тиет. Ошондуктан, ар бир адамга тамаша ирээтинде айтканга аракет кылам.
- Исрайылдын уулдарына айтып кой.
- Сен да досторубуздун ар бирине салам айтып кой.
- Эгер чын эле издеген периштеңди тапсаң менин да абалымды айтып койчу.
- Атасы баласына: «Балам, телефонду алып атам жок деп айтып койчу!» - дейт.
- Кээде сен катуу айтып коёсуң.
- Мен жөнүндө айтып коёсуң.
- Алар кайсы жерде мал жайып жүргөнүн айтып коёсуңбу?
- Кызым, саатыңды айтып коёсуңбу?

- (네가) 평범한 사람에게 심한 말을 해 봐, 그 사람에게 총알보다 더 강하게 부딪쳐. 그렇기 때문에, 모든 사람에게 농담처럼 부드럽게 말하기 위해서 노력합니다.
- 이스라엘의 자손들에게 말해라.
- 너도 (우리) 친구들 한 사람 한 사람에게 안부를 전해라.
- 만약 진정으로 찾고 있는 천사를 발견하면 나의 형편도 말해 주라.
- 아버지는 아들에게 "아들, 전화를 받아서 아버지가 없어요 라고 말해 줘!"라고 말합니다.
- 가끔 식 너는 심하게 말해.
- 나에 대해서 말해 줘.
- 그들은 어디에서 가축을 치고 있는 지 말해 주겠니?
- (나의) 딸아, 시간을 말해 주겠니?

■ 연습문제

1. 해석을 참고하여 ( ) 안에 있는 동사를 인칭과 시제 그리고 내용에 맞게 넣으시오.

1. Ысык, шорпо (**жаса___ бер___**) деп келет. ▸ (그는) "뜨거운 소르뽀(국물음식)를 만들어 줘요", 하고 옵니다.
2. Эй, Муса! Булардын кудайлары сыяктуу бизге да кудай (**жаса___ бер___**). ▸ 에이, 모세! 이 사람들의 하나님처럼 우리에게도 하나님을 만들어 줘.
3. Баары эле "модель болуп (**иште___ бер___**), боюң узун, келбетиң сулуу" деп чакырчу. ▸ 모든 사람이 "모델로 일해 줘, 키도 크고, 얼굴도 예쁘고"라면서 초청했습니다.
4. Менин ордума келип (**иште___ бер___**). ▸ 내 자리에 와서 일해 줘.
5. Окуп көрүп, пикирин (**айт___ кой___**). ▸ 읽어 보고, 견해를 말해 주시오.
6. Кийип турган костюмумду алып келип (**бер___ кой___**)! ▸ 입고 있는 나의 양복을 갔다 주시오!
7. Сахнага чыгып бир ооз сөз (**сүйлө___**) кой. ▸ 무대에 나가서 한마디 해.
8. Алтын жеңе, эки жашка ак тилек айтып (**сүйлө___ кой___**). ▸ 알튼 형수님, 두 젊은 (부부)에게 복된 소원을 말해 주시기를 (부탁합니다.)
9. Сөзүмдүн экинчи бөлүгүн (**кечир___ кой___**), тамаша иретинде сүйлөп койдум эле! ▸ 당신들은 (나의) 이야기의 두 번째 부분을 용서해 주십시오. 농담으로 말했었습니다!
10. Апа, кошуналарга жүрөгүмдөн чыккан ысык саламымды (**айт___ кой___**). ▸ 엄마, 이웃들에게 마음에 나온 뜨거운 안부를 말해 주십시오.

2. 다음 문장을 해석 하시오.

1. Дарегиңизди айтып коюңузчу.
2. Мен бардыгына «кечирип коюңуздар» - деп айтып атам.
3. Туура түшүнүп коюңуздар.
4. Ушул иштери тууралуу айтып бересиң.
5. Анан бизге айтып бересиң.
6. Мага Элиша кылган жакшы иштердин баарын айтып берчи.
7. Башынан айтып берчи.
8. Анекдот айтып берчи.
9. Кол коюп бериңизчи деп тегеректеп алышты.
10. Асылбек байке "ырдап берчи" деп сурганда ушул ырды ырдап бергем.

16장 ~을 위하여

1. 문장형식: **Эмне үчүн ~ 동사어간_a_인칭어미?** 〖무엇을 위하여 ~ 합니까?〗

   (1) 대화

   ☞ 너는 누구를 위해서, 왜 사니?

Улан:	**Сен ким үчүн, эмне үчүн жашайсың?**		너는 누구를 위해서, 왜 사니?
Жина:	Биринчиден, мен ата-энемдин сыймыктанган кызымын.		첫 번째로, 나는 부모님께서 자랑스러워 하시는 딸입니다.
	Ошондой эле мен да ата-энем үчүн жашайм.		그와 같이 나도 부모님을 위해서 삽니다.
	Көпчүлүк адамдар менин ата-энемди сыйлашат.		많은 사람들이 나의 부모님을 존경합니다.
	Анткени жалпы элдин кызыкчылыгы үчүн көп жыл бою таза иштеген.		왜냐하면 전체 국민의 유익을 위해 여러 해 동안 깨끗하게 일했었습니다.
Улан:	Мен да ата-энеңизди тааныйм.		나도 (당신의) 부모님을 압니다.
	Мурда алар менен чогуу иштегем.		전에 그들과 함께 일했었습니다.
	Чынында эле, ата-энеңиз чынчыл жана эмгекчил болчу.		정말로 (당신의) 부모님은 진실하고 근면 했습니다.
Жина:	Мен ата-энем сыяктуу эл үчүн жашагым келет.		나는 부모님과 같이 국민을 위해서 살고 싶습니다.
Улан:	Жакшы, алдында турган иштериңе ийгилик каалайм.		좋아, 앞에 있는 일들이 성공하기를 기원 할게!
Жина:	Чоң рахмат!		대단히 감사합니다!

   (2) 문장분석: **Эмне үчүн ~ 동사어간_a_인칭어미?**

Жак (인칭)	Сурама ат атооч (의문 대명사)	Этиштин уңгусу	Чакчыл (착츨)	Жак мүчөлөр		
				Жекелик сан (단수)	Көптүк сан (복수)	
Жекелик сан (단수) **Мен Сен Сиз Ал** Көптүк сан (복수) **Биз Силер Сиздер Алар**	Эмне үчүн	+ 동사어간	_а _е _й _о _ө	_м _сың _сиң _суң _сүң _сыз _сиз _суз _сүз _т	_быз _биз _буз _бүз _сыңар _сиңер _суңар _сүңөр _сыздар _сиздер _суздар _сүздөр _(ы)шат _(и)шет _(у)шат _(ү)шөт	?

Эмне үчүн + 동사어간_а_인칭어미?	왜 ~ 합니까? / 무엇을 위해서 ~ 합니까.
명사 үчүн + 동사어간_а_인칭어미.	~ 를 위해서 ~ 합니다.
동사_ыш_인칭어미 үчүн + 동사어간_а_인칭어미.	~ 하기 위해서 ~ 합니다.

● 위의 «_ыш» 어미는 동명사 (Кыймыл атооч мүчө) 어미로서 모음의 종류에 따라 «_ыш, _иш, _уш, _үш» 로 어미가 변한다. «동사어간_ыш_인칭어미 керек.» 은 '~ 해야(만) 합니다' 라는 의미를 주고, «동사어간_ыш_인칭어미 үчүн ~ » '~ 하기 위해서, ~하기 위하여' 라는 의미를 가진다.

(3) 예문

- Сиз эмне үчүн жашайсыз?
- Депутаттыкка эмне үчүн кызыгышат?
- Эмне үчүн кыргыздар ыйык жерлерге барышат?
- Эмне үчүн Кыргызстан өнүкпөйт?
- Эмне үчүн мындай суроо туулат?
- Эмне үчүн жетекчилер, депутаттар орус тилде сүйлөшөт?
- Аракты эмне үчүн уу катары эсептелет?
- Кызды эмне үчүн ала качышат?
- Эмне үчүн биз балдарды эмдешибиз керек?
- Мен силердин атаңар болсом, анда эмне үчүн мени ата катары сыйлабайсыңар?
- Адамдар эмне үчүн арак ичишет.

- 당신은 왜 삽니까?
- (그들은) 국회의원의 직에 왜 관심을 가집니까?
- 왜 키르기즈 사람들은 신령한 장소들에 갑니까?
- 왜 키르기즈스탄은 발전하지 않습니까?
- 왜 이런 질문이 생깁니까?
- 왜 지도자들과 국회의원들이 러시아로 말합니까?
- 술을 왜 독의 일종으로 생각합니까?
- (그들은) 여자들을 왜 보쌈 하여 데리고 갑니까?
- 왜 우리는 아이들에게 모유수유를 해야 합니까?
- 내가 너희들의 아버지라면, 왜 나를 아버지로 존경하지 않는 거니?
- 사람들이 왜 술을 마십니까?

2. 문장형식: Эмне үчүн ~ 동사어간_а_인칭어미? 〖무엇을 위하여 ~ 합니까?〗

(1) 대화

☞ 너는 누구를 위해서, 왜 사니?

Улан:	**Сиз эмне үчүн окуп жатасыз?**	당신은 왜 공부하고 있습니까?
Асан:	Мен Орто Азиядагы өлкөлөрдүн тилдерине кызгам. Ошондуктан тил боюнча окуп жатам.	나는 중앙 아시아에 있는 나라들의 언어에 관심이 있습니다. 그래서 언어에 관하여 공부하고 있습니다.
Улан:	Кайсы тилде сүйлөй аласыз?	어떤 언어로 말할 수 있습니까?
Асан:	Мен кыргызча жана өзбекчө сүйлөй алам.	나는 키르기즈어와 우즈벡어로 말할 수 있습니다.
Улан:	Дагы кайсы тилди билгиңиз келет?	(당신은) 또 어떤 언어를 알고 싶습니까?
Асан:	Мен казакчаны үйрөнгүм келет.	나는 카작어를 배우고 싶습니다.

Улан: Кудай кааласа, Орто Азиядагы өлкөлөрдүн тилдери боюнча жакшы адис чыгат окшойт.   하나님께서 원하시면, 중앙 아시아 국가들의 언어에 관한 훌륭한 전문가가 나올 것 같습니다.

(2) 문장분석: **Эмне үчүн** + 동사어간_**ып** + 보조동사_**а**_인칭어미?

Жак (인칭)	Сурама ат атооч (의문 대명사)	Чакчыл (착출)		Жак мүчөлөр (인칭어미)		
		Жардамчы этиш (보조동사)		Жекелик сан (단수)	Көптүк сан (복수)	
		Этиштин уңгусу	Чакчыл (착출)			
Жекелик сан (단수) **Мен Сен Сиз Ал** **Көптүк сан** (복수) **Биз Силер Сиздер Алар**	Эмне үчүн + 동사어간	_(ы)п _(и)п _(у)п _(ү)п	жат тур отур ал кал сал жибер кет бер жүр көр түш ко(й)	_а _е _й _о _ө _(ё)	_м _сың _сиң _суң _сүң _сыз _сиз _суз _сүз _т	_быз _биз _буз _бүз _сыңар _сиңер _суңар _сүңөр _сыздар _сиздер _суздар _сүздөр _(ы)шат _(и)шет _(у)шат _(ү)шөт	?

Эмне үчүн + 동사어간_**ып** 보조동사_**а**_인칭어미?	왜 (무엇을 위해서) ~ 하고 있습니까?
명사 **үчүн** + 동사어간_**ып** 보조동사_**а**_인칭어미	~ 을 위해서 ~ 하고 있습니다.
동사_**ыш**_인칭어미 **үчүн** + 동사어간_**ып** 보조동사_**а**_인칭어미	~ 하기 위해서 ~ 하고 있습니다.

(3) 예문

- Сиз эмне үчүн окуп жатасыз?
- Эмне үчүн андай болуп калды?
- Мунун баарын эмне үчүн айтып жатасың?
- Эмне үчүн биз бүгүн ушул маселени көтөрүп жатабыз?
- Эмне үчүн Орусия ички ишибизге кийлгишип жатат?
- Кызык, эмне болуп жатат деги...?
- Эмне үчүн салт ар башка болуп калган?
- Мен эмне үчүн тырышып жүрөм?
- Эмне үчүн ал жерде иштеп жатасыз?
- Эркиндик үчүн күрөшүп жатабыз.
- Акча үчүн гана жашап жатасыңбы?

- 당신은 왜 공부하고 있습니까?
- 왜 그렇게 되고 말았습니까?
- (너는) 이 모든 것을 왜 말하고 있는 거니?
- 왜 우리는 오늘 이 문제를 공론화 시키고 있습니까?
- 왜 러시아가 우리의 내부 일에 간섭하고 있습니까?
- 재미있군, 어떻게 되고 있는 거야 정말...?
- 왜 풍습이 각각 다르게 되었습니까?
- 나는 왜 분주하게 지냅니까?
- (당신은) 왜 그 곳에서 일하고 있습니까?
- (우리는) 자유를 위해서 투쟁하고 있습니다.
- (너는) 오직 돈을 위해서 살고 있니?

3. 문장형식: **Эмне үчүн** ~ 동사어간_**ды**_인칭어미? 〖왜 (무엇을 위하여) ~ 했습니까?〗

   (1) 대화

☞ 당신은 이곳에 왜 왔습니까?

Улан:	**Сиз бул жерге эмне үчүн келдиңиз?**	당신은 이곳에 왜 왔습니까?
Асан:	Мен Кыргызстанга туризм боюнча келдим.	나는 키르기즈에 관광하러 왔습니다.
	* *Мен окуганы келдим.*	나는 공부하러 왔습니다.
	* *Мен бизнес боюнча келдим.*	나는 사업하러 왔습니다.
	* *Мен досторумду көргөнү келдим.*	나는 친구들을 보러(보기 위해서) 왔습니다.
Улан:	Сиз кайдан келдиңиз?	당신은 어디에서 왔습니까?
Асан:	Мен Кореядан келдим.	나는 한국에서 왔습니다.
Улан:	Сиз качан келдиңиз?	당신은 언제 왔습니까?
Асан:	Мен келгениме эки жума болду.	나는 온지 2주 되었습니다.
Улан:	Сиз кайда барасыз?	당신은 어디에 가십니까?
Асан:	Мен Ысык-Көлгө барам.	나는 이스쿨에 갑니다.

   (2) 문장분석: **Эмне үчүн** + 동사어간_**ды**_인칭어미?

Жак (인칭)	Сурама ат атооч (의문 대명사)	Этиштин уңгусу	Өткөнчактын мүчөсү (과거시제어미)	Жак мүчөлөр (인칭어미)		
				Жекелик сан (단수)	Көптүк сан (복수)	
Жекелик сан (단수)			모음, 유성자음 뒤	(1 인칭)	(1 인칭)	
				_м	_к	
				(2 인칭)	(2 인칭)	
Мен Сен Сиз Ал			_ды _ди _ду _дү	_ң	_ңар _ңер _ңар _ңөр	
	Эмне үчүн	+ 동사어간		(2 인칭)	(2 인칭)	?
Көптүк сан (복수)			무성자음 뒤	_ңыз _ңиз _ңуз _ңүз	_ңыздар _ңиздер _ңуздар _ңүздөр	
Биз Силер Сиздер Алар			_ты _ти _ту _тү	(3 인칭)	(3 인칭)	
				-	_(ы)шты _(и)шти _(у)шту _(ү)штү	

Эмне үчүн + 동사어간_**ды**_인칭어미?	무엇을 위해서 (왜) ~ 했습니까?
명사 **үчүн** + 동사어간_**ды**_인칭어미.	~ 를 위해서 ~ 했습니다.
동사_**ыш**_인칭어미 **үчүн** + 동사어간_**ды**_인칭어미.	~ 하기 위해서 ~ 했습니다.

(3) 예문

- Бишикекке эмне үчүн бардың?
- Министр эмне үчүн свет өчүп жатканын түшүндүрдү.
- Ал кереметтерди эмне үчүн жасаган?
- Эмне үчүн соңку жылдары түштүктө жаңы ири ишканалар курулушкан жок?
- Эмне үчүн окуучулар окуганга аракет кылышты?
- Кыргыздар эмне үчүн балык жебей калган?
- Атам мени эмне үчүн урчу эле?
- Ал эмне үчүн кармалган эмес?
- Алар эмне үчүн эрте үйлөнүштү?
- Сиз эмне үчүн чет тилин үйрөндүңүз?
- Аны эмне үчүн коё бердиң, эмне үчүн кетирип жибердиң?

- 비쉬켁에 왜 갔니?
- 장관은 왜 정전이 되고 있는지를 설명했습니다.
- 그는 기적들을 왜 행했습니까?
- 왜 최근 몇 년 동안 남쪽에 새로운 큰 회사들이 세워지지 않았습니까?
- 왜 학생들은 공부하기 위해서 노력했습니까?
- 키르기즈인들은 왜 물고기를 먹지 않게 되었습니까?
- (나의) 아버지는 왜 나를 때렸을까?
- 그는 왜 체포되지 않았습니까?
- 그들은 왜 일찍 결혼했습니까?
- 당신은 왜 외국어를 배웠습니까?
- (너는) 그를 왜 놓아 주었니, 왜 보내 주었니?

■ 연습문제

1. 해석을 참고하여 ( ) 안에 있는 동사를 인칭과 시제 그리고 내용에 맞게 넣으시오.

1. Дегинкиси, «тегерек столдор» эмне үчүн (**өткөрүл**_____)? ▸ 그렇다면 "원탁회의"는 왜 개최하는 것입니까?
2. Ал (_____ _____) минтип айтат? ▸ 그는 왜 이렇게 말합니까?
3. Эмне үчүн аны (**кечир**_____ **жат**_____)? ▸ (당신들은) 왜 그를 용서하지 않습니까?
4. Эмне үчүн адамдар акчаны (**жакшы көр**_____)? ▸ 왜 사람들은 돈을 좋아합니까?
5. Бишкекке эмне үчүн (**бар**_____)? ▸ (너는) 비쉬켁에 왜 가니?
6. Алар эмне үчүн Кореяга (**кет**___ **кал**_____)? ▸ 그들은 왜 한국에 갔습니까?
7. Сиз эмне үчүн кыргыз тилин (**үйрөн**_____)? ▸ 당신은 왜 키르기즈어를 배웠습니까?
8. Эмне үчүн ар дайым (**кайгыр**___ **жат**____)? ▸ (그는) 왜 언제나 슬퍼하고 있니?

2. 다음 문장을 해석 하시오.

1. Эмне үчүн ага каршы чыгышты? Мен түшүнбөйм.
2. Эмне үчүн күлүп жатасың?
3. Эмне үчүн дайыма ооруп жүрөсүңөр?
4. Эмне үчүн мындай иш болот?

1. _____
2. _____
3. _____
4. _____

5. Эмне үчүн адамдар жаман сөздөр менен сүйлөшөт? 5. _____

6. Жаштар эмне үчүн аракты көп ичет? 6. _____

7. Атаң сени эмне үчүн жакшы көрчү? 7. _____

8. Ал эмне үчүн китеп кайтарган эмес? 8. _____

9. Эмне үчүн ачууланып жатасыз? 9. _____

17장 ~ 때문에, ~ 하기 때문에

1. 문장형식: 동사어간_гандыктан 《~ 하기 때문에》

(1) 대화

☞ 나는 사랑하기 때문에 기쁨으로 일합니다.

Улан:	Сиз эмне үчүн ар дайым наалыбай иштейсиз?	당신은 왜 항상 불평하지 않고 일하십니까?
Асан:	**Мен сүйгөндүктөн кубаныч менен иштедим.** Кичинекей балдарга сабак берүү мага абдан жагат.	나는 사랑하기 때문에 기쁨으로 일합니다. 어린 아이들에게 수업하는 것을 (나는) 매우 좋아합니다.
Улан:	Сиз балдарды жакшы көрөсүзбү?	당신은 아이들을 좋아합니까?
Асан:	Албетте, аларды абдан жакшы көрөм.	물론입니다, 그들을 매우 좋아합니다.
Улан:	Мен да балдарды жакшы көрөм, бирок алар менен дайыма бирге болуп жатканды мага абдан кайын!	나도 아이들을 좋아합니다, 그러나 그들과 항상 같이 있는 것은 나에게 매우 힘든 것입니다!
Асан:	Сиз айтканыңыз туура! Балдарга болгон Кудайдын чакырыгы жок болсо, алар үчүн иштеш оңой эмес! Сиз эмне үчүн балаңызды алып келген жоксуз?	당신이 말씀하신 것이 맞습니다! 아이들을 향한 하나님의 부르심이 없다면, 그들을 위해서 일하는 것이 쉬운 것은 아닙니다! 당신은 왜 아들을 데리고 오지 않았습니까?
Улан:	Менин балам чоң атаныкына кеткендиктен, чогуу келе албай калды.	나의 아들은 할아버지 집에 갔기 때문에 함께 오지 못했습니다.
Асан:	Эмкиде сөзсүз балаңызды алып келиңиз, анткени аны абдан сагынып кеттим.	다음에 꼭 아들을 데리고 오세요. 왜냐하면 그 아이가 매우 그립습니다.
Улан:	Макул!	알겠습니다!

(2) 문장분석: 동사어간_гандыктан

Этиштин уңгусу	Себепти бидирүүчү мүчө (이유나 목적을 나타내는 어미)	
	모음, 유성자음 뒤	무성 자음 뒤
동사어간 +	**_гандыктан**	**_кандыктан**
	_гендиктен	**_кендиктен**
	_гондуктан	**_кондуктан**
	_гөндүктөн	**_көндүктөн**

동사어간_**гандыктан**	~ 했기 때문에, ~ 하기 때문에 (* 문장의 시제에 따라)

(3) 예문

- Мен ооругандыктан мектепке барган жокмун.
- Сен ойногондуктан улам чарчап калдың.
- Сиз талашкандыктан улам урушуп кеттиңиз.
- Ал корккондуктан улам анын атасы менен жолуккан жок.
- Биз келгендиктен улам кубанычка толду.
- Силер жөтөлгөндүктөн улам тамагыңар ооруп калды.
- Сиздер кеткендиктен баарыбыз ыйлап жибердик.
- Алар уктагандыктан билишкен жок.
- Менин жүрөгүмдү ага ачык эле көрсөткөндүктөн, ал мени сүйүп калды.
- Кубан кечээ кечинде катуу жыгылгандыктан улам тез арада ооруканга жаткырылды.
- Үйбүлө курууну кеч ойлогондуктан, жубайым менен кечигип таанышкам.
- Мен аны абдан сүйгөндүктөн ага менен үйлөндүм.

- 나는 아팠기 때문에 학교에 가지 않았습니다.
- 너는 놀았기 때문에 피곤한 거야.
- 당신은 논쟁했기 때문에 싸움이 된 것입니다.
- 그는 두려웠기 때문에 그의 아버지를 만나지 못했습니다.
- 우리가 왔기 때문에 기쁨이 가득했습니다.
- 너희들은 기침하기 때문에 목이 아픈 것입니다.
- 당신들이 떠났기 때문에 모든 사람이 울었었습니다.
- 그들은 잤기 때문에 알지 못했습니다.
- 나의 마음을 그에게 분명히 보여 주었기 때문에, 그는 나를 사랑하게 되었습니다.
- 쿠반은 어제 저녁에 심하게 넘어졌기 때문에 급히 병원에 입원했습니다.
- 가정을 이루는 것을 늦게 생각했기 때문에, (나의) 아내와 늦게 알게 되었습니다.
- 나는 그녀를 매우 사랑했기 때문에 그와 결혼했습니다.

2. 문장형식: 동사어간_**ып** 보조동사_**гандыктан** 〖~ 하기 때문에, ~ 하고 있기 때문에〗

(1) 대화

☞ 나는 아팠기 때문에 오지 못했습니다.

Улан:	Сиз чогулушка эмне үчүн келген жоксуз?	당신은 모임(회의)에 왜 오지 않았습니까?
Асан:	Мен ооруп калгандыктан келе албадым.	나는 아팠기 때문에 오지 못했습니다.
Улан:	Азыр ден соолугуңуз кандай?	지금 건강은 어떻습니까?
Асан:	Азыр бир аз жакшы болуп калды.	지금은 조금 나아졌습니다.
Улан:	Кайсы жериңиз ооруп калды эле?	어느 곳이 아팠습니까?
Асан:	Эки күндөн бери менин башым катуу ооруп жатат.	이틀 전부터 머리가 심하게 아픕니다.
Улан:	Дары ичтиңиз беле?	약은 먹었습니까?
Асан:	Жок, ичкен жокмун.	아니요, 먹지 않았습니다.
Улан:	Менде баш ооруга жакшы дары бар, ичип көрүңүзчү.	나에게 좋은 두통 약이 있습니다, 드세요.

(2) 문장분석: 동사어간_ып 보조동사_гандыктан

этиштин уңгусу	Чакчыл (착찰)		Жардамчы этиш (보조동사)	Себепти бидирүүчү мүчө (이유나 목적을 나타내는 어미)
동사의 어간	_(ы)п _(и)п _(у)п _(ү)п	+	жат чык тур отур ал кал сал кет бер жүр көр түш кой	_гандыктан _гендиктен _гондуктан _гөндүктөн _кандыктан _кендиктен _кондуктан _көндүктөн

동사어간_ып + 보조동사_гандыктан	~ 하고 있(었)기 때문에 (* 시제는 문장의 시제에 따라 적용한다.)

(3) 예문

- Мен сизге ишенип жаткандыктан, ишимди тапшырдым.
- Сен ыйлап жаткандыктан ал жерге бара албай калдың.
- Сиз дайыма күлүп тургандыктан бардыгы сизди жакшы көрүшөт.
- Ал бийлеп жаткандыктан, көңүлү абдан жакшы.
- Биз азыр ырдап жаткандыктан, башка иштерди кыла албайбыз.
- Силер дайыма арак ичип жаткандыктан, ден-солугуңар начарлап кетти.
- Сиздер окуп жаткандыктан келечеги бар.
- Алар дайыма жалган айтып жүрүшкөндүктөн, бардыгы ишенбей калышты.
- Сиз эмне үчүн ыйладыңыз?
- Мен жакын досум менен урушкандыктан ыйладым.
- Сен эмне үчүн кечигип келдиң?
- Мен бүгүн кеч турдум. Ошондуктан эрте келе албадым.

- 나는 당신을 믿고 있기 때문에 나의 일을 맡겼습니다.
- 너는 울고 있기 때문에 그곳에 가지 못했어요.
- 당신은 항상 웃고 있기 때문에 모두 당신을 좋아합니다.
- 그는 춤추고 있기 때문에 기분이 아주 좋아요.
- 우리는 지금 노래하고 있기 때문에 다른 일들을 할 수 없습니다.
- 그들은 항상 술을 마시고 있기 때문에 건강이 나빠졌습니다.
- 당신들은 공부하고 있기 때문에 미래가 있습니다.
- 그들은 항상 거짓말을 하고 있기 때문에 모두 (그들을) 믿지 않습니다.
- 당신은 왜 울었습니까?
- 나의 가까운 친구와 싸웠기 때문에 울었습니다.
- 너는 왜 늦게 왔니?
- 나는 오늘 늦게 일어났습니다. 그래서 일찍 오지 못했습니다.

3. 문장형식: 동사어간_ган + үчүн 〖~ 했기 때문에, ~ 했다고 해서〗

(1) 대화

☞ 너는 공부하는 것을 좋아했기 때문에 비쉬켁에 가서 공부했었습니다.

Улан:	**Сен окуганды жакшы көргөн үчүн Бишкеке барып окугансың.**	너는 공부하는 것을 좋아했기 때문에 비쉬켁에 가서 공부했었습니다.
	Мен болсом иштегенди жакшы көргөндүктөн Бишкеке барып иштегенмин.	나는 일하는 것을 좋아해서 비쉬켁에 가서 일했었어.
	Биз айылдан чыкканыбыз 20 жылдан ашып калды.	우리가 시골에서 나온 지 20년이 넘었어.
	Азыр сен эмне кылып жатасың?	지금 너는 무엇을 하고 있니?
Асан:	Мен жогорку окуу жайды бүткөндөн кийин, Америкага барып 10 жыл окудум.	나는 대학교를 졸업하고 한 후에 미국에 가서 10년 공부했어.
	Азыр болсо профессор болуп, университетте сабак берип жатам.	지금은 대학교수가 돼서, 대학교에서 강의를 하고 있어.
	Сенчи?	너는?
Улан:	Мен Бишкекке келип, көптөгөн кыйынчылыкты көрдүм.	나는 비쉬켁에 와서, 정말 많은 어려움을 겪었어.
	Азыр болсо кичинекей ишканамды жетектеп жатам.	지금은 작은 회사를 운영하고 있어.
Асан:	Бир күн үй-бүлө менен токойго чыгып эс алып келебиз.	하루 가족과 함께 숲에 가서 쉬고 오자.
Улан:	Жакшы!	좋아!

(2) 문장분석: 동사어간_ган + үчүн

Этиштин уңгусу	Атоочтук (동사의 형용사격)		Жандооч (보조사)	
동사의 어간 +	_ган _ген _гон _гөн	_кан _кен _кон _көн	+	үчүн

동사어간_ган + үчүн	~ 했기 때문에, ~ 했다고 해서

(3) 예문

- Шайтан азгырган үчүн ушундай жаман жолго барып, тамекини да 6-классымда чегип көргөм.
- Чындыкты айткан үчүн мени кылмыш жообуна

- 사탄이 유혹했기 때문에 이런 나쁜 길로 가서, 담배를 (초등학교) 6학년 때 피워 봤습니다.
- (그들은) 진실을 말했기 때문에 나를 범죄자로

- тартуунун аракетин жасашты.
- Кыргыздар баккан үчүн балдар таптаза кыргызча сүйлөбөйт да.
- Кыргыз мектепти бүтүп барган үчүн 1 курста орус тилден абдан кыйналдым.
- Жалпы элди жакшы башкаргандыгы үчүн эстелик коюшкан.
- Мурда бардыгы мамлекеттик болсо, азыр базар экономикасы деп жеке ишканаларга мүмкүнчүлүктөр бериле баштаган үчүн аракет кылып, ар бир адам көп өнүгүүлөрдү жасап жатканы байкалат.
- Медициналык кызматкерлерге июнь окуяларында жардам берген үчүн акчалай сыйлыктар берилет.
- Балким, кыргыз тилин начар билген үчүн эч ким кыргызча китеп окуган эмеспи деген ой кетти.
- Мен кыргыз мектепти бүткөн үчүн кыргыз тилинен эч кыйынчылык деле болгон жок.
- Көп ата-энелер ачкалыктан өлгөн үчүн ал убакта жетим балдар көп пайда болду.
- Экинчиден ошондой даражага жеткен үчүн эл көтөрүлгөн болчу.
- Мекенибизди сүйгөн үчүн шайлоону тынч өткөрөлү деген ойдобуз.

- 만들기 위해서 노력했습니다.
- 키르기즈 사람들이 길렀다고 해서 아이들이 깨끗하게 키르기즈 말을 하는 것은 아닙니다.
- (나는) 키르기즈 학교를 마치고 갔기 때문에 (대학교) 1학년 때 러시아어에서 매우 힘들었습니다.
- (그들은) 전체 국민을 위해서 잘 다스렸기 때문에 기념비를 세웠습니다.
- 전에는 모든 것이 국가의 것이었다면, 지금은 시장경제 라고 해서 개인 회사들에게 기회들을 주기 시작했기 때문에 노력해서, 모든 사람들이 많이 성장하고 있는 것이 관찰됩니다.
- 의료계에 근무하시는 분들에게 6월 사태 때 도와 주었기 때문에 상금이 지급됩니다.
- 혹시, 키르기즈 말을 잘 모르기 때문에 아무도 키르기즈 책을 읽지 않았어 라고 생각했습니다.
- 나는 키르기즈 (초.중.고등) 학교를 마쳤기 때문에 키르기즈어에서 아무런 어려움이 없었습니다.
- 많은 부모들이 기근으로 죽었기 때문에 그 때 고아들이 많이 생겼습니다.
- 두 번째는 그 정도까지 도달했기 때문에 국민이 들고 일어났던 것이었습니다.
- 우리의 조국을 사랑하기 때문에 평화롭게 선거를 치르자고 하는 생각입니다.

4. 문장형식: 동사어간_**ган + соң** 〖~ 한 후에, ~ 했기 때문에, ~ 한 결과로〗

(1) 대화

☞ (당신은) 이 약을 먹은 후에 5시간 아무 것도 먹지 마십시오.

Врач:	Бул дары **ичкен соң**, беш саат оозуңузга эч нерсе албайсыз.	이 약을 먹은 후에 (또는 먹었기 때문에) 5시간 아무 것도 먹지 마십시오.
Улан:	Макул, дагы эмнелерден этият болуш керек.	알겠습니다. 또 무엇을 조심해야 합니까?
Врач:	Өтө майлуу тамактардан этият болуңуз. Сиз үчүн жашылчадан жасалган тамак жеген жакшы. Бир жумадан кийин дагы бир жолу келип кетсеңиз.	너무 기름기가 많은 음식을 조심하세요. 당신을 위해서는 채소로 만든 음식이 좋습니다. 1 주일 후에 (또) 한번 더 왔다 가세요.
Улан:	Ооба, сизге чоң рахмат!	네, 당신에게 대단히 감사합니다!
Врач:	Эчтеке эмес!	천만에요!

(2) 문장분석: 동사어간_ган + соң

Этиштин уңгусу	Атоочтук (동사의 형용사격)		Жандооч (보조사)
동사의 어간 +	_ган _ген _гон _гөн	_кан _кен _кон _көн	+ соң

- «соң» 기본적으로 '~ 후에, ~ 뒤쪽에' 라는 의미를 가진다. 그리고 '동사 + _ган соң' 의 형태로 '~ 행위를 한 결과로, ~ 했기 때문에' 라는 의미를 가진다.

동사어간_ган + соң	~ 한 후에, ~ 해서는, ~ 했기 때문에, ~ 한 결과로

(3) 예문

- Бирок мектепке барган соң, "тил билбейсиң" деп мугалимдер кыргыз тилинен " эки" коюп жатпайбы.
- Эми наркы дүйнөгө барган соң, сиз Кудай-дын алдында турасыз.
- Горький көчөсүндөгү №20- имаратта жайгашкан МАИ кеңсесине айыпты төлөгөн соң, күбөлүгүмдү кайра алдым.
- Лут пайгамбардын үй-бүлөсү мындай ыплас-тыкка баруудан баш тарткан соң, шаардын эли аларды шаардан кууп чыгарышты.
- Башкы врач машинадан түшкөн кыздын ким экенин билген соң, палатага милиция кызматкерлерин да киргизбеди.
- Бул дары жеген соң, беш саат оозуңузга эч нерсе албайсыз.
- Полиция баш көтөргөндүн баарын аткан соң, өлкөдөгү бардык абактар өзүнөн-өзү тынч болуп калган.
- Душмандар муну түшүнгөн соң, элди басуу үчүн келе башташты.
- Мамлекетти аялзаты башкарган соң, үй-бүлөнү да аялзаты башкарыш керек!
- Бирок Сен айтып жаткан соң, торду салайын.

- 그러나 학교에 간 후에 '글자를 모르는구나' 하면서 선생님들이 키르기즈어에서 '2점'을 주는 것이 아니겠어.
- 이제 저 세상에 갔기 때문에 당신은 하나님 앞에 서게 될 것입니다.
- 고르끼 거리에 있는 20번지 건물에 위치한 교통 경찰서에 벌금을 냈기 때문에 면허증을 다시 받았습니다.
- 롯 선지자의 가족은 이런 추악한 일을 행하는 것을 거절했기 때문에 도시 주민들이 그들을 도시에서 내 쫓았습니다.
- 주임 의사는 자동차에서 떨어진 여자가 누구인지를 알았기 때문에 병실에 경찰관들도 들여보내지 않았습니다.
- 이 약을 먹었기 때문에 5시간 아무 것도 먹지 마십시오.
- 경찰은 저항하는 모든 사람들에게 발포했기 때문에 국가 안에 존재하는 모든 감옥들은 자체적으로 진정되었습니다.
- 적들이 이것을 이해했기 때문에 백성을 짓밟기 위해 오기 시작했습니다.
- 국가를 여성이 다스리기 때문에 가정도 여성이 다스려야 합니다!
- 그러나 네가 말했기 때문에 그물을 내리겠습니다.

5. 문장형식: 동사어간_ган + себептүү 〖~ 한 이유로, ~ 했기 때문에〗

(1) 대화

☞ 사람은 두려워했던 이유로 미신과 지식이 없는 상태로 남아 버립니다.

Улан:	**Адам коркок болгон себептүү ырымчыл жана билимсиз болуп кала берет.**	사람은 두려워했던 이유로 미신과 지식이 없는 상태로 남아 버립니다.
Асан:	Туура, бул дүйнөдөгү нерселер корккон адамды өзүнө кул кылып алат.	맞아요, 이 세상에 있는 것들은 무서워하는 사람을 자신의 종으로 삼습니다.
	Ошондуктан коркунуч туудуруп адамдарды басып калат жана аларды башкарат.	그래서 공포를 조장해서 사람들을 붙잡아서, (그들을) 지배합니다.
Улан:	Дагы чындык жок жерде коркунуч басып калат. Анткени ал жерде бардыгы мыйзам боюнча эмес, күч бар адамдын эрки боюнча чечилет.	또 진리가 없는 곳에 두려움이 엄습합니다. 왜냐하면 그 곳에는 모든 것이 법대로가 아니라, 힘 있는 사람들의 뜻대로 해결됩니다.
Асан:	Туптуура, сиздин оюңузга толугу менен кошулам.	정말 맞아요, 당신의 생각에 전적으로 동의합니다.

(2) 문장분석: 동사어간_ган + себептүү

Этиштин уңгусу	Атоочтук (동사의 형용사격)		Жандооч (보조사)
동사의 어간 +	_ган _ген _гон _гөн	_кан _кен _кон _көн	+ себептүү

동사어간_ган + себептүү	~ 한 이유로, ~ 했기 때문에

(3) 예문

- Бир белгилүү профессор менен жолукпаган себептүү жакшы окуй албай калдым.
- Ал каалабаган себептүү, биз өз оюбузду ага таңуулагыбыз келген жок.
- Айрым жазуучулар каршы чыгып туруп алган себептүү адабият тарыхыбызда маанилүү иштер чечилбей калды.
- Ал бизге күчтүүрөөк таасир берген себептүү, биздин бул дүйнөгө болгон көз карашыбыз аныкындай болуп калды.
- Адам коркок болгон себептүү ырымчыл жана

- 유명한 어떤 교수님을 만나지 못한 이유로 잘 공부할 수 없었습니다.
- 그가 원하지 않았기 때문에 우리는 우리의 생각을 그에게 강요하고 싶지 않았습니다.
- 몇몇 작가들이 반대하고 나섰기 때문에 (우리의) 문학 역사에서 중요한 일들을 해결하지 못했습니다.
- 그는 우리에게 강한 영향력을 주었기 때문에 우리는 이 세상을 향한 가치관이 그와 같이 되었습니다.
- 사람은 두려워하기 때문에 미신과 지식이 없는

- билимсиз болуп кала берет.
- Ал киши өтө карып жана алыстан жөө келе жаткан себептүү бутун араң эле шилтеп калыптыр.
- Таластын жолу эскирип калган себептүү аны кайрадан жаңыртуу керек.
- Ал көп акчаны көрсөтүп жүргөн себептүү көп адамдар ага жакындашты.
- Демократия мурда бизде болбогон себептүү көпкө чейин элдер өз эркин колдончу эмес.

- 상태로 남아 버립니다.
- 그 사람은 너무 늙고, 멀리서 걸어오고 있기 때문에 다리를 겨우 내딛고 있었습니다.
- 탈라스의 길은 낡았기 때문에 그것을 다시 새롭게 해야만 합니다.
- 그는 많은 돈을 보여 주면서 다녔기 때문에 많은 사람들이 그에게 가까이 다가갔습니다.
- 민주주의가 전에 우리에게 없었던 이유로 오랫동안 사람들은 자기의 자유를 사용하지 않았습니다.

6. 문장형식: 형용사 + болгондуктан 〚~ 하기 때문에, ~ 했기 때문에〛

(1) 대화

☞ 나는 덥기 때문에 물에 들어 갔습니다.

Улан:	**Мен ысык болгондуктан сууга түштүм.**	나는 덥기 때문에 물에 들어 갔습니다.
Асан:	Быйыл күн абдан ысык экен.	금년은 날씨가 매우 덥습니다.
Улан:	Сиз дагы сүзгөндү жакшы көрөсүзбү?	당신도 수영하는 것을 좋아 하십니까?
Асан:	Албетте, мен да жакшы көрөм.	물론입니다, 나도 좋아 합니다.
Улан:	Сиз каникул учурунда кайсы жакка барасыз?	당신은 방학 때 어디에 가십니까?
Асан:	Мен жайкы каникулда Суусамыр жайлоосуна барам.	나는 여름 방학 때 수사므르 목장에 갑니다.
	Ал жерде менин чоң атам кой кайтарып жүрөт.	그 곳에는 나의 할아버지께서 양들을 치고 계십니다.
	Жайында жайлоодо абдан салкын.	여름에 목장에는 정말 시원합니다.
	Мен чыдамсыздык менен ошол күндү күтүп жатам.	나는 정말 기대하는 마음으로 그 날을 기다리고 있습니다.

(2) 문장분석: 형용사 **болгондуктан**

Сын атооч	Жардамчы этиш (보조동사)	Тескери формасы (부정형 조사)	Себепти бидирүүчү мүчө (이유나 목적을 나타내는 어미)
형용사 +	бол	- _бо	_гондуктан

형용사 + **болгондуктан**	~ 하기 때문에, ~ 했기 때문에
형용사 + **болбогондуктан**	~ 하지 않기 때문에, ~하지 않았기 때문에

(3) 예문

- Мен күн суук болгондуктан, калың кийим кийидим.
- Сиз тамак даамдуу болгондуктан, көп жединиз.
- Ал саат кымбат болгондуктан, сатып алган жок.
- Биз картошка арзан болгондуктан, көп сатып алдык.
- Силер мектеп алыс болгондуктан, эрте чыгасыңар.
- Сиздер базар жакын болгондуктан, ыңгайлуу деп ойлойсуздар.
- Алар акча көп болгондуктан каалаганын бардыгын алышат.
- Аба ырайы жылуу болгондуктан, жакшы болду.
- Суу муздак болгондуктан, сууга түшкүм келбей калды.
- Кино абдан кайгылуу болгондуктан, ыйладым.
- Тамак өтө ачуу болгондуктан, ичим ооруп кетти.
- Шамал салкын болгондуктан, көңүлүм ачылып кетти.
- Бал муздак таттуу болгондуктан, балдар жакшы көрөт.
- Бул туннель абдан узун жана караңгы болгондуктан коркунучтуу.
- Кыргызстандын тоолору абдан кооз болгондуктан, көп адамдар көргөнү келишет.
- Техникалык жабдуулар жетиштүү болбогондуктан, Түркияга жиберишкен.
- Күн чыкканда күүйп, тамыры терең болбогондуктан, куурап калат.
- Бирок бул окуядан сабак алуу үчүн каармандардын ким экендиги өтө деле маанилүү болбогондуктан, жөн гана «Адамдын эки уулу» деп айтылган.
- Биз эч кимибиз жеткилең болбогондуктан, барыбыз эле Библиядагы жазылган «күнөө» деп аталан моралдык оору менен ооруйбуз.
- Алар өздөрүнүн мамилеси жакшы болбогондуктан, ар дайым урушуп жүрүшөт.
- Ата-энем бири-бирине ыраазы болбогондуктан, 1 жыл мурун ажырашты.

- 나는 날씨가 춥기 때문에 뚜꺼운 옷을 입었습니다.
- 당신은 음식이 맛있기 때문에 많이 먹었습니다.
- 그는 시계가 비싸기 때문에 사지 못했습니다.
- 우리는 감자가 싸기 때문에 많이 샀습니다.
- 너희들은 학교가 멀기 때문에 일찍 나가라.
- 당신들은 시장이 가깝기 때문에 편리하다고 생각합니다.
- 그들은 돈이 많기 때문에 원하는 것은 모두 삽니다.
- 날씨가 따뜻하기 때문에 좋습니다.
- 물이 차기 때문에 물에 들어가기 싫어 졌습니다.
- 영화가 매우 슬펐기 때문에 울었습니다.
- 음식이 매우 맵기 때문에 (나의) 배가 아팠습니다.
- 바람이 시원하기 때문에 기분이 좋아 졌습니다.
- 아이스크림이 달기 때문에 아이들이 좋아합니다.
- 이 터널은 매우 길고 어둡기 때문에 위험합니다.
- 키르키즈의 산들은 매우 아름답기 때문에 많은 사람들이 보러 옵니다.
- (그들은) 기술적인 설비가 충분하지 않기 때문에 터키로 보냈습니다.
- 해가 나오니까 타고, 뿌리가 깊지 않아서 말라 버립니다.
- 그러나 이 사건에서 교훈을 얻기 위해서 인물들이 누구인지를 아는 것이 별로 중요하지 않기 때문에 그냥 '사람의 두 아들' 이라고 불리었습니다.
- 우리는 누구도 완전하지 않기 때문에 우리 모두는 성경에 기록된 '죄' 라고 말하는 도덕적인 병에 걸렸습니다.
- 그들은 스로의 관계가 좋지 않기 때문에 항상 싸우며 지냅니다.
- (나의) 부모님은 서로에게 만족하지 못하기 때문에 1년 전에 이혼했습니다.

7. 문장형식: (명사·수사) + болгондуктан 《~ 이기 때문에》

(1) 대화

☞ 나는

Улан:	Экөөбүздүн максатыбыз бир болбогондуктан, чогуу иштей албай калдык.	우리 두 사람의 목적이 하나가 아니기 때문에 함께 일할 수 없었습니다.
Асан:	Чогуу иштөө үчүн максаты бир болуш абдан маанилүү.	함께 일하기 위해서는 목적이 일치하는 것이 매우 중요합니다.
	Эгерде максаты башка болсо, көптөгөн проблемалар туудурат.	만약에 목적이 다르면, 수많은 문제를 야기합니다.
Улан:	Туура, ошондуктан биз чогуу иштей албай калдык.	맞습니다, 그렇기 때문에 우리는 같이 일하지 못하게 되었습니다.
	Бирөөлөр менен иштеп кетердин алдында, иштин максаты тууралуу көп талкуулоо керек.	어떤 사람들과 함께 일하기 전에 먼저 일의 목적에 대하여 많이 토론해야 합니다.
Асан:	Эми сиз кантесиз?	이제 당신은 어떻게 할 것입니까?
Улан:	Бир маалга чейин жалгыз иштейм.	어느 시점까지 혼자 일할 것입니다.
	Иштеп жүргөндө, табылат го.	일하다 보면, 찾아 지겠지요.

(2) 문장분석: (명사·수사) + болгондуктан

Сын атооч		Жардамчы этиш (보조동사)	Тескери формасы (부정형 조사)	Себепти бидирүүчү мүчө (이유나 목적을 나타내는 어미)
명사·수사 +	(бар) (жок) (эмес)	бол	-	_гондуктан
	-		_бо	

(명사·수사) + болгондуктан	~ 이기 때문에, ~ 이 (있기) 때문에
(명사·수사) + (бар) болгондуктан	~ 이 있기 때문에
(명사·수사) + (жок) болгондуктан / болбогондуктан	~ 이 없기 때문에
(명사·수사) + (эмес) болгондуктан	~ 이 아니기 때문에

(3) 예문

- Бишкек шаарынын коногогу болгондуктан сиздерге кызмат кылабыз.
- (우리는) 비쉬켁 시의 손님이시기 때문에 당신들을 섬기겠습니다.

- Менин кызым болгондуктан, аны абдан жакшы көрөм.
- Апам болсо сегиз бир туугандын улуусу болгондуктан, бир туугандарына көп жардам берди.
- Эркектер болгондуктан, кыздарды коргоп жүрүшүбүз керек?
- Биз үчүн бул нерсенин баары жаңы көрүнүш болгондуктан, таң калдык.
- Кубандын текстти орусча болгондуктан, мен түшүнө албай койдум.
- Мен музыка мугалими болгондуктан, аны үйгө алып келдим.
- Бир гана УЗИ аппараты болгондуктан, аны бир жерден экинчи жерге көтөрүп жүрчүмүн.
- Экөөбүздүн максатыбыз бир болбогондуктан чогуу иштей албай калдык.
- Бул шаарда аныкындай колдоочум болбогондуктан өтө кыйналдым.
- Мен окуунга мүмкүнчүлүк болбогондуктан жогорку окуу жайга бара албадым.
- Республикада бир да таза адамдар болбогондуктан республиканын маанилүү иштери бүтпөй жатат.
- Ушундай моралдуу байлык болбогондуктан, ошондой жолго барып жатышпайбы.
- Күн чыкканда куйкаланып, тамыры болбогондуктан соолуп калды.
- Дипломум болбогондуктан, ошентип айланы соодадан таптым.
- Биздин жүрөгүбүздө сүйүү болбогондуктан мамилебиз начарлап кетти.

- 나의 딸이기 때문에 (그 아이를) 정말 좋아합니다.
- 어머니는 여덟 식구 중에서 장녀이기 때문에 형제들을 많이 도와 주었습니다.
- 남자들이기 때문에 여자들을 보호하며 지내야 합니다.
- 우리에게 이 모든 것은 새로운 현상이기 때문에 놀랐습니다.
- 쿠반의 텍스트는 러시아어이기 때문에 나는 이해하지 못했습니다.
- 나는 음악 선생님이기 때문에 그것을 집에 가지고 왔습니다.
- 초음파 기기가 한대 밖에 없기 때문에 그것을 한 곳에서 다른 곳으로 들고 다녔습니다.
- 우리 두 사람의 목적이 하나가 아니기 때문에 함께 일할 수 없었습니다.
- 이 도시에 그와 같이 (나의) 지지자들이 없기 때문에 무척 힘들었습니다.
- 나는 공부할 수 있는 기회가 없었기 때문에 대학에 가지 못했습니다.
- 공화국에 깨끗한 사람들이 한 사람도 없기 때문에 국가의 중요한 일들이 끝나지 않고 있습니다.
- 이런 도덕적인 (깨끗한) 재물이 없기 때문에 그와 같은 길로 가고 있지 않습니까.
- 해가 나오니까 타고, 뿌리가 없기 때문에 시들어 버렸습니다.
- 대학 졸업장이 없기 때문에 그렇게 (사는) 방법을 장사하는 것에서 찾았습니다.
- 우리의 마음에 사랑이 없기 때문에 우리의 관계가 소원해 졌습니다.

8. 문장형식: **Мүкүн болгондуктан** 〖~ 이 가능하기 때문에, ~ 을 할 수 있기 때문에〗

(1) 대화

☞ 나는

Улан: Ал убакта акча табууга көп мүмкүнчүлүк болгондуктан, сырттан көчүп келгендер арбын эле.

그 때에 돈을 벌 수 있는 많은 기회가 있었기 때문에 바깥에서 이주해 온 사람들이 많았습니다.

Асан: Азыр кандай?

지금은 어떻습니까?

Улан: Азыр болсо Кыргызстандын социалдык-

지금은 키르기즈스탄의 사회적-경제적 상황이

	экономикалык абалы абдан оор. Ошондуктан көптөр кайра сыртка чыгып жатышат.	매우 어렵습니다. 그래서 많은 사람들이 다시 바깥으로 나가고 있습니다.
Асан:	Азыркы учурда кыргыздар кайсы өлкөлөргө көп барышат?	지금 현재 키르기즈 사람들은 어느 나라로 많이 갑니까?
Улан:	Азыр Орусияга, Кореяга, Японияга көп барышат.	지금 러시아, 한국, 일본으로 많이 갑니다.
Асан:	Алар иштеп кайра келишеби?	그들은 일하고 다시 돌아 옵니까?
Улан:	Кайра келгендер бар, бирок көпчүлүк ал жакта калып калышат. Кыргызстандын социалдык-экономикалык абалы жакшы болсо, андай болмок эмес.	다시 오는 사람들이 있습니다. 그러나 많은 사람들이 그곳에 남습니다. 키르기즈의 사회적-경제적 상황이 좋으면, 이렇게 되지 않았을 것입니다.

(2) 문장분석: (명사·수사) + болгондуктан

Модалдык сөз (화자의 의도 알리는 말)	Жардамчы этиш (보조동사)	Тескери формасы (부정형 조사)	Себепти билдирүүчү мүчө (이유나 목적을 나타내는 어미)
мүмкүн мүмкүнчүлүк макул керек ээ	-	-	_гондуктан
мүмкүн мүмкүнчүлүк макул	-	_бо	
мүмкүн макул	эмес		

▪ мүмкүн + болгондуктан	가능하기 때문에, ~을 할 수 있기 때문에
▪ мүмкүн + болбогондуктан мүкүн эмес + болгондуктан	가능하지 않기 때문에, 불가능하기 때문에
▪ мүмкүнчүлүк + болгондуктан	기회가 있기 때문에, 가능성이 있기 때문에
▪ мүмкүнчүлүк + болбогондуктан	기회가 없기 때문에, 가능성이 없기 때문에
▪ макул + болгондуктан	찬성하기 때문에, 동의하기 때문에
▪ макул + болбогондуктан макул эмес + болгондуктан	찬성하지 않기 때문에, 동의하지 않기 때문에
▪ керек + болгондуктан	필요하기 때문에
▪ ээ + болгондуктан	얻었기 때문에, 이루었기 때문에

(3) 예문

- Айрым жерлерде өрт чыгышы мүмкүн болгондуктан, «Кыргыз газ» ишканасы менен макулдашылып, Оштогу бардык газ түйүндөрү өчүрүлдү.
- 몇몇 장소들에서 화재가 발생할 수 있기 때문에 '키르기즈 가스' 회사와 협의 하에 오쉬에 있는 모든 가스 집합소의 가스를 잠갔습니다.

- Акчаны алмаштырууга мүмкүн болгондуктан, келген коноктордун акчасын сомго алмаштырып бердим.
- (나는) 환전하는 것이 가능하기 때문에 오신 손님들의 돈을 솜으로 바꾸어 주었습니다.

- Анткени ал жерде кайрадан кар көчкүсү жүрүүсү мүмкүн болгондуктан, учурда бара жаткандардын өмүрүнө коркунуч бар.
- 왜냐하면 그 곳에 다시 눈사태가 있을 수 있기 때문에 (그) 시간에 가는 사람들의 생명에 위험성이 있습니다.

- Уурулар калың токойдун ичинде жашырынышы мүмкүн болгондуктан, токойчуларга эскертүү бериши керек.
- 도둑들이 깊은 숲 안에 숨을 수 있기 때문에 숲을 지키는 사람들에게 주의를 주어야만 합니다.

- Кыргызстанда бардык нерсе сатылып кетүүсү мүмкүн болгондуктан, мамлекеттик коопсуздук жагы начар болуп турат
- 키르기즈스탄에서 모든 것이 팔려 나갈 수 있기 때문에 국가적인 안보가 약해지고 있습니다.

- Мектеп аркылуу балдарды жамандыктан сактап коюуга мүмкүн болбогондуктан, биз кандайдыр бир чара көрүшүбүз керек.
- 학교를 통해서 아이들을 악에서 보호하는 것이 불가능하기 때문에 우리는 어떤 조치를 취해야만 합니다.

- Кыргызстандын шартында мындай операция жасоого мүмкүн болбогондуктан, Москвадан жасатып келгенибизди баары эле билишсе керек.
- 키르기즈스탄의 상황에서 이런 수술이 가능하지 않기 때문에 모스크바에서 우리가 수술을 하고 온 것을 모두가 알고 있을 것입니다.

- Көз жумгандарды убагында каттоого мүмкүн болбогондуктан, так санын эч ким билбей жатат.
- 죽은 사람들을 제때 기록하는 것이 가능하지 않았기 때문에 정확한 숫자는 아무도 모릅니다.

- Кыймылдатууга мүмкүн болбогондуктан, ооруканага алып барбай үйдө караганга аргасыз болдук.
- 움직이는 것이 불가능하기 때문에 병원에 데려가지 못하고 (우리는) 어쩔 수 없이 집에서 돌보게 되었습니다.

- Өтө кымбат баалуу техникаларды кароосуз калтырууга мүмкүн болбогондуктан, кырктай солдат имаратын сыртынан кайтарууга мажбур болушкан.
- 너무 비싼 장비들을 그냥 놔둘 수 없기 때문에 40명 정도의 병사들이 어쩔 수 없이 지키게 되었습니다.

- Ал убакта акча табууга көп мүмкүнчүлүк болгондуктан, сырттан көчүп келгендер арбын эле.
- 그 때에 돈을 벌 수 있는 많은 기회가 있었기 때문에 바깥에서 이주해 온 사람들이 많았습니다.

- Мен Бишкектен окуганга мүмкүнчүлүк болгондуктан, айылдан качып кете алдым.
- 나는 비쉬켁에서 공부할 수 있는 기회가 있었기 때문에 시골에서 도망갈 수 있었습니다.

- Ал убакта билим алууга жакшы мүмкүнчүлүк болгондуктан, көп студенттер жогорку окуу жайда окушчу.
- 그 때에 교육을 받기에 좋은 기회가 있었기 때문에 많은 학생들이 대학에서 공부했었습니다.

- Алар менен байланышканга мүмкүнчүлүк болгондуктан, силер аркылуу кайрылгым келет.
- 그들과 연락할 수 있는 가능성이 있기 때문에 너희들을 통해서 연락하고 싶습니다.

- Кызымды мектепке берүү керек болгондуктан, Бишкекке келип атайын мүмкүнчүлүгү чектелген балдар билим алган мектепке бердим.
- Жаңы жыл жакын калып, айрым маселелерди эрте чечүү керек болгондуктан, депутаттардын жалпы чогулушу эртең өткөрүлмөй болду.
- Балага баары бир атанын тарбиясы керек болгондуктан, ага жакшы нерселерди үйрөтө ала турган жакын эркек туугандарыңызга берип коюуңуз.
- Жол киреме, тамакка акча керек болгондуктан туугандарыма кайрылсам да, эч ким мага көңүл бурбай койгон.
- Оюн үчүн акча керек болгондуктан, аны табуу үчүн өспүрүмдөр уурулукка барат.
- Кантты түшүрүүчү касиетке ээ болгондуктан, кулпунай кант диабети менен ооругандарга сунуш кылынат.
- Жаңы кабыл алынган Конституция коргоо механизм-дерине ээ болгондуктан, аны өзгөртүүгө мүмкүн эмес.
- Бул мыйзам бейөкмөт уюмдарды чектеген мүнөзгө ээ болгондуктан, мен ачык эле мындай мыйзамды кабыл албашы керек деп айткам.
- Ал лидерлик сапатка ээ болгондуктан кыйынчылык-ка туруштук берди.
- Бул дары чөп болсо ооруну басаңдатуучу касиетке ээ болгондуктан, жегенден кийин оору сезилбей калат.
- Аны бир канча макала менен толук жеткирүү албетте мүмкүн эмес болгондуктан, кыска-нуска корутундула-ганга аракет кылдым.

- (나의) 딸을 학교에 보내야 했기 때문에 비쉬켁에 와서 특별히 (공부할) 기회가 제한된 아이들이 교육을 받는 학교에 보냈습니다.
- 새해가 얼마 안 남았고, 몇몇 문제들은 일찍 결정해야 하기 때문에 국회의원들은 전체회의를 내일 개최하게 되었습니다.
- 남자 아이는 어쨌든 간에 아버지의 양육이 필요하기 때문에 그에게 좋은 것을 가르칠 수 있는 가까운 남자 친척에게 보내세요.
- 교통비, 식비에 돈이 필요했기 때문에 친척들에게 찾아 갔지만 아무도 나에게 관심을 가지지 않았습니다.
- 게임을 위해서 돈이 필요하기 때문에 그것을 얻기 위해서 도둑질을 하게 됩니다.
- 혈당을 떨어뜨리게 하는 성질을 가지고 있기 때문에 딸기를 당료병을 앓는 사람들에게 추천합니다.
- 새로 만들어진 헌법은 보호하는 구조를 가지고 있기 때문에 그것을 바꾸는 것은 가능하지 않습니다.
- 이 법은 비정부 기관을 제외 시키는 성격을 가지고 있기 때문에 나는 공개적으로 이런 법을 수용하지 말아야 한다고 말했었습니다.
- 그는 리더의 품성이 있기 때문에 어려움을 견디어 냈습니다.
- 이 약초는 통증을 없애는 성질을 가지고 있기 때문에 먹고 나면 통증을 느껴지지 않게 됩니다.
- 그를 몇몇 칼럼으로 충분히 전달하는 것이 물론 가능하지 않기 때문에, (나는) 짧고 본이 될 만한 결론을 내도록 노력했습니다.

9. 문장형식: 동사의 어근_**ыш**_인칭어미 + **керек болгондуктан** 〘~ 해야(만) 하기 때문에〙

   (1) 대화

☞ 나는 집에 가야 하기 때문에 다른 곳에 갈 수 없습니다.

   Улан: **Мен үйгө баршым керек болгондуктан башка**   나는 집에 가야(만) 하기 때문에 다른 곳에 갈

	жакка кете албайм.	수 없습니다.
Асан:	Үйдө мааниллүү иш барбы?	집에 중요한 일이 있습니까?
Улан:	Ооба, азыр айылдан ата-энем келиптир.	네, 지금 시골에서 부모님께서 오셨습니다.
Асан:	Алар эмне үчүн келишти?	그분들은 왜 왔습니다.
Улан:	Мен ата-энемди көрбөгөнүмө көп болду. Ошондуктан ата-энемди абдан сагындым, Алар да мени сагынып кетсе керек.	나는 부모님을 못 본 지 오래 되었습니다. 그래서 부모님이 매우 그립습니다. 그분들도 나를 보고 싶어 했을 것입니다.
Асан:	Сиздин атаңыз канчага чыкты?	당신의 아버지는 몇 살입니까?
Улан:	Атам быйыл 65ке чыкты.	(나의) 아버지는 65 (예순 다섯) 살입니다.
Асан:	Энеңизчи?	어머니는요?
Улан:	Эмнем болсо 60ка чыкты.	어머니는 60 (예순) 살입니다.

(2) 문장분석: (명사·수사) + **болгондуктан**

동사어간	Модалдык этиш (서법)			+ керек	Себепти бидирүүчү мүчө (이유나 목적을 나타내는 어미)		
	Тескери формасы (부정형 조사)	Жак мүчөлөр (인칭어미)			?	Жар. этиш (보조동사)	
		Жекелик сан (단수)	Көптүк сан (복수)				
	모음, 유성자음 뒤 (_ба) 무성자음 뒤 (_па)	_шы _м _ң _ңыз _сы	_быз _ңар _ңыздар _				
	모음, 유성자음 뒤 (_бе) 무성자음 뒤 (_пе)	_ши _м _ң _ңиз _	_биз _ңер _ңиздер _	+ керек	(эмес)	бол	_гондуктан
	모음, 유성자음 뒤 (_бо) 무성자음 뒤 (_по)	_шу _м _ң _ңуз _	_буз _ңар _ңуздар _				
	모음, 유성자음 뒤 (_бө) 무성자음 뒤 (_пө)	_шү _м _ң _ңүз _	_бүз _ңөр _ңүздөр _				

동사어간_**шы**_인칭어미 + **керек болгондуктан**	~ 해야(만) 하기 때문에
동사어간_**ба_шы**_인칭어미 + **керек болгондуктан**	~ 하지 않아야 하기 때문에
동사어간_**шы**_인칭어미 + **керек эмес болгондуктан**	~ 할 필요가 없기 때문에, ~ 할 필요가 없어서

- 시제는 전체 문장의 시제에 맞춘다. 예를 들면 "집에 가야 했기 때문에 갔습니다; 집에 가야 하기 때문에 갑니다" 와 같다.

(3) 구문비교

Мен бул жерге келбешим керек болгондуктан, келген жокмун.	나는 이 곳에 오지 말아야 했기 때문에 오지 않았습니다.
Сен бул жерге келбешиң керек болгондуктан, келген жоксуң.	너는 이 곳에 오지 말아야 했기 때문에 오지 않았어.
Сиз бул жерге келбешиңиз керек болгондуктан, келген жоксуз.	당신은 이 곳에 오지 말아야 했기 때문에 오지 않았습니다.
Ал бул жерге келбеши керек болгондуктан келген жок.	그는 이 곳에 오지 말아야 했기 때문에 오지 않았습니다.
Биз бул жерге келбешибиз керек болгондуктан келген жокпуз.	우리는 이 곳에 오지 말아야 했기 때문에 오지 않았습니다.
Силер бул жерге келбешиңер керек болгондуктан келген жоксуңар.	너희들은 이 곳에 오지 말아야 했기 때문에 오지 않았어.
Сиздер бул жерге келбешиңиздер керек болгондуктан келген жоксуздар.	당신들은 이 곳에 오지 말아야 했기 때문에 오지 않았습니다.
Алар бул жерге келбеши керек болгондуктан келишкен жок.	그들은 이 곳에 오지 말아야 했기 때문에 오지 않았습니다.

(4) 예문

- Мен тез үйгө барышым керек болгондуктан эс алган жокмун.
- Сен акырын мектепке барышың керек болгондуктан жөө жөнөдүң.
- Сиз дароо эле жумушка барышыңыз керек болгондуктан башка жакка кайрылган жоксуз.
- Ал окууга барышы керек болгондуктан кечке чейин уктаган жок.
- Биз мекениибизге кайра барышыбыз керек болгондуктан акча топтодук.
- Силер Таласка барышыңар керек болгондуктан Бишкектен чыктыңар.

- 나는 빨리 집에 가야 했기 때문에 쉬지 않았습니다.
- 너는 학교에 천천히 가야만 했기 때문에 걸어서 갔어.
- 당신은 곧 바로 회사에 가야만 했기 때문에 다른 곳에 들지 않았습니다.
- 그는 공부하러 가야 했기 때문에 늦게까지 자지 않았습니다.
- 우리는 (우리의) 조국에 돌아 가야만 하기 때문에 돈을 모았습니다.
- 너희들은 탈라스에 가야만 하기 때문에 비쉬켁을 떠난 거야.

- Сиздер Кореяга барышыңыздар керек болгондуктан, виза ачышыңыз керек.
- Алар милицияга барышы керек болгондуктан коркушту.
- Мен дары ичишим керек болгондуктан ичем.
- Сен окушуң керек болгондуктан окуп жатпайсыңбы?
- Сиз аны менен жолугушуңуз керек болгондуктан келбедиңиз беле?
- Ал китеп бериши керек болгондуктан, китепканага барды.
- Биз иштешибиз керек болгондуктан жумушка чыктык.
- Мен оңдошум керек болгондуктан алып келдим.
- Сен окушуң керек болгондуктан китептерди алып келбедиң беле?
- Мен акча беришим керек эмес болгондуктан берген жокмун.
- Сен эмгек акысын беришиң керек эмес болгондуктан берген жоксуң.
- Сиз ага жардам беришиңиз керек эмес болгондуктан берген жоксуз.
- Ал белекти бериши керек эмес болгондуктан берген жок.
- Биз дарегибизди беришибиз керек эмес болгондуктан берген жокпуз.
- Силер документтерди керек эмес болгондуктан берген жоксуңар.
- Сиздер убадаңыздарды беришиңиздер керек эмес болгондуктан берген жоксуздар.
- Алар буюмдарды бериши керек эмес болгондуктан берген жок.

- 당신들은 한국에 가야 하기 때문에 비자를 받아야만 합니다.
- 그들은 경찰서에 가야 했기 때문에 무서워했습니다.
- 나는 약을 먹어야 하기 때문에 먹습니다.
- 너는 공부해야만 하기 때문에 공부하고 있는 것이 아니야?
- 당신은 그와 만나야 하기 때문에 오지 않았습니까?
- 그는 책을 주어야만 하기 때문에 도서관에 갔습니다.
- 우리는 일을 해야 하기 때문에 회사에(일하러) 나갔습니다.
- 나는 고쳐야만 하기 때문에 가져 왔습니다.
- 너는 읽어야만 하기 때문에 책들을 가지고 오지 않았니?
- 나는 돈 줄 필요가 없었기 때문에 주지 않았습니다.
- 너는 임금을 줄 필요가 없었기 때문에 주지 않았어.
- 당신은 그에게 도움을 줄 필요가 없었기 때문에 주지 않았습니다.
- 그는 선물을 줄 필요가 없었기 때문에 주지 않았습니다.
- 우리는 주소를 줄 필요가 없었기 때문에 주지 않았습니다.
- 너희들은 문서들을 줄 필요가 없었기 때문에 주지 않았어.
- 당신들은 약속을 할 필요가 없었기 때문에 하지 않았습니다.
- 그들은 물건들을 줄 필요가 없었기 때문에 주지 않았습니다.

10. 문장형식: 동사어간_гы_인칭어미 + келгендиктен 〖~ 하고 싶기 때문에〗

(1) 대화

☞ 나는 보고 싶(었)기 때문에 왔습니다.

Улан:	Сен эмне үчүн келдиң?	너는 왜 왔니?
Асан:	**Мен көргүм келгендиктен келдим.**	나는 보고 싶(었)기 때문에 왔습니다.
Улан:	Сен эмнени көргүң келди?	너는 무엇이 보고 싶었니?
	Мен Кыргызстандын тоолорун көргүм келди.	나는 키르기즈스탄의 산들이 보고 싶었습니다.
Асан:	Көп жыл сагынып жүрдүм.	여러 해 동안 그리워했습니다.
	Бирок шартым болбой келе албай жүрдүм.	그러나 여건이 허락하지 않아서 오지 못하고 있었습니다.

	Быйыл келгенге мүмкүнчүлүк болду.	금년에 올 수 있는 여건이 허락 되었습니다.
	Бүгүн менин жериме келип тоолорду көрүп жатканым үчүн абдан кубандым.	오늘 나의 땅(조국)에 와서 산들을 보고 있어서 매우 기쁩니다.
Улан:	Чын эле жакшы келдиңиз.	정말로 잘 왔습니다.

☞ 진심을 말하면, 공부하고 싶지 안았기 때문에 수업에 오지 않았습니다.

Улан:	Эмне үчүн сабакка келген жоксуң?	왜 수업에 오지 않았니?
Асан:	**Мен чындыгын айтсам, окугум келбегендиктен сабакка келген жокмун.**	(내가) 진심을 말하면, 공부하고 싶지 안(았)기 때문에 수업에 오지 않았습니다.
Улан:	Асан! Эмне үчүн окугуң келбейт?	아산! 왜 공부하고 싶지 않니?
Асан:	Досторум мени жаман көрөт.	(나의) 친구들이 나를 싫어 해요.
Улан:	Сенин жүрөгүң кандай экенин түшүнөм. Анткени мен да сеникиндей кыйынчылыкты көргөм.	너의 마음이 어떤지 이해해. 왜냐하면 나도 너와 같은 어려움을 겪었어.

(2) 문장분석: (명사·수사) + **болгондуктан**

	Модалдык этиш (서법)				Себепти бидирүүчү мүчө (이유나 목적을 나타내는 어미)
этиштин уңгусу	모음, 유성자음 뒤	무성자음 뒤	Жак мүчөлөр (인칭어미)		
			Жекелик сан (단수)	Көптүк сан (복수)	
동사 어간	_гы _гу _ги _гү	_кы _ку _ки _кү	_м _ың _ыңыз _сы	_быз _ыңар _ыңыздар _сы, лар	+ **келгендиктен** + **келбегендиктен**

동사의 어간_гы_인칭어미 + **келгендиктен**	~ 을 하고 싶기 때문에
동사의 어간_гы_인칭어미 + **келбегендиктен**	~ 을 하고 싶지 않기 때문에

(3) 예문

- Мен жолуккум келгендиктен жолуктум.
- Мен жолуккум келбегендиктен келген жокмун.
- Сен жолуккуң келгендиктен жолуктуң беле?
- Сен жолуккуң келбегендиктен үйгө кеттиң беле?
- Сиз жолуккуңуз келгендиктен жолуктуңузбу?

- 나는 만나고 싶었기 때문에 만났습니다.
- 나는 만나고 싶지 안았기 때문에 오지 안았습니다.
- 너는 만나고 싶었기 때문에 만났니?
- 너는 만나고 싶지 않았기 때문에 집에 갔었니?
- 당신은 만나고 싶었기 때문에 만났습니까?

- Сиз жолуккуңуз келбегендиктен үйдө калдыңызбы?
- Ал жолуккусу келгендиктен жолукту.
- Ал жолуккусу келбегендиктен айылга кетип калды.
- Биз жолуккубуз келгендиктен жолуктук.
- Биз жолуккубуз келбегендиктен айткан жокпуз.
- Силер жолуккуңар келгендиктен жолуктуңарбы?
- Силер жолуккуңар келбегендиктен барбадыңарбы?
- Сиздер жолуккуңуздар келгендиктен жолуктуңуздар.
- Сиздер жолуккуңуздар келбегендиктен кеттиңиздерби?
- Алар жолуккулары келгендиктен жолугушту.
- Алар жолуккулары келбегендиктен үйдөн эч жакка чыгышкан жок.
- Мен эс алгым келгендиктен тоого келдим.
- Сен аны менен жолуккуң келгендиктен бардың.
- Сиз музыканы уккуңуз келбегендиктен концертке барбадыңыз.
- Ал ойногусу келбегендиктен стадиондон кетип калды.
- Мен Таласка баргым келгендиктен таксиге отурдум.
- Сен уктагың келгендиктен үйгө эрте келдиң.
- Сиз акча алгыңыз келгендиктен иштегенсиз.
- Ал тамак жегиси келбегендиктен жеген жок.
- Мен окугум келгендиктен университетке кирдим.

- 당신은 만나고 싶지 않았기 집에 남았습니까?
- 그는 만나고 싶었기 때문에 만났습니다.
- 그는 만나고 싶지 않았기 때문에 마을로 떠났습니다.
- 우리는 만나고 싶었기 때문에 만났습니다.
- 우리는 만나고 싶지 않았기 때문에 말하지 않았습니다.
- 너희들은 만나고 싶었기 때문에 만났니?
- 너희들은 만나고 싶지 않았기 때문에 안 갔었어?
- 당신들은 만나고 싶었기 때문에 만났습니다.
- 당신들은 만나고 싶지 않았기 때문에 떠났습니까
- 그들은 만나고 싶었기 때문에 만났습니다.
- 그들은 만나고 싶지 않았기 때문에 집에서 아무 데도 나가지 않았습니다.
- 나는 쉬고 싶었기 때문에 산에 왔습니다.
- 너는 그(녀)와 만나고 싶었기 때문에 갔어.
- 당신은 음악을 듣고 싶지 않았기 때문에 음악회에 안 갔습니다.
- 그는 놀고 싶지 않았기 때문에 운동장에서 떠났습니다.
- 나는 탈라스에 가고 싶었기 때문에 택시를 탔습니다.
- 너는 자고 싶었기 때문에 일찍 집에 왔어.
- 당신은 돈을 벌고 싶었기 때문에 일했습니다.
- 그는 음식을 먹고 싶지 안았기 때문에 먹지 않았습니다.
- 나는 공부하고 싶었기 때문에 대학에 들어갔습니다.

11. 문장형식: 동사어간_a + алгандыктан 〖~ 할 수 있기 때문에〗

(1) 대화

☞ 나는 고칠 수 있었기 때문에 고쳤습니다.

Улан:	Сиз кантип оңдодуңуз?	당신은 어떻게 고쳤습니까?
Асан:	**Мен оңдой алгандыктан оңдодум.**	나는 고칠 수 있(었)기 때문에 고쳤습니다.
Улан:	Сиз машина тууралуу окугансызбы?	당신은 자동차에 관하여 공부했습니까?
Асан:	Ооба, мен машина оңдоо боюнча	네, 나는 자동차 정비에 관하여 공부했습니다.

	окуганмын, жана Бишкекте 2 жыл иштедим.	그리고 비쉬켁에서 2년 일했습니다.
Улан:	Оо, сиз машина боюнча адис турбайсызбы?	오, 당신은 자동차 전문가가 아닙니까?
Асан:	Менин машинамды да карап бере аласызбы?	나의 자동차도 봐 주실 수 있습니까?
Улан:	Албетте, качан карап берейин?	그럼요! 언제 봐 줄 까요?
Асан:	Эртең ушул убакта болсо жакшы болот эле.	내일 이 시간이면 좋을 것 같습니다.

(2) 문장분석: (명사·수사) + **болгондуктан**

Этиш уңгусу	Чакчыл (착출)	Жардамчы этиш (보조동사)	Тескери формасы (부정형 조사)	Себепти билдирүүчү мүчө (이유나 목적을 나타내는 어미)
동사의 어간	_а _е _й _о _ө	+ ал	- _ба	_гандыктан

동사의 어근_а + **ал_гандыктан**	~ 할 수 있기 때문에, ~ 할 수 있었기 때문에
동사의 어간_а + **ал_ба_гандыктан**	~ 할 수 없기 때문에, ~ 할 수 없었기 때문에

(3) 예문

- Мен аюу куурчакты жасай алгандыктан жасап бердим.
- Сен почтага жалгыз бара албагандыктан барбадың.
- Сиз койдун этин жей алгандыктан жедиңиз.
- Ал кымызды иче алгандыктан ичип койду.
- Силер мага ишене алгандыктан, менден тарбия алып жатасыңар.
- Сиздер сүйүү бере алгандыктан чыдап жатасыздар.
- Алар жакшы ырдай алышкандыктан сахнага чыгышты.
- Мен орусча сүйлөй алгандыктан аларга жардам

- 나는 곰 인형을 만들 수 있기 때문에 만들어 주었습니다.
- 너는 우체국에 혼자 갈 수 없기 때문에 가지 않았어.
- 당신은 양고기를 먹을 수 있기 때문에 먹었습니다.
- 그는 크므즈를 마실 수 있기 때문에 마셨습니다.
- 너희들은 나를 믿을 있기 때문에 나로부터 양육을 받고 있는 거야.
- 당신들은 사랑을 줄 수 있기 때문에 참고 있는 것입니다.
- 그들은 노래를 잘 부를 수 있기 때문에 무대에 올라 갔습니다.
- 나는 러시아 말을 할 수 있기 때문에 그들에게

бердим.
- Сен акча төлөй алгандыктан макул болдуң.
- Сиз англисче китеп окуй алгандыктан бердим.
- Ал машина айдай алгандыктан айдап кетти.
- Биздин өз күчүбүз менен балдарыбызга кам көрө алгандыктан бактылуубуз.
- Мен жакшы ырдай алгандыктан ырдап бердим.
- Сен жакшы бийлей алгандыктан аларды үйрөттүң.
- Сиз жакшы иштей алгандыктан сизди жумушка алышты.

도움을 주었습니다.
- 너는 돈을 낼(지불 할) 수 있기 때문에 찬성했어.
- 당신은 영어 책을 읽을 수 있기 때문에 (나는) 주었습니다.
- 그는 자동차를 운전할 수 있기 때문에 운전해 갔습니다.
- (우리는) 우리의 힘으로 아이들을 돌볼 수 있어서 행복합니다.
- 나는 노래를 잘 할 수 있기 때문에 노래를 불러 주었습니다.
- 너는 춤을 잘 출 수 있기 때문에 그들을 가르쳤어.
- 당신은 일을 잘하기 때문에 (그들은) 당신을 고용했습니다.

■ 연습문제

1. 해석을 참고하여 ( ) 안에 있는 동사를 인칭과 시제 그리고 내용에 맞게 고쳐 넣으시오.

1. Ал эми өз апам адамдардын кемчилигин бетине (**айт**＿＿＿＿) андан көпчүлүк чочулап турчу.
2. Көп (**уруш**＿＿＿＿) көңүлүм калды.
3. Карындашым көп (**ырда**＿＿＿＿) күчтүү артист болуп калды.
4. Ал (＿＿＿ ＿＿＿＿) чуркап кетти?
5. Ал атасы (**чакыр**＿＿＿＿) чуркап кетти.
6. Документтеги сөздөрдү туура эмес (**жаз**＿＿＿) үчүн ишкананын жетекчиси ачууланып кетти.
7. Бараткан жолуң менин алдымда туура (**бол**＿＿＿＿, мен сага тоскоолдук кылыш үчүн чыктым.
8. Мерген байкебизди чакырганыбызда ал дароо эле экинчи күнү тою бар (**бол**＿＿＿) келе албасын айткан.
9. Базарда пайда бар (**бол**＿＿＿) жүрөбүз да.
10. Аталган оору тууралуу жетишээрлик деңгээлде маалыматтарым бар (**бол**＿＿＿, туура эле карамакмын.
11. Тааныш врач бар (**бол**＿＿＿), ооруканадан жакшы дарыланып чыктым.

그러나 나의 어머니는 사람들의 허물을 (사람들의) 정면에 말했기 때문에 많은 사람들이 놀라해 했습니다.

많이 싸웠기 때문에 마음이 사라졌습니다.

여동생은 많이 노래를 불렀기 때문에 대단한 예술가가 되었습니다.

그는 왜 뛰어 갔습니까?

그는 (그의) 아버지가 불렀기 때문에 뛰어 갔습니다.

서류에 있는 말들을 틀리게 적었기 때문에 회사의 책임자는 화를 냈습니다.

(네가) 가고 있는 길이 내 앞에서 옳지 않기 때문에 나는 너를 방해하기 위해서 나왔습니다.

우리가 메르겐 형님을 초청할 때, 그는 바로 화요일에 잔치가 있기 때문에 올 수 없다는 것을 말했습니다.

시장에 이익이 있기 때문에 있는 것입니다.

(이미) 말한 질병에 대하여 충분한 수준의 정보가 있기 때문에, 올바르게 치료했을 것입니다.

알고 지내는 의사가 있었기 때문에 병원에서 잘 치료받고 나왔습니다.

12. Анын өзүндө эле ушунчалык каалоо бар (**бол**_____), ал силерге өз ыктыяры менен кетти. ▸ 그 자신에게 정말 큰 소원함이 있었기 때문에 그는 너희들에게 자원함으로 왔어.

13. Динара эжем бар (**бол**_____) жакшы ийгиликтерге жетишип келе жатам. ▸ 디나라 누님이 있기 때문에 성공에 이르고 있습니다.

14. Менин америкалык досторум бар (**бол**_____) англис тилин оңой эле үйрөндүм. ▸ 나이게 미국 친구가 있었기 때문에 영어를 쉽게 배웠습니다.

2. 다음 문장을 해석 하시오.

1. Жакшы бийлегендиктен, эки жылдан кийин топтун лидери болуп калат.
2. Өзүм башында чет тил факультетине тапшыргандыктан, англисче эркин эле сүйлөйм.
3. Сиз эмне үчүн иштейсиз?
4. Бул иш мага абдан жаккандыктан иштейм.
5. Сиз эки аялыңызды көңүлүңүзгө жаккан үчүн алгансызбы?
6. Бул жалган дүйнөдө Кудайга жакпаган иштерди жасаган үчүн, өлгөндөн кийин тозокко кетесиңер.
7. Бирок көп жыл балалуу болбогондуктан аялы менен ажырашып кетиптир.
8. Биздин темабыз буга байланыштуу болбогондуктан, темабыздан четтебей сүйлөшөлү.
9. Элмира даяр эмес болгондуктан, "4" деген баага жооп берди.
10. Тилекке каршы, азыр бардык кинотеатрлар бош эмес болгондуктан, фильмди көрсөтө албай калдым.
11. Кээ бир адамдар эч кандай документке ээ болбогондуктан паспорт бөлүмдөрүнө жарандык алуу же өз жарандыгын аныктоо үчүн кайрылууда.
12. Азыр ал Кыргызстанда болбогондуктан, көптөн бери сүйлөшө элекпиз.
13. Программа анчалык оор эмес болгондуктан, бат орношот дениз.

1. _____
2. _____
3. _____
4. _____
5. _____
6. _____
7. _____
8. _____
9. _____
10. _____
11. _____
12. _____
13. _____

18장 ~ 후에, ~ 다음에, ~ 한 후에, ~ 한 다음에

1. 문장형식: 명사_дан кийин 〚~ 다음에, ~ 후에〛

   (1) 대화

   ☞ 너는 오늘 수업 끝난 후에 어디에 가니?

Улан:	**Сен бүгүн сабактан кийин кайда барасың?**	너는 오늘 수업 끝난 후에 어디에 가니?
Асан:	Мен китепканага барам.	나는 도서관에 갑니다.
Улан:	Китепканада саат качанга чейин болосуң?	도서관에 몇 시까지 있을 거니?
Асан:	Мен бешке чейин болом.	나는 5시까지 있을 것입니다.
Улан:	Китепканадан чыккандан кийин кайсы жерге барасың?	도서관에서 나온 후에는 어디에 가니?
Асан:	Мен саат алтыга чейин үйгө барышым керек.	나는 6시까지 집에 가야 합니다.
Улан:	Кечки саат жетиден кийин эмне кыласың?	저녁 7시 이후에는 무엇을 할거니?
Асан:	Мен телевизор көрүп эс алам.	나는 텔레비전을 보면서 쉴 것입니다.

   (2) 문장분석: 명사_дан кийин

Зат атооч	Чыгыш жөдөмөсу (출격조사)	Жандооч (보조사)
명사	모음, 유성자음 뒤 _дан _ден _дон _дөн 무성자음 뒤 _тан _тен _тон _төн	+ кийин

명사_дан кийин	~ 후에, ~ 다음에

   (3) 예문

   - Мелдештен кийин уюштуруучулар катышкандарга жапан ашканасынан ысык тамак даярдашкан .
   - Каникулдан кийин гана билчүбүз.
   - 경기 후에 (경기를) 조직한 사람들은 일본 식당에서 뜨거운 차를 준비했었습니다.
   - (우리는) 방학 (끝난) 후에나 알았었습니다.

- Кышкы каникулдан кийин 12-январда сабакка келген башталгыч класстын окуучуларына ысык чай, нан берилет.
- Чогулуштан кийин лабораторияга чогулдук.
- Биз да мурун атайын сабактан кийин чыгып алып баскетбол ойночубуз
- Мектеп кезимде да сабактан кийин балдарга кошулуп ойногондун ордуна бийге барчумун.
- Экөөбүз жумуштан кийин анын трактору менен жолго чыгабыз.
- Орус тилинде сүйлөгөн ишкерлерге жумуштан кийин сөзсүз бир сааттык курс кылып коюшса деле жыйынтыктары абдан жакшы болмок.
- Мен августан кийин Кореяга кетем.
- Мен футболдон кйин досторум менен мончого бардым.

- 겨울 방학 (끝난) 후에 1월 12일에 공부하러 온 입문 반의 학생들에게 뜨거운 차와 빵을 줍니다.
- (우리는) 모임 (회의) 후에 실험실에 모였습니다.
- 우리도 전에 특별히 수업 후에 나가서 농구를 했었습니다.
- (나는) 학교에서 공부할 때도 수업 후에 아이들과 섞여서 노는 대신에 춤을 배우러 갔습니다.
- 우리 둘은 퇴근하고 나서 (그의) 트랙터를 타고 길에 나갑니다.
- 러시아어로 말하는 직원들에게 퇴근하고 나서 반드시 1시간짜리 (키르기즈어) 과정에 참여케 해도 결과는 정말 좋을 것입니다.
- 나는 8월 이후에 한국에 갑니다.
- 나는 축구를 한 다음에 (나의) 친구들과 함께 목욕탕에 갔습니다.

2. 문장형식: 동사_ган_дан кийин 〖~ 다음에, ~ 후에〗

(1) 대화

☞ 당신은 일이 끝난 후에 어디에 갑니까?

Улан:	**Сиз жумуш бүткөндөн кийин каякка барасыз?**	당신은 일이 끝난 후에 어디에 갑니까?
Асан:	Мен үйгө барам.	나는 집에 갑니다.
Улан:	Сиз кечки тамак жегенден кийин эмне кыласыз?	당신은 저녁 식사를 하고 나서 무엇을 합니까?
Асан:	Мен телевизор көрөм. Андан кийин үй тапшырмасын аткарам.	나는 텔레비전을 봅니다. 그리고 나서 숙제를 합니다.
Улан:	Сиз саат канчаларда уктайсыз?	당신은 몇 시 정도에 주부십니까?
Асан:	Мен көбүнчө түнкү он бирлерде уктайм.	나는 보통 밤 11시 정도에 잡니다.
Улан:	Эртең менен саат канчаларда турасыз?	아침 몇 시 정도에 일어나십니까?
Асан:	Мен алтыларда турам.	나는 6시 정도에 일어납니다.
Улан:	Сиз жумушка саат канчага чейин барышыңыз керек?	당신은 직장에 몇 시까지 가야만 합니까?
Асан:	Мен жумушка саат сегиз жарымга чейин барышым керек.	나는 직장에 8시 반까지 가야만 합니다.
Улан:	Сиз жумушта саат канчадан баштап канчага чейин иштейсиз?	당신은 직장에서 몇 시부터 시작해서 몇 시까지 일합니까?
Асан:	Мен эртең менен сегиз жарымдан баштап кечки алтыга чейин иштейм.	나는 아침 8시 반부터 저녁 6시까지 일합니다.

(2) 문장분석: 동사_ган_дан кийин

Этиштин уңгусу	Тескери формасы (부정형 조사)	Атоочтук (동사의 형용사격)	Чыгыш жөндөмө (출격조사)	Жандооч (보조사)
동사어간	모음, 유성자음 뒤 (_ба) (_бе) (_бо) (_бө)	_ган _ген _гон _гөн	_дан _ден _дон _дөн	+ кийин
	무성자음 뒤 (_па) (_пе) (_по) (_пө)	_кан _кен _кон _көн	_тан _тен _тон _төн	

동사의 어간_гандан + кийин	~ 한 후에, ~ 하고 나서, ~ 한 다음에
동사의 어간_багандан + кийин	~ 하지 않은 후에, ~ 하지 않고 나서, ~ 하지 않은 다음에

- «жандооч» 명사, 대명사, 수사, 형용사의 뒤에 붙는 6개의 조사 (атооч, илик, барыш, табыш, жатыш, чыгыш жөндөмө) 중 하나와 결합하여 문장 안에서 각각의 단어(말)들이 서로 관련성을 가질 수 있도록 연결하는 역할을 하는 «кызматчы сөз» 의 한 종류이다.
- «атоочтуктарды жасоочу мүчө»: «атоочтук» 을 만드는 어미
  _ган 어미는 «жалпы өткөнчак» 을 만들기도 하지만, 여기에서는 «атоочтук» 을 만드는 어미로 사용되었다. «атоочтук» 은 어떤 행동 또는 물질의 특성이나 겉모습을 표현해 주고, 동사.명사.형용사적인 특성을 동시에 가지고 있는 품사(동사) 특별한 형태이다. 문장 상에서 목적어의 역할을 하며 [_ган, _ар, _бас, _оочу, _өөчү, _уучу, _үүчү, (_а._е._й + жаткан / турган / жүргөн), (_а._е._й + элек), (_ып + жүргөн), _гыдай] 등과 같은 어미로 만든다.

(3) 예문

- Сен окууну бүткөндөн кийин кайсы кесипке ээ болгуң келет?
- Ал сиз кеткенден кийин келди.
- Балам үйдөн качып кеткенден кийин, биринчи жолу мени издеп келди.
- Бул газетаны мен окуп бүткөндөн кийин окуйсуң.
- Сен айлык алгандан кийин Бишкекке барышың керек.
- Сиз бул китепти окугандан кийин бул китеп тууралуу айтып бере аласыз.
- Биз аны менен сүйлөшкөндөн кийин баарыбыз макул болдук.
- Силер үйүңөргө жеткенден кийин жамгыр токтоп калды.
- Мен жумуштан чыккандан кийин кечке маал кино көргүм келет.

- 너는 학업을 마치고 나서 어떤 직업을 가지고 싶니?
- 그는 당신이 떠난 후에 왔습니다.
- (나의) 아들은 집에서 나간 이후 처음으로 나를 찾아 왔습니다.
- (너는) 이 신문을 내가 읽고 난 후에 읽어.
- 너는 월급을 받고 나서 비쉬켁에 가야 합니다.
- 당신은 이 책을 읽은 후에 이 책에 대하여 말해 줄 수 있습니다.
- 우리는 그와 이야기를 나눈 후에 모두 찬성했습니다.
- 너희들이 집에 도착한 다음에 비가 멈추었습니다.
- 나는 퇴근한 후에 저녁 시간에 영화를 보고 싶습니다.

- Сен иштеп акча алгандан кийин, базардан эмнени алгың келет?
- Сиз үй тапшырманы бүткөндөн кийин, кайсы кинону көргүңүз келет.
- Мен эс алгандан кийин гана иштейм.
- Сиз ооруп калгандан кийин өтө арыктап калдыңыз.

- 너는 일해서 돈을 번 후에 시장에서 무엇을 사고 싶니?
- 당신은 숙제를 마치고 난 후에 어떤 영화를 보고 싶습니까?
- 나는 쉰 이후에나 일할 것입니다.
- 당신은 아프고 나서 살이 너무 많이 빠졌습니다.

3. 문장형식: 동사_дан бери 〚~ 한 이후로, ~ 한 이래로, ~ 한 후부터〛

(1) 대화

☞ 당신은 그와 알고 지낸 이후로 몇 년이 지났습니까?

Улан:	**Сиз аны менен таанышкандан бери канча жыл өттү?**	당신은 그와 알고 지낸 이후로 몇 년이 지났습니까?
Асан:	Балким, беш жыл өткөндүр.	아마도, 5년 지난 것 같은데.
	Сен бул жерге келгенден бери эмне кылып жатасың?	너는 이곳에 온 이후로 무엇을 하고 있니?
Улан:	Мен кыргыз тилин окуп жатам.	나는 키르기즈어를 공부하고 있습니다.
	Сиз эс алып келгенден бери жакшы иштеп жатасыз.	당신은 쉬고 온 이후로 일을 잘 하십니다.
Асан:	Туура! Мен отпускага барып келгенден кийин, ден-соолугум абдан жакшы болду.	맞아! 나는 휴가를 갔다 온 이후로 건강이 매우 좋아졌어.
Улан:	Мен да отпускага чыккым келет.	나도 휴가를 가고 싶습니다.

(3) 문장분석: 동사_ган_дан бери

Этиштин уңгусу	Атоочтук (동사의 형용사격)	Чыгыш жөндөмө (출격조사)	Жандооч (보조사)
동사어간	모음, 유성자음 뒤 _ган _ген _гон _гөн	_дан _ден _дон _дөн	+ бери
	무성자음 뒤 _кан _кен _кон _көн	_тан _тен _тон _төн	
명사	-		

동사의 어간_гандан + бери	~ 한 이후로, ~ 한 이래로, ~ 한 후부터
명사_дан + бери	~ 이후로, ~ 부터 죽 (계속), ~ 동안

(3) 예문

- Мен Кыргызстанга келгенден бери эч бир жакка барган жокмун.
- Сен каникул башталгандан бери бир да китеп окуган жоксуң.
- Сиз Ошко кеткенден бери, сиз жөнүндө бирөө да сураган жок.
- Ал жумушка киргенден бери, ишибиз жакшы болуп жатат.
- Биз бул тамакты жегенден бери толо баштадык.
- Сен оңдоп бергенден бери компьютерим бузулбай жакшы иштеп жатат.
- Чындыгында, ушул концертке кыштан бери даярданып келебиз.
- Кыштан бери Россия, Казакстанга чейин чакыруу менен барып келип жүрдүм.
- Бир күндө бүтүргөн сүрөтүмдү бир жылдан бери сата албай жүрөм.
  Сүрөтүңдү эгер бир жыл тартсаң бир күндө сатмаксың.

- 나는 키르기즈에 온 이후로 아무데도 가지 않았습니다.
- 너는 방학이 시작된 이후로 한 권의 책도 읽지 않았어.
- 당신이 오쉬에 간 이후로 당신에 대해서 한 사람도 묻지 않았습니다.
- 그가 회사에 입사한 이후로 (우리의) 일이 잘 되고 있습니다.
- 우리는 이 음식을 먹은 이후로 살찌기 시작했습니다.
- 네가 고쳐준 이후로 (나의) 컴퓨터는 고장 나지 않고 잘 작동하고 있다.
- 진실로, (우리는) 이 콘서트를 위해서 겨울부터 죽 연습해 오고 있습니다.
- 겨울 이후로 러시아, 카자흐스탄에 까지 초청을 받아서 갔다 왔습니다.
- 하루 만에 끝낸 (나의) 그림을 1 년 동안 팔지 못하고 있습니다.
  너는 (너의) 그림을 만약 1 년 동안 그리면 하루 만에 팔 것입니다.

4. 문장형식: 동사_дан баштап 〚~ 하면서부터 시작해서〛

(1) 대화

☞ 당신은 그가 온 이후부터 화를 내고 있습니다.

Улан:	**Сиз ал келгенден баштап ачууланып жатасыз.**	당신은 그가 온 이후부터 화를 내고 있습니다.
Асан:	Жок, мен ачууланган жокмун! Мен абдан чарчадым.	아니요, 나는 화가 난 것이 아닙니다. 나는 매우 피곤합니다.
	Ошондуктан ачуулангандай көрүнсөм керек?	그래서 화가 난 것처럼 보일 것입니다.
Улан:	Эмне себептен ушунча чарчап жүрөсүз?	무슨 이유 때문에 이렇게 피곤해 하십니까?
Асан:	Менин иштерим абдан оор!	나의 일들은 너무 힘듭니다.
	Эртең менен жетиден баштап түнкү онго чейин иштейм.	아침 7 시부터 밤 10 시까지 일합니다.
	Ушунча иштесем да жетише албай жатам.	그렇게 일해도 일을 다 끝내지 못하고 있습니다.
Улан:	Сиз башка жумушка өтпөйсүзбү?	당신은 다른 직장으로 옮기시지 않겠어요?
Асан:	Мага ылайык жумуш барбы?	나에게 적당한 직장이 있습니까?
Улан:	Таанаштарымдан сураштырып көрөм.	알고 지내는 사람들을 통해서 물어보겠습니다.
Асан:	Чоң рахмат!	대단히 감사합니다!
	Эмкиде качан, кайсы жерден жолугалы!	다음에 언제, 어디에서 만날까요!

☞ 당신은 언제부터 시작해서 키르기즈어를 배우고 있습니까?

Улан:	**Сиз качантан баштап кыргыз тилин окуп жатасыз?**		당신은 언제부터 시작해서 키르기즈어를 배우고 있습니까?
Асан:	Мен декабрдан баштап окуп жатам.		나는 12월부터 시작해서 공부하고 있습니다.
Улан:	Сиз качантан баштап бул үйдү куруп жатасыз?		당신은 언제부터 시작해서 이 집을 짓고 있습니까?
Асан:	Мен былтыр январдан баштап куруп жатам.		나는 작년 1월부터 시작해서 짓고 있습니다.
Улан:	Бул дүкөн саат сегизден баштап иштейби?		이 가게는 8시부터 일합니까?
Асан:	Жок, эртең менен саат 9дан кечки 6га чейин иштейт.		아니요, 아침 9시부터 저녁 6시까지 일합니다.
Улан:	Рахмат!		고마워요!

(2) 문장분석: 동사_ган_дан баштап

Этиштин уңгусу	Атоочтук (동사의 형용사격)	Чыгыш жөндөмө (출격조사)	Жандооч (보조사)
동사어간	모음, 유성자음 뒤 _ган _ген _гон _гөн 무성자음 뒤 _кан _кен _кон _көн	_дан _ден _дон _дөн _тан _тен _тон _төн	+ баштап
명사	-		

동사의 어간_гандан + баштап	~ 을 하고 나서부터 시작해서, ~ 하면서부터 시작해서
명사_дан + баштап	~ 에서부터 시작해서

(3) 예문

- Мен Бишкектен баштап Ошко чейин кыдырып келдим.
- Мен окугандан баштап башым оруп кетти.
- Менин балам бирден баштап жүзгө чейин санай алат.
- Мен тамагым оругандан баштап сүйлөй албай калдым.
- Сиз иштегенден баштап бардыгы бактылуу болуп калды.

- 나는 비쉬켁에서부터 시작해서 오쉬까지 돌아 보고 왔습니다.
- 나는 공부하면서부터 시작해서 머리가 아픕니다.
- 나의 아들은 일부터 시작해서 백까지 셀 수 있습니다.
- 나는 목이 아프기 시작하면서부터 말할 수 없게 되었습니다.
- 당신이 일하면서부터 시작해서 우리모두는 행복하게 되었습니다.

- Ал сүйлөгөндөн баштап эч ким сүйлөй албай калды.
- Биз жашагандан баштап бул жерде тынчтык орноду.
- Сен эс алгандан баштап ишибиз токтоп калды.
- Мен сени сүйгөндөн баштап кубанычка толуп жүрөм.
- Силер ачка калгандан баштап иштеп баштадыңар.
- Жаздан баштап кеч күзгө чейин убактым деле болбойт.
- Өзгөчө акыркы жайдан баштап аябай чарчап калдым.
- 1-январдан баштап 30-январга чейин.

- 그가 말하면서부터 시작해서 아무도 말할 수 없게 되었습니다.
- 우리가 살면서부터 시작해서 이곳에 평화가 왔습니다.
- 네가 쉬면서부터 시작해서 (우리) 일이 멈추게 되었습니다.
- 나는 너를 사랑하면서부터 시작해서 기쁨이 가득합니다.
- 너희들은 배가 고프기 시작하면서부터 일하기 시작했어.
- 여름부터 시작해서 늦은 가을까지 (나의) 시간도 없습니다.
- 특별히 최근 여름부터 시작해서 매우 피곤했습니다.
- 1월 1일부터 시작해서 1월 30일까지 (입니다.)

5. 문장형식: **Качан_тан баштап** 〚언제부터 시작해서〛

(1) 회화

☞ 당신은 언제부터 시작해서 이 건물을 짓고 있습니까?

Улан:	**Сиз качантан баштап бул имаратты куруп жатасыз?**	당신은 언제부터 시작해서 이 건물을 짓고 있습니까?
Асан:	Мен май айынан баштап куруп жатам.	나는 5월부터 시작해서 짓고 있습니다.
Улан:	Азыр куруп жаткан имарат кимдики?	지금 짓고 있는 건물은 누구의 것이니까?
Асан:	Бул байкемдин имараты.	이것은 (나의) 형의 건물입니다.
Улан:	Биз эки этаж үй куруп жатабыз.	우리는 이층 집을 짓고 있습니다.
Асан:	Азыр канча процент бүтүрдүңүз. Быйыл бүтүрө аласызбы?	지금 몇 퍼센트를 끝냈습니까? 올해 끝낼 수 있습니까?
Улан:	Азыр 60% курдук, албетте, ноябрга чейин бүтүрө алабыз.	지금 육십 퍼센트 지었고, 물론, 십일월까지 끝낼 수 있습니다.

(2) 문장분석: **Качан_тан баштап**

Сурама атооч (의문 대명사)	Чыгыш жөндөмө (출격조사)	Жандооч (보조사)
Качан	_тан	
Эмне	_ден	
Ким	_ден	+ баштап
Канча	_дан	
Кай	_дан	

Качан_тан + баштап	언제부터 시작해서	Ким_ден + баштап	누구부터 시작해서
Эмне_ден + баштап	무엇부터 시작해서	Кайдан + баштап	어디부터 시작해서
Канча_дан + баштап	얼마부터 시작해서	Кайсы жерден + баштап	어디에서부터 시작해서

- «сурама атооч» 사물의 이름, 수, 성질, 장소, 시간 등을 알기 위해서 묻는 말을 «сурама атооч» 의문 대명사라고 한다. «сурама атооч» 에는 «Ким? Эмне? Кандай? Качан? Кайсы? Кайда? Кайдан? Канча? Кана?» 등이 있다.

(4) 예문

- Качантан баштап корко баштадыңар?
- Бул жака качантан баштап кире баштадың?
- Ичкиликке качантан баштап бериле баштадың?
- Алар качантан баштап Германиянын программа-сынын негизинде окуп башташты?
- Ар бир үйдүн ээси электр энергиясы саат канчадан баштап канчага чейин өчөөрүн так билиши зарыл.
- Кайдан баштап кайдан бүтө турганын көрсөтүп бериңиз.
- Биз аны кайдан баштап издешибиз керек.
- Ар бир үй-бүлө эмнеден баштап үйрөнүшү керек?
- Муну эмнеден баштап, кантип жетишиш керек?
- Алар эмнеден баштап, кайда, кимге кайрылууну билишпейт.
- Эмнеден баштап, эмне менен бүтүрсөк болот?
- Мен бир жумандан бери сени издеп жүрөм.
- Үч күндөн бери азырга чейин жамгыр жаап жатат.
- Биринчи күндөн баштап алтынчы күнгө чейин иштейбиз.
- Мен сентябрдан баштап декабрга чейин окудум.
- Сен балалуу болгондон баштап дайыма күлүп жүрөсүң.
- Жогорку Кеңеш иштегенден баштап, ар кандай маселелер боюнча 33 комиссия түзүлдү.
- Сен качантан баштап бул үй-тапшырманы

- (너희들은) 언제부터 무서워지기 시작했니?
- 이 곳에 언제부터 시작해서 참여하기 시작했니?
- 알코올중독에 언제부터 빠져들기 시작했니?
- 그들은 언제부터 시작해서 독일의 프로그램을 기본으로 해서 공부하기 시작했습니까?
- 모든 집 주인은 전기가 몇 시부터, 몇 시까지 끊어질 것인지 정확히 알아야만 합니다.
- 어디부터 시작해서 어디에서 끝나는지를 보여 주십시오.
- 우리는 그를 어디에서부터 시작해서 찾아야 합니까?
- 모든 가정은 무엇부터 배워야만 합니까?
- 이 (일)을 무엇부터 시작해서, 어떻게 이루어야 합니까?
- 그들은 무엇부터 시작해서, 어디에, 누구에게 찾아가야 하는지 모릅니다.
- (우리는) 무엇부터 시작해서, 무엇으로 끝내야 합니까?
- 나는 일주일 전부터 너를 찾아 다니고 있어.
- 삼일 전부터 지금까지 비가 내리고 있습니다.
- (우리는) 월요일부터 시작해서 토요일까지 일합니다.
- 나는 구월부터 시작해서 십이월까지 공부했습니다.
- 너는 자녀가 생긴 이후부터 시작해서 항상 웃고 다니고 있어요.
- 국회가 열린 이후부터 시작해서 다양한 문제들에 따라 33 개의 위원회가 조직되었습니다.
- 너는 언제부터 시작해서 이 숙제를 하고 있니?

- аткарып жатасың?
- Саат канчадан баштап окуйсуздар?
- Сиз качантан баштап бул жерде жашадыңыз?
- Ош шаары кайсы жерден баштап кайсы жерге чейин созулат?
- Бул тапшырманы эмнеден баштап, кантип аткарасыздар?

- (당신들은) 언제(몇시)부터 시작해서 공부합니까?
- 당신은 언제부터 시작해서 이곳에 살았습니까?
- 오쉬는 어느 곳에서 어디까지 이어집니까?
- (당신들은) 이 숙제를 무엇부터 시작해서, 어떻게 수행할 것입니까?

6. 문장형식: **Мын_дан ары** 〖이제 이후로는, 이후로(는)〗

(1) 대화

☞ 이제부터는 당신과 이야기 하지 않겠습니다.

Улан:	**Мындан ары сиз менен сүйлөшпөйм.** Анткени сиз башкаларга мени жамандадыңыз. Эмне үчүн болбогон нерсени айткансыз.	이제부터는 당신과 이야기 하지 않겠습니다. 왜냐하면 당신은 다른 사람한테 나를 나쁘게 말했습니다. 왜 있지도 않은 일을 말했습니까?
Асан:	Жок, мен антип айткан жокмун. Мен жөн эле сиздин бөлмөңүздөгү китепти көрүп, Жибектикине окшош экен деп гана айттым.	아니요, 나는 그렇게 말한 적이 없습니다. 나는 그냥 당신의 방에 있는 책을 보고, 지벡의 것과 같다고만 말했습니다.
Асан:	Муну уккандар Жибектин китебин Улан уурдады деп айтып жүргөн окшойт. Кандай болбосун, кечирип коюуңуз. Мен мындай болот деп ойлонгон да жокмун.	이것을 들은 사람들이 지벡의 책을 울란이 훔쳤다고 말하고 다닌 것 같습니다. 어떻게 됐든, 죄송합니다. (*용서해 주세요.) 나는 이렇게 될 거라고는 생각도 못했습니다.

(2) 문장분석: **Мын_дан ары**

	Чыгыш жөндөмө (출격조사)	Жандооч (보조사)
Мындан	_дан	ары + кийин

Мын_дан + ары	이제 이후로는, 이후로(는), 이제부터는
Мын_дан + кийин	다음에, 이후에, 다음부터(는)

(3) 예문

- Мындан ары бийликти басып алууга жол бербейбиз.
- Мындан ары жаштарыбыз кыргызча жазат.
- Алар мындан ары кызматташуунун келечеги тууралуу талкуулашты.
- Сиздер мындан ары кубаныңыздар.

- 이제부터는 정권을 전복시키지 못하게 합시다.
- 이제부터 (우리의) 청년들은 키르기즈말로 쓸 것입니다.
- 그들은 이제 이후로의 협력의 미래에 대하여 토론하였습니다.
- 당신들은 이제부터 기뻐하세요.

- Алар мындан ары сабакты калтырбайт.
- Азырдан баштап, көңүлүбүздү көтөрөбүз.
- Мен мындан ары элдин кызыкчылыгы үчүн кызмат кылам.
- Алар мындан ары саясатчы жана бизнесмен боло албай калышты.
- Корея менен кызматташууну мындан ары да уланта бере тургандыгын билдирди.
- Ата-энелерибиздин муңдуу көз жашы мындан кийин эч качан төгүлбөсүн.
- Мындан кийин анын жашоосу өзгөрүлөт.
- Эми мындан кийин андайга жол бербешибиз керек.
- Мындан кийин өткөрө турган программасы эмне?
- Мындан ары бул жерде иштебейсиз.
- Ал мындан ары жаман иш кылбайм деди.
- Силер мындан ары кайгырбайсыңар.

- 그들은 이제부터 수업을 빠르지 않을 것입니다.
- 지금부터 시작해서, (우리의) 기분을 즐겁게 합시다.
- 나는 지금부터 국민의 이익을 위해서 섬기겠습니다.
- 그들은 이제 이후로 정치인과 사업가가 될수 없게 되었습니다.
- 한국과 협력을 이제 이후로도 계속 될 것을 발표했습니다.
- 우리의 부모님들이 비통한 눈물을 이제부터는 결단코 흘리게 해서는 안됩니다.
- 이후로는 그의 삶이 변할 것입니다.
- 지금 이후에는 그런 일을 허락해서는 안됩니다.
- 이후에 진행하는 프로그램은 무엇입니까?
- (당신은) 이제부터는 여기에서 일하지 마세요.
- 그는 이제부터 나쁜 일을 하지 않겠다고 했습니다.
- 너희들은 이제부터 슬퍼하지 말아라.

7 문장형식: **Качан_тан бери** 〘언제부터, 언제 이후로〙

(1) 대화

☞ 당신은 언제부터 (계속해서 지금까지) 키르기즈어를 배우고 있습니까?

Улан:	**Сиз качантан бери кыргыз тилин үйрөнүп жатасыз?**	당신은 언제부터 키르기즈어를 배우고 있습니까?
	Окуганыңызга көп болдубу?	공부한지 오래 되었습니까?
Асан:	Мен кыргыз тилин окуганыма төрт ай болду.	나는 키르기즈어를 공부한지 네 달 되었습니다.
	Тагыраак айтканда, марттан бери окуп жатам.	정확히 말하면, 삼월부터 공부하고 있습니다.
	Сен болсо кайсы тилди окуп жатасың?	너는 어떤 말을 배우고 있니?
Улан:	Мен орус тилин окуп жатам.	나는 러시아어를 공부하고 있습니다.
	Сиз кыргыз тили менен орус тилинин кайсынысы оңой деп ойлойсуз.	당신은 키르기즈어와 러시아어 중에서 어떤 말이 쉽다고 생각합니까?
Асан:	Менин оюмча кыргыз тили оңой деп ойлойм.	내 생각으로는 키르기즈어가 쉽다고 생각합니다.

☞ 당신은 언제부터 (계속해서 지금까지) 키르기즈어를 배우고 있습니까?

Улан:	**Сиз качантан бери кыргызчаны окуп жатасыз?**	당신은 언제부터 키르기즈어를 공부하고 있습니까?
Асан:	Мен жети айдан бери окуп жатам. Сенчи?	나는 7 개월 전부터 공부하고 있어. 너는?
Улан:	Мен болсо көптөн бери окуп жатам.	나는 오래 전부터 공부하고 하고 있어요.
Асан:	Болжол менен, 8 жыл окудуңбу?	대략 8 년 정도 공부했니?

| Улан: | Жок, 5 жылдан бери окуп жатам. | 아니요, 5년 전부터 공부하고 있습니다. |
| Асан: | Андай болсо Кыргызчаны жакшы сүйлөй аласың да! | 그러면 키르기즈어를 잘 말할 수 있겠네! |

(2) 문장분석: **Мын_дан ары**

Качан_тан + бери	(명사, 수사)_дан + бери
언제부터 (시작해서 지금까지 계속)	~ 부터 (시작해서 지금까지 계속)

Январдан бери	1월부터	Июлдан бери	7월부터	Бир айдан бери	한 달 전부터
Февралдан бери	2월부터	Августтан бери	8월부터	Эки айдан бери	두 달 전부터
Марттан бери	3월부터	Сентябрдан бери	9월부터	Үч айдан бери	세 달 전부터
Апрелден бери	4월부터	Октябрдан бери	10월부터	Эки күндөн бери	이틀 전부터
Майдан бери	5월부터	Ноябрдан бери	11월부터	Үч күндөн бери	사흘 전부터
Июндан бери	6월부터	Декабрдан бери	12월부터	Он күндөн бери	십일 전부터
Дүйшөмбүдөн бери	월요일부터	Шаршембиден бери	수요일부터	Жумадан бери	금요일부터
Шейшембиден бери	화요일부터	Бейшембиден бери	목요일부터	Ишембиден бери	토요일부터
Жекшембиден бери	일요일부터	* Көптөн бери	오래 전부터		

■ «качантан бери» 기본적인 의미는 '언제부터 시작해서 지금까지 계속' 라는 의미를 가진다. 드물게 문맥에 따라서 '아주 오래 전부터' 라는 의미를 가지기도 한다. (예문 [1])

(3) 예문

- Качантан бери ооруп жатасыз?
- Сен качантан бери бул жумушта иштеп жатасың?
- Сиз качантан бери мага "сен" деп айта баштадыңыз?
- Качантан бери элдин камын ойлоп калгансыңар?
- Апаңды качантан бери көрө элексиң?
- Сен качантан бери унутуп калдың?
- Качантан бери коркок болуп калгансыңар?
- Самат, сен качантан бери иштеп жатасың?
- Сиз качантан бери динге берилип калдыңыз?
- Манасчылык кесип качантан бери келе жатканын так айтуу кыйын.
- Ыйса анын атасынан: «Ал качантан бери ушундай?» – деп сурады.

- 언제부터 아픕니까?
- 너는 언제부터 이 직장에서 일하고 있니?
- 당신은 언제부터 나에게 "너" 라고 말하기 시작했습니까?
- (너희들은) 언제부터 백성을 생각하고 돌보기 시작했니?
- (네) 어머니를 언제부터 보지 못했니?
- 너는 언제부터 잊고 있었니?
- (너희들은) 언제부터 겁쟁이가 되었니?
- 사맡, 너는 언제부터 일하고 있니?
- 당신은 언제부터 종교에 헌신하게 되었습니까?
- 만나스 서사시를 읊는 직업은 언제부터 전해져 오는지 정확히 말하는 것은 어렵습니다.
- 예수님은 그의 아버지에게 "그는 언제부터 이렇습니까?" 라고 물었습니다.

- Орто Азия менен качантан бери тааныш болсом да, бул аймакта саясат кандай жасаларын түшүнө албадым.
- Мен беш айдан бери иштеп келе жатам.
- Сиздер качантан бери ооруканага барбай жүрөсүздөр.
- Сиз качантан бери Ыйсаны куткаруучу жана теңирим деп ишендиңиз.

- 중앙 아시아와 오래 전부터 알고 있지만, 이 지역의 정치가 어떻게 될 것인지를 이해하지 못했습니다.
- 나는 오 개월 전부터 일해 오고 있습니다.
- 당신들은 언제부터 병원에 가지 않고 지내십니까?
- 당신은 언제부터 예수님을 구원자와 주로 믿었습니까?

8 문장형식: 동사_ган_дан башка 〖~ 하는 것 외에(는), ~ 하는 것 말고(는)〗

(1) 대화

☞ 너는 자는 것 외에 무엇을 아니?

Улан: **Сен уктагандан башка эмне билесиң?**
  Сен уктагандан башка дагы эмне кыла аласың.
  Сен уктагандан башка эч нерсе билбейсиңби?

너는 자는 것 외에 무엇을 아니?
너는 자는 것 외에 또 무엇을 할 수 있니?
너는 자는 것 외에는 아무것도 모르니?

Асан: Антип айтпаңыз.
  Мен беш жыл бою эс албай катуу иштедим, ошол себептен ооруп калдым.
  Атайын эс алыш үчүн көп уктап жатам.

그렇게 말씀하지 마세요.
나는 오년 동안 쉬지 않고 열심히 일했습니다.
그와 같은 이유로 (몸이) 아픈 것입니다.
특별히 쉬기 위해서 많이 자고 있습니다.

Улан: Кечирип кой, мен билбей калыптырмын!

용서해 줘, 내가 알지 못했군!

(2) 문장분석: 동사_ган_дан башка

Этиштин үңгүсү	Атоочтук (동사의 형용사격)	Чыгыш жөндөмө (출격조사)	Жандооч (보조사)
동사어간	모음, 유성자음 뒤 _ган _ген _гон _гөн	_дан _ден _дон _дөн	башка тышкары
	무성자음 뒤 _кан _кен _кон _көн	_тан _тен _тон _төн	
명사	-		

동사의 어간_гандан + башка 동사의 어간_гандан + тышкары	~ 하는 것 외에(는), ~ 하는 것 말고(는)
명사_дан + башка 명사_дан + тышкары	~ 외에(는), ~ 말고(는)

(3) 예문

- Мен окугандан башка эч нерсе билбейм.
- Сен наалыгандан башка эч нерсе билбейсиңби?
- Сиз кызмат кылдыргандан башка эч нерсе кылбайсыз.
- Биз ойногондон башка эч нерсе кылгыбыз келбей жатат.
- Силер башкаларды соттогондон башка эч нерсе кылбайсыңар.
- Бирок азыр сатып алгандан башка арга калган жок.
- Жумушуңдан келээриң менен диванга кулап, телевизор гана тиктеп отура бергенден башка эч нерсе кылбайсың.
- Аларга жерин, суусун, нанын, тузун бергенден башка биз эмне жамандык кылдык?
- Эмнеге ушул убакка чейин эч кандай жыйынтык жок? Чоңдорубуз ооздору менен гана убада бергенден башка эмне иш кылды?
- Ата-энеңден жардам сурагандан башка арга таба албайсың.

- 나는 공부하는 것 외에는 아무것도 모릅니다.
- 너는 불평하는 것 외에는 아무것도 모르니?
- 당신은 섬김을 받는 것 외에는 아무것도 하지 않습니다.
- 우리는 노는 것 외에는 아무것도 하기 싫습니다.
- 너희들은 다른 사람을 심판(판단)하는 것 외에는 아무것도 하지 않아.
- 그러나, 지금 사는 것 외에 다른 방법이 남지 않았습니다.
- (너는) 직장에서 오자 마자 소파에 (몸을) 던져서, 텔레비전을 쳐다보는 것 외에는 아무것도 하지 않아.
- 그들에게 땅, 물, 빵, 소금을 준건 외에 우리는 다른 무슨 악한 일을 했습니까?
- 왜 이 시간까지 아무런 결과가 없습니까? (우리의) 높은 사람들은 입으로만 약속하는 것 외에 다른 무슨 일을 했습니까?
- (너는) 부모님으로부터 도움을 구하는 것 외에 다른 방법을 찾을 수 없어.

■ 연습문제

1. 해석을 참고하여 (   ) 안에 있는 동사를 인칭과 시제 그리고 내용에 맞게 넣으시오.

1. Сиз (**өл**_____) кийин кайсы жакка барарыңызды билесизби? ▸ 당신은 죽은 이후에 어디에 가는 지를 압니까?
2. Көпчүлүк адамдар (**өл**_____ _____) каякка барарын, эмне болорун билишпейт. ▸ 대부분의 사람들은 죽은 이후에 어디로 가는지, 어떻게 되는지 모릅니다.
3. Сиз бул (**адам**_____) кийин келдиңиз. ▸ 당신은 이 사람 다음에 왔습니다.
4. Мен (**сабак**_____) кийин иштегенге барам. ▸ 나는 수업이 끝난 후에 일하러 갑니다.
5. Сен бир (**саат**_____) кийин телефон чаласың. ▸ 너는 한 시간 후에 전화를 해.
6. Сиздер акча (**алган**_____) баштап текебер болуп калдыңыздар. ▸ 당신들은 돈을 벌면서부터 시작해서 교만해졌습니다.
7. Бул ишти (**эмне**_____) баштап, эмнеден бүтөөр жөнүндө өзүңдүн планың болуш керек. ▸ 이 일을 무엇에서부터 시작해서, 무엇으로 끝내야 하는지에 대해서 네 자신의 계획이 있어야만 해.
8. Сиз ишиңизди (**эмне**_____) баштап атасыз? ▸ 당신은 (당신의) 일을 무엇부터 시작하십니까?
9. (**Мын**_____) кийин кандайча иш алып барабыз? ▸ (우리는) 다음부터 어떤식으로 일을 진행합니까?
10. Мындан (_____) өзүмдүн ден-соолугума ▸ 이후에는 저의 건강을 잘 관리하겠습니다.

жакшы карайм.

11. Сөзүңүзгө караганда, (**мын**_____) кийин эч кандай планыңыз да жок окшойт? ▶ (당신의) 말씀에 비추어서 보면, 이후에는 그 어떤 프로그램도 없는 것 같습니다.
12. Сен (**качан**_____) бери эс алып жатасың? ▶ 너는 언제부터 쉬고 있습니까?
13. Сиз бир (**жума**_____) бери бул жердесизби? ▶ 당신은 일 주일 전부터 이곳에 있습니까?
14. Ал үч (**күн**_____) бери сени издеп жатат. ▶ 그는 삼일 전부터 너를 찾고 있어.
15. Биз он (**жыл**_____) бери бул максат үчүн иштеп жатабыз. ▶ 우리는 십년 전부터 이 목적을 위해서 일하고 있습니다.

2. 다음 문장을 해석 하시오.

1. Биз кечиргенден кийин гана боштондукка ээ боло алабыз.
2. Сиз аны унутууга умтулуңуз, эгерде сүйүүдөн кийин да сүйүү бар экенин эстен чыгарбасаңыз мурдагыдан да толуп-ташкан сүйүүгө жолугуп каласыз.
3. Мен силер менен болгондон бери бактылуу боло баштадым.
4. Бул көчөдөн кийин Асандын үйү көрүнөт.
5. Шаңдуу музыкадан кийин бардыгы бийлешти.
6. Жамгыр жаагандан бери талаа көгөрө баштады.
7. Алар жалган айткандан баштап бул жерге келбей калды.
8. «Жерүй» алтын кени эмдиги жаздан баштап иштетилет.
9. Биз качантан баштап ушинтип ой жүгүртүп баштадык?
10. Онунчу апрелден баштап он бешинчи Апрелге чейин семинар болот.
11. Мындан ары эч качан бул жерге келбейм.
12. Мындан ары мен тууралуу эч кимге айтпайсың.
13. Силер бир сааттан бери аны күтүп жатасыңар.
14. Алар качантан бери «өлкөнүн кызыкчылыгы» үчүн иштеп башташты?
15. Менде ал келгенден бери тынчтык жок.

19장 ~ 보다, ~ 하는 것 보다

1. 문장형식: 명사_дан көрө 《~ 보다》

(1) 대화

☞ 너는 사과보다 복숭아를 더 좋아하니?

Улан:	**Сен алмадан көрө шабдалыны жакшы көрөсүңбү?**	너는 사과보다 복숭아를 더 좋아하니?
Асан:	Мен шабдалыны жакшы көрөм.	나는 복숭아를 좋아합니다.
Улан:	Сиз койдун этине караганда уйдун этин жакшы көрөсүзбү?	당신은 양고기에 비해서 소고기를 더 좋아합니까?
Асан:	Мага койдун эти абдан жагат.	나는 양고기를 매우 좋아합니다.
Улан:	Мен уйдун этин жакшы көрөм. Бирок койдун этин жей албайм, анткени Кыргызстандан биринчи жолу жеп көрдүм.	나는 소고기를 좋아 합니다. 왜냐하면 키르기즈스탄에서 처음 먹어 보았습니다.
Асан:	Кореяда койдун эти жок окшойт.	한국에는 양고기가 없는 것 같습니다.
Улан:	Ооба, койдун эти базарда сатылбайт.	네, 양고기는 시장에서 팔지 않습니다.

(2) 문장분석: 명사_дан көрө

Зат атооч	Чыгыш жөндөмөсү (출격조사)	Жандооч (보조사)
명사	모음, 유성자음 뒤 _дан _ден _дон _дөн 무성자음 뒤 _тан _тен _тон _төн 3인칭 소유격 어미 뒤 _(с)ынан _(с)инен _(с)унан _(с)үнөн	+ көрө да улам

135

명사_дан + көрө	~ 보다
명사_дан + да	~ 보다 더
명사_дан + улам	~ 로 인해서, ~ 로 인하여, ~ 에 의해서, ~ 로 말미암아, ~ 때문에

(3) 예문

- Андан көрө ал акчаларды дыйкандарга берсе пайда болмок.
- Машинадан көрө компьютерди караган жаш бала жакшы.
- Калпка толгон бир ыр китептен көрө ушундай бир ыр бийик, жогору турат.
- Чындыгында, биз жоготуудан башка эч нерсе тапкан жокпуз.
- Дүйнөдө бийликтен да жогору, бийликтен да күчтүү, бийликтен да улуу "мекен" деген түшүнүк бар.
- Алар кубат да бере албайт, ачкачылыктан да куткара албайт.
- Мени ушул өлүмгө түрткү кылган адамдан да кечирим сурайм!
- Ак-Сайга түшкөн кардан улам, 100дөн ашуун майда, 10дон ашуун бодо мал өлдү.
- Бишкекте катуу жааган кардан улам жол кыймылы токтоду.
- Азык-түлүктүн кымбатташынан улам азык сатып алгандар азайды.

- 그것보다 그 돈들을 농부들에게 주면 이득이 될 것 같습니다.
- 자동차보다 컴퓨터를 고칠(다룰)수 있는 청년이 좋습니다.
- 거짓말로 가득한 한 권의 노래책보다 이와 같은 하나의 노래가 높은 가치를 가집니다.
- 진짜, 우리는 잃어버린 것 외에 다른 아무것도 얻지 못했습니다.
- 세상에는 권력보다 더 높은, 권력보다 더 강한, 권력보다 더 위대한 "조국"이라는 개념이 있습니다.
- 그것들은 능력도 줄 수 없고, 기근에서도 구원할 수 없습니다.
- 나를 이 죽음에 밀어 넣은 사람에게도 용서를 구합니다!
- 악 사이에 내린 눈으로 말미암아 100 마리가 넘는 작은 가축이, 10 마리가 넘는 큰 가축이 죽었습니다.
- 비쉬켁에 심하게 내린 눈 때문에 교통의 흐름이 멈추었습니다.
- 식료품 가격이 상승함으로 말미암아 식료품을 사는 사람들이 줄었습니다.

2. 문장형식: 동사_ган_дан көрө 《~ 하는 것 보다》

(1) 대화

☞ 너는 자는 것 외에 아는 게 뭐야?

Улан:	**Сен уктагандан башка эмне билесиң?**	너는 자는 것 외에 아는 게 뭐야?
Асан:	Сиз антип айтпаңыз!	당신은 그렇게 말하지 말아요!
Улан:	Мен да жаңы жумушка кирсем минтип уктабайм.	나도 새 직장에 들어가면 이렇게 자지 않습니다.

Асан:	Сен машина айдагандан башка дагы эмне кыла аласың?	너는 자동차 운전하는 것 외에 또 무엇을 할 수 있니?
	Сен велосипед оңдой аласыңбы?	너는 자전거를 고칠 수 있니?
Улан:	Ооба, Жакшы оңдойм.	네, 잘 고칩니다.
Асан:	Андай болсо, сени бир жумушка орноштуруп берейин.	그렇다면, 너를 어떤 회사에 취직시켜 줄게.

(3) 문장분석: 명사_**дан көрө**

Зат атооч	Атоочтук (동사의 형용사격)	Чыгыш жөдөмөсү (출격조사)	Жандооч (보조사)
동사	_ган _ген _гон _гөн _кан _кен _кон _көн	_дан _ден _дон _дөн	көрө + да улам

동사_ган_дан + көрө	~ 하는 것보다
동사_ган_дан + да	~ 하는 것도
동사_ган_дан + улам	~ 함으로서, ~ 함으로 말미암아, ~ 했기 때문에

(3) 예문

- Өзүң билесиң, ооруну күчөтүп жибергенден көрө алдын ала ооруканага барганың жакшы.
- Төрт баланы тарбиялагандан көрө, калың элди башкаруу жеңил.
- Ал тамак жегенден көрө жасаганды жакшы көрөт.
- Мен кызмат кылгандан көрө кызмат кылдырганды жакшы көрөм.
- Мен футбол ойногондон көрө шахмат ойногонду жакшы көрөм.
- Сен окугандан көрө ойногонду жакшы көрөсүң.
- Сиз Кубандан көрө Нурланды жакшы көрөсүз.
- Сиздин ден-соолугуңуз үчүн кеч тургандан көрө эрте турган жакшы.

- 너 자신도 알지, 병을 키우는 것보다 미리 병원에 가는 것이 좋아.
- 네 명의 아들을 양육하는 것보다 많은 민족을 다스리는 것이 쉽습니다.
- 그는 음식을 먹는 것 보다 만드는 것을 더 좋아합니다.
- 나는 섬기는 것 보다 섬김을 받는 것을 좋아합니다.
- 나는 축구를 하는 것 보다 체스를 하는 것을 더 좋아합니다.
- 너는 공부하는 것 보다 노는 것을 더 좋아해.
- 당신은 쿠반보다 눌란을 더 좋아합니다.
- 당신의 건강을 위해서 (당신은) 늦게 일어나는 것보다 일찍 일어나는 것이 좋습니다.

3. 문장형식: 명사_дан 형용사 《~ 보다 ~ 합니다》

(1) 대화

☞ 당신의 집은 오쉬 시장보다 더 멉니까?

Улан:	**Сиздин үйүңүз Ош базарынан алыспы?**	당신의 집은 오쉬 시장보다 멉니까?
Асан:	Менин үйүм Ош базарынан алыс.	나의 집은 오쉬 시장보다 멉니다.
Улан:	Автобус менен жыйырма мүнөттө барыш керек.	버스로 이십 분 정도 가야 합니다.
Асан:	Сиздин үйүңүз этаждабы же жер үйбү?	당신의 집은 아파트입니까 아니면 주택입니까?
Улан:	Менин үйүм - жер үй.	나의 집은 주택입니다.
	Мен жер үйдү жакшы көрөм.	나는 주택을 좋아합니다.
	Өзгөчө огородго жашылчаларды эккенди жакшы көрөм.	특별히 텃밭에서 야채를 심는 것을 좋아합니다.
	Анда сиз кайда жашайсыз?	그러면 당신은 어디에 삽니까?
Асан:	Мен квартирада жашайм.	나는 아파트에서 삽니다.
	Мен үй айбандарын жакшы көрөм, бирок аларды бага албайм.	나는 가축들을 좋아합니다, 그러나 그것들을 기를 수 없습니다.

(4) 문장분석: 명사_дан *(да)* 형용사

Зат атооч	Чыгыш жөдөмөсү (출격조사)	Байламта (접속사)	Сын атооч (형용사)	Сурама бөлүкчө (보조사)
명사	모음, 유성자음 뒤		алыс	
	_дан		жакын	
	_ден		сулуу	
	_дон		чоң	
	_дөн		кичине(кей)	
	무성자음 뒤		көп	(_бы?)
	_тан		аз	(_би?)
	_тен	*(да)*	жеңил	(_бу?)
	_тон		оор	(_бү?)
	_төн		күчтүү	
	3인칭 소유격 어미 뒤		алсыз	
	_(с)ынан		тар	
	_(с)инен		кенен	
	_(с)унан		узун	
	_(с)үнөн		кыска	

명사_дан (да)	алыс.	~ 보다 (더) 멉니다.	명사_дан (да)	алыспы?	~ 보다 (더) 멉니까?
	жакын.	~ 보다 (더) 가깝습니다.		жакынбы?	~ 보다 (더) 가깝습니까?
	сулуу.	~ 보다 (더) 예쁩니다.		сулуубу?	~ 보다 (더) 예쁩니까?
	чоң.	~ 보다 (더) 큽니다.		чоңбу?	~ 보다 (더) 큽니까?
	кичине.	~ 보다 (더) 작습니다.		кичинеби?	~ 보다 (더) 작습니까?
	көп.	~ 보다 (더) 많습니다.		көппү?	~ 보다 (더) 많습니까?
	жеңил.	~ 보다 (더) 가볍습니다.		жеңилби?	~ 보다 (더) 가볍습니까?
	оор.	~ 보다 (더) 무겁습니다.		оорбу?	~ 보다 (더) 무겁습니까?
	күчтүү.	~ 보다 (더) 강합니다.		күчтүүбү?	~ 보다 (더) 강합니까?
	алсыз.	~ 보다 (더) 약합니다.		алсызбы?	~ 보다 (더) 약합니까?
	тар.	~ 보다 (더) 좁습니다.		тарбы?	~ 보다 (더) 좁습니까?
	кенен.	~ 보다 (더) 넓습니다.		кененби?	~ 보다 (더) 넓습니까?
	узун.	~ 보다 (더) 깁니다.		узунбу?	~ 보다 (더) 깁니까?
	кыска.	~ 보다 (더) 짧습니다.		кыскабы?	~ 보다 (더) 짧습니까?

(3) 예문

- Мен сенден алыс жерде жашайм.
- Сен андан жакын жерде иштейсиңби?
- Бул карандаш тиги ручкадан узунбу?
- Менин талаам сенин талааңдан кенен жана чоң.
- Сары машина кызыл машинадан кымбат турат.
- Радио болсо телевизордон арзан.
- Чиркейлер чычкандан да акылдуу!
- Андай эмес, менден да мыкты, менден да акылдуу, элге-жерге күйүмдүү адамдар жашап өтүштү.
- Ага акылдуу, ыймандуу, сырты да, ичи да сулуу, ата-энени сыйлаган кыздар жагат.
- Анда-санда ички дүйнөсү да, сырткы келбети да сулуу адамдар кездешет.
- Суу алтындан да кымбат.
- Мен белек бергенден да алганды абдан жакшы көрөм.
- Сиз айткандан да жаман учурлар бизде болуп жатат.
- Эми биз сага аларга кылгандан да жаман кылабыз.

- 나는 너보다 먼 곳에서 삽니다.
- 너는 그보다 가까운 곳에서 일합니까?
- 이 연필은 저 볼펜보다 깁니까?
- 나의 논밭은 너의 논밭보다 넓고 큽니다.
- 노란 차는 빨간 차보다 비쌉니다.
- 라디오는 텔레비전보다 쌉니다.
- 모기들은 파리보다 더 지혜롭습니다!
- 그렇지 않습니다, 나보다 더 훌륭하고, 나보다 더 지혜롭고, 국민과 땅을 위해서 헌신한 사람들이 살았습니다.
- 그는 지혜롭고, 염치가 있으며, 겉도 속도 아름다운, 부모를 공경하는 여자들을 좋아합니다.
- 가끔씩 내면적으로, 외면적으로도 아름다운 사람들을 만납니다.
- 물은 금보다 더 귀합니다.
- 나는 선물을 주는 것보다도 더 받는 것을 매우 좋아합니다.
- 당신이 말하신 것보다 더 나쁜 시간들이 우리에게 있습니다.
- 이제 우리는 너에게 (네가) 그들에게 한 것보다 더 나쁘게 할 것입니다.

4. 문장형식: 명사_га караганда 《~ 에 비해서》

(1) 대화

☞ 비쉬켁 보다 오쉬에서 나를 많이 압니다.

Улан:	**Бишкекке караганда мени Ошто көп танышат.**	(사람들은) 비쉬켁에 비해서 오쉬에서 나를 많이 압니다.
Асан:	Эмне үчүн?	왜요?
Улан:	Мен ошто төрөлүп, чоңойдум.	나는 오쉬에서 태어나서, 성장했습니다.
	Оштогу мектепте окучумун.	오쉬에 있는 초.중.고등학교에서 공부했습니다.
	Ошондуктан жакын досторумдун баары ошто жашайт.	그래서 가까운 친구들은 모두 오쉬에서 삽니다.
Асан:	Ош шаары сиздин туулган жериңиз турбайбы!	오쉬가 당신의 고향이군요! (고향이 아닙니까!)
	Бишкекке качан келдиңиз?	비쉬켁에는 언제 왔습니까?
Улан:	Мектепти бүткөндөн кийин Бишкекке келдим.	고등학교를 마치고 나서 비쉬켁에 왔습니다.
	Бишкектеги университетте окуп, Бишкектеги ишканада иштеп калдым.	비쉬켁에 있는 대학교에서 공부하고, 비쉬켁에 있는 회사에서 일하게 되었습니다.
Асан:	Ошко кайра качан барасыз?	오쉬에 다시 언제 가십니까?
Улан:	Эми карыганда баршым мүмкүн!	이제 늙으면 갈수도 있겠지요!

(2) 문장분석: 명사_га караганда

Зат атооч	Барыш жөндөмөсү (방향격조사)		Жандооч (보조사)
명사	모음, 유성자음 뒤		+ караганда
	_га _ге _го _кө		
	무성자음 뒤		
	_ке _ке _ко _кө		
	3인칭 소유격 어미 뒤		
	_(с)ына _(с)ине _(с)уна _(с)үнө		

명사_га караганда	~ 에 비해서, ~ 에 비하여, ~ 에 비하면, ~ 보다

(3) 예문

- Кыргызстанда мектепке караганда эмне үчүн мечит көп курулууда?
- Бул үйгө караганда тиги үй кичинерээк.
- Азыр Ош шаарында Бишкекке караганда элдин саны 3 эсеге көбөйүп жатат.
- Бишкекке караганда мени Ошто көп танышат.
- Албетте, алар кагаз акчага караганда көп убакытка чейин колдонулат.
- Анткени акчага караганда алар тамак-ашка муктаж.
- Калпычы бай адамга караганда жарды адам артык.
- Балдар менен сүйлөшүүдө аларга "сен" деген сөзгө караганда "сиз" деген сөздү колдонгонуңуз жакшы.
- Кылмыш дүйнөсү бийликке караганда күчтүү болуп жатат.

- 키르기즈스탄에서 학교에 비해서 왜 메칫(이슬람 사원)이 많이 세워지고 있습니까?
- 이 집에 비해서 저 집은 더 작습니다.
- 지금 오쉬에는 비쉬켁보다 사람들의 수가 3배나 증가하고 있습니다.
- (사람들은) 비쉬켁 보다 오쉬에서 (나를) 많이 압니다.
- 물론, 그것들은 지폐에 비하면 (더) 많은 시간 동안 사용됩니다.
- 왜냐하면 돈보다 그들은 음식이 (더) 필요합니다.
- 거짓말쟁이 부자보다 가난한 사람이 더 낫습니다.
- (당신은) 아이들과 대화할 때 "너" 라고 하는 말보다 "당신" 이라고 하는 말을 사용하시는 것이 좋습니다.
- 범죄 세계가 (정부)권력의 힘보다 강해지고 있습니다.

5. 문장형식: 명사_га салыштырганда 《~에 비교하면, ~에 비교해서》

(1) 대화

☞ 가난하게 사는 사람들에 비해서 잘 사는 사람들 안에 불평들이 많습니다.

Улан:	**Кедейлерге салыштырганда байлардын ичинде көп нараазычылык болот.**	가난한 사람들에 비해서 부자들 안에 많은 불평불만이 있습니다.
Асан:	Эмнеге?	왜요?
Улан:	Себеп дегенде байлар кичинекей нерсеге ыраазы боло албайт. Бирок кедейлер болсо кичинекей нерселер үчүн ыраазычылык билдире алат.	이유인 즉 슨 부자들은 작은 것에 감사할 줄 모릅니다. 그러나 가난한 사람들은 작은 것을 위해서 감사드릴 줄 압니다.
Асан:	Руху жакырлар бактылуу деген ошол турбайбы?	심령이 가난한 사람이 복이 있다고 한 것이 바로 그것이 아닙니까?
Улан:	Туптуура, бакыт материалдык нерседен эмес, көрүнбөгөн дүйнөдөн келет.	정말 맞습니다, 행복은 물질에서 오는 것이 아니라, 보이지 않는 세계에서 오는 것입니다.

(3) 문장분석: 명사_га салыштырганда

Зат атооч	Барыш жөндөмөсү (방향격조사)	Жандооч (보조사)
명사	모음, 유성자음 뒤 _га _ге _го _кө 무성자음 뒤 _ка _ке _ко _кө 3인칭 소유격 어미 뒤 _(с)ына _(с)ине _(с)уна _(с)үнө	+ салыштырганда

명사_га салыштырганда	~ 에 비교하면, ~ 에 비교해서

(3) 예문

- Бул 2007-жылга салыштырганда 69 миң гектарга арбын.
- 2010-жылдын ушул мезгилине салыштырганда салыктардын жана төлөмдөрдүн чогултулушу 17,3 пайызга көбөйдү.
- Ал 2002-жылга салыштырганда быйыл четтен келген инвестициянын өлчөмү жогорулагандыгын белдирди.
- Өзүңүз айткандай, былтыркы жылга салыштырганда, албетте, көп.
- 2008-жылы 2007-жылга салыштырганда төрөлгөндөрдүн саны азайып калды.
- Эл аралык деңгээлде салыштырганда анын даражасы жогору экендиги чын.
- Бишкек шаарынын базарларында сатылып жаткан биринчи сорттогу ундун чекене баасы өткөн аптага салыштырганда 2 сомго көтөрүлгөн.
- 2005-жылга салыштырганда ишке ашырылган майда жеке ишканаларынын саны 2 эсе өстү.

- 이것은 2007년에 비교하면 69,000 헥타르가 많습니다.
- 2010 년의 이맘때쯤과 비교하면 세금들과 요금들의 징수가 17.3 %까지 증가했습니다.
- 그는 2002년에 비해서 금년 외부에서 들어온 투자의 규모가 증가 했음을 발표했습니다.
- 당신이 말한 것처럼 작년과 비교하면 물론 많습니다.
- 2008년, 2007년과 비교하면 출생한 사람들의 수가 줄어 들었습니다.
- 국제 수준과 비교해서 그의 등급(수준, 위치)이 상위라는 것은 진실입니다.
- 비쉬켁 시장에서 팔리고 있는 첫 번째 등급 밀가루의 소매 가격은 지난 주와 비교해서 2솜 올랐습니다.
- 2005과 비교해서 창업한 작은 개인 회사들의 수가 2배 증가했습니다.

■ 연습문제

1. 해석을 참고하여 ( ) 안에 있는 동사를 인칭과 시제 그리고 내용에 맞게 넣으시오.

1. Өткөн жылга пландалган бул эксперименттик иш техникалык (**себептер**_____) **улам** артка жылдырылып келген эле.
   ▶ 지난 해에 계획 되어진 이 실험적인 일이 기술적인 이유로 인하여 후퇴해 왔습니다.

2. Саламаттыкты сактоо жетекчилери жугуштуу (**оорулар**_____) **улам** каза болгондордун саны көбөйүшү мүмкүн экенин айтышууда.
   ▶ 보건부 관리들이 전염병들로 인하여 사망한 사람들의 숫자가 늘어날 수 있음을 말하고 있습니다.

3. Ал бизге Кыргызстандын булактары жана агын суулары элибиздин (**алтын**_____) **да** кымбат байлыгы деп айтты.
   ▶ 그는 우리에게 키르기즈스탄의 샘들과 흐르는 물들은 (우리) 민족의 금보다 더 가치있는 재산이라고 말했습니다.

   Ушундай (**жашоо**_____) көрө түрмөдө отурганым артык эмеспи?
   ▶ (나는) 이런 삶보다 감옥에 들어가는 것이 더 낫지 않을까?

4. Бирөөлөр үчүн кеткен (**акча**_____) **көрө** жолдорду оңдоо үчүн кетиргени андан миң эсе жакшы!
   ▶ 어떤 사람들을 위해 지출된 돈보다 길들을 고치기 위해 지출한 것이 그보다 천배는 낫습니다.

5. Чарчадым деп (**айт**_____) **да** уяласың.
   ▶ (나는) 피곤합니다 라고 말하는 것도 (너는) 부끄러울 거야.

6. Концертке (**бар**_____) **да** жакшы болду го ай.
   ▶ 음악회에 간 것보다 더 좋게 됐네 진짜.

7. Сенин мектебиң (**почта**_____) **ары**бы же бериби?
   ▶ 당신의 학교는 우체국보다 멉니까 아니면 가깝습니까?

8. Өзүңүздү (**ан**___) акылдуу, күчтүү сезбеңиз, жеке пикирге ээ болуп, ар кайсыны айтып башын оорутпаңыз.
   ▶ 당신 스스로를 그보다 지혜롭고, 힘이 세다고 느끼지 마세요, 개인적인 생각을 가지고, 이것 저것 다 말해서 머리를 아프게 하지 마세요.

9. Кайырчылык (**кыл**_____) **караганда** бир кучак отун терип, аны базарга сатканыңар алда канча артык
   ▶ (너희들은) 구걸하는 것보다 한 아름의 땔감을 구해서, 그것을 시장에 파는 것이 훨씬 낫다.

10. Кедей (**жаша**_____) **салыштырганда** жакшы жашагандардын ичинде нааразычылыктары көп болот.
    ▶ 가난하게 사는 사람들에 비해서 잘 사는 사람들 안에 불평들이 많습니다.

11. (**Кыргызстан**_____) **башка** өлкөлөргө кетип жаткан кыргыз жарандарынын саны миллионду түзүп калды.
    ▶ 키르기즈에서 다른 나라로 떠나고 있는 키르기즈 국민들의 수가 백만명에 이르렀습니다.

12. Эркиндик (**партия**_____) **башка** партиялар эч качан макулдук беришпейт.
    ▶ 에르킨딕 정당외에 다른 정당들은 결코 찬성하지 않습니다.

2. 다음 문장을 해석 하시오.

1. Өздөрүн такыбаа санаган токсон тогуз адамдан көрө тобо кылган бир күнөөкөр үчүн көктөгүлөр көбүрөөк кубанышат.
   1. _____

2. Материалдык байлыктан көрө акыл байлыгын топтогонду жакшы көрөм.
   2. _____

143

3. Чексиз акчадан көрө бир баш акыл кымбат.   3. _____

4. Жийде Шекерден да бир кыйла алыс, Жамбылга жакын.   4. _____

5. Адамдар акчадан да баалуу нерселер бар экендигин билишпейт.   5. _____

6. Ашыкча сөз жазгандан да коркуп турам.   6. _____

7. Чынын айтканда, мен үчүн чыгарма которуу ыр жазгандан да кыйын. 7. _____

8. Бала кезде сүрөт тарткандан да укмуш ырахат алчумун.   8. _____

9. Сиздин боюуңуз Кубандан чоңураакпы?   9. _____

10. Кээ бир адамдар китепти өмүрдөн да кымбат туткан адамдар да бар. 10. _____

11. Телевизордогу футбол оюндары жубайларыбыз-дан, балдарыбыздан да кымбат нерселерби? 1. _____

12. Ошондуктан «сиз» деп айтууга караганда «сен» деген сөз мага ылайыктуудай көрүндү. 2. _____

13. Мурункуга салыштырганда азыркы акыбалы аябай эле жакшы.   3. _____

20장 ~ 할 때, ~ 하면

1. 문장형식: 동사어간_**ган_да** 《~ 할 때, ~ 하면》

(1) 대화

☞ 당신은 키르기즈 말을 열심히 공부 할 때 잘 말할 수 있습니다.

Улан:	Мен кыргызча жакшы сүйлөй албайм.	나는 키르기즈 말을 잘 말할 수 없습니다.
Асан:	**Сиз кыргыз тилин жакшы окуганда гана, жакшы сүйлөй аласыз.**	당신은 키르기즈 말을 열심히 공부 할 때 잘 말할 수 있습니다.
	Сиз бир жумада канча жолу сабакка барасыз?	당신은 일주일에 몇 번 수업하러 갑니까?
Улан:	Мен бир жумада 3 жол сабакка барам.	나는 일주일에 3번 수업하러 갑니다.
Асан:	Сизге 3 жолку сабак аз болот.	당신에게 3번은 적습니다.
	Жок дегенде, бир жумада 5 ирет болушу керек.	아무리 적어도 일주일에 5번은 돼야 합니다.
	Сиз күн сайын кыргыздар менен жолугасызбы?	당신은 매일 키르기즈 사람들과 만납니까?
Улан:	Жакшы сүйлөй албагандыктан уялып жолуккан жокмун.	잘 말하지 못하기 때문에 부끄러워서 만나지 못했습니다.
Асан:	Сиз кыргыздар менен жолугуп мамиле кылбагандыктан, жакшы сүйлөй албай жатасыз.	당신은 키르기즈 사람들과 만나서 관계를 하지 않기 때문에 잘 말하지 못하고 있습니다.
	Ошондуктан сиз уялбай эле кыргыздар менен жолугуп, үйрөнгөн сөздөр менен практика кылышыңыз керек.	그렇기 때문에 당신은 부끄러워하지 말고 키르기즈 사람들과 만나서 배운 말들을 가지고 연습해야 합니다.
	Ошондо сүйлөй баштайсыз.	그러면 말하기 시작할 것입니다.
Улан:	Макул!	알겠습니다!
	Сиз айткан боюнча жасап көрөйүн.	당신이 말한대로 해보겠습니다.

☞ 그가 먼저 깨끗하게 일하지 않으면, 누가 깨끗하게 일하겠습니까?.

Улан:	**Ал биринчи таза иштебегенде, ким таза иштейт беле?**	그가 먼저 깨끗하게 일하지 않으면, 누가 깨끗하게 일하겠습니까?
Асан:	Туптуура! Өзү таза иштебей туруп, кантип башка адамдарга таза иштегиле деп айта алат?	정말 맞습니다! 자신이 깨끗하게 일하지 않으면서, 어떻게 다른 사람들에게 깨끗하게 일하라고 말할 수 있습니까?
Улан:	Биз андай адамдарды эки жүздүүлөр деп айтабыз.	우리는 그런 사람들을 두 얼굴을 가진 사람들이라고 말합니다.
	Ошол себептен алардын сөзүн эч ким укпай калат.	그런 이유로 그들의 말을 아무도 듣지 않게 됩니다.
Асан:	Мен сиз айткан сөзгө 100% кошулам!	나는 당신이 한 말에 100% 찬성합니다.
	Ким болбосун, өкмөт башчысы болом дегендер	누구든지 간에 정부 지도자가 되겠다고 하는

	сөзсүз айткан сөзү менен кылган иши бир болушу керек.	사람들은 반드시 한 말과 행한 일이 일치해야만 합니다.
Улан:	Андай адамдарды азыркы саясатчылардын арасында таппайбыз.	(우리는) 그런 사람들을 지금의 정치인들 가운데서 찾을 수 없습니다.
Асан:	Мындай акыбалы – биз үчүн өтө кайгылуу иш!	이런 상황이 우리에게 정말 슬픈 일입니다.

(2) 문장분석: 동사어간_**ган_да**

Этиштин уңгусу	Тескери формасы (부정형 조사)	Атоочтук (동사의 형용사격)	Жатыш жөндөмөсү (장소격조사)
동사어간	모음, 유성자음 뒤 (_ба) (_бе) (_бо) (_бө)	모음, 유성자음 뒤 _ган _ген _гон _гөн	_да _де _до _дө
	무성자음 뒤 (_па) (_пе) (_по) (_пө)	무성자음 뒤 _кан _кен _кон _көн	

동사어간_**ган_да**	~ 할 때, ~ 하면
동사어간_**ба_ган_да**	~ 하지 않을 때, ~ 하지 않으면

(3) 예문

- Мен кыргызчаны жакшы окуганда, жакшы сүйлөй алам.
- Сиз сүйлөшкөндө, ар бир адамдын оюн биле аласыз.
- Сен жегенде гана тамактын даамын билесиң.
- Ал кеткенде айтып берем.
- Мен кубанганда, иштерим да ийгиликтүү болот.
- Мен ыйлаганда, балдарым да кошо ыйлайт.
- Сен тил алчаак болгондо, ата-энең кубанат.
- Мен жакшы сөз айтканда, жакшы сөз угам.
- Ал генпрокурор болуп таза иштебегенде, ким таза иштейт?
- Айтам уулум, сага айтпаганда, кимге айтмак элем.

- 나는 키르기즈 말을 잘(열심히) 공부 할 때 잘 말할 수 있습니다.
- 당신은 이야기 할 때 각 사람의 생각을 알 수 있을 것입니다.
- 너는 먹을 때 비로서 음식의 맛을 알 거야.
- 그가 가면 말해 주겠습니다.
- 내가 기뻐 할 때 (나의) 일들도 성공(형통) 합니다.
- 내가 울 때 (나의) 아이들도 함께 웁니다.
- 너는 순종할 때 (너의) 부모님이 기뻐할 것입니다.
- 나는 좋은 말을 할 때 좋은 말을 듣습니다.
- 그가 검찰총장이 되어서 깨끗하게 일하지 않으면, 누가 깨끗하게 일하겠습니까?
- 말할게 아들아, 네게 말하지 않으면 누구에게 말할 수 있겠어.

- Алар эч кандай жыйынтык чыкпаганда, андан жардам сурашты.
- Мектепттен окубаганда, түштүк жана түндүк диалект бар экендигин билмек эмесмин.
- Менин балам да өлбөгөндө, ушулардын катарында жүрмөк.
- Эгерде ал андай сүйлөбөгөндө, мен да мындай айтпайт болчумун.

- 그들은 아무런 결론이 나지 않았을 때 그에게 도움을 청했습니다.
- 학교에서 공부하지 않았으면 남부와 북부의 방언이 있다는 것을 알지 못했을 것입니다.
- 나의 아들도 죽지 않았다면 이들과 함께 다니고 있을 텐데.
- 만약에 그가 그렇게 말하지 않았다면, 나도 이렇게 말하지 않았을 것입니다.

2. 문장형식: 동사어간_ып 보조동사_ган_да 〖~ 해 볼 때, ~ 해 보면〗

(1) 대화

☞ 네가 직접 일해 볼 때 알 거야.

Улан:	**Сен өзүң иштеп көргөндө билесиң.**	네가 직접 일해 볼 때 알 거야.
	* Сен өзүң иштеп көргөндө гана билесиң.	네가 직접 일해 볼 때 비로소 알 거야.
	* Сен өзүң иштеп көргөндө гана билип каласың.	네가 직접 일해 볼 때 비로소 알게 될 거야.
	* Сен өзүң иштеп көргөндө гана түшүнө аласың.	네가 직접 일해 볼 때 비로소 이해할 수 있을 거야.
	Иштеп нан табыш оңой деп ойлоп жатасыңбы?	일해서 빵을 얻는 것이 쉽다고 생각하는 거니?
Асан:	Жок, андай мааниде айткан жокмун.	아니에요, 그런 의미로 말하지 않았어요.
	Мен азырынча иштеп көрө элек болгондуктан, көп ойлонбой айттым.	나는 아직까지는 일해 보지 않았기 때문에, 많이 생각하지 않고 말했습니다.
	Кечирип коюңузчу!	용서해 주세요!
Улан:	Мен да үнүмдү көтөргөндүгүмө сизден кечирим сураým.	나도 목소리를 높여서 당신에게 용서를 구합니다.

(2) 문장분석: 동사어간_ган_да

Этиштин уңгусу	Чакчыл (착출)	Жардамчы этиш (보조동사)	Тескери Формасы (부정조사)	Атоочтук (동사의 형용사격)	Жатыш жөндөмөсү (장소격조사)
동사어근	_(ы)п _(и)п _(у)п _(ү)п _а _е _й _о _ө	бер көр кал + кет жүр чык	(_ба) (_бе) (_бо) (_бө) (_па) (_пе) (_по) (_пө)	모음, 유성자음 뒤 _ган _ген _гон _гөн 무성자음 뒤 _кан _кен _кон _көн	_да _де _до _дө

동사의 어간_ып +	бер_ген_де	~ 해 줄 때 ~ 해 주면	бер_бе_ген_де	~ 해주지 않을 때 ~ 해주지 않으면
	көр_гөн_дө	~ 해 볼 때 ~ 해 보면	көр_бө_гөн_дө	~ 해보지 않을 때 ~ 해보지 않으면
	кал_ган_да	~ 할 때 ~ 하면	кал_ба_ган_да	~ 하지 않을 때 ~ 하지 않으면
	кет_кен_де	~ 할 때 ~ 하면	кет_пе_ген_де	~ 하지 않을 때 ~ 하지 않으면
	жүр_гөн_дө	~ 할 때 ~ 하면	жүр_бө_гөн_дө	~ 하지 않을 때 ~ 하지 않으면
	чык_кан_да	~ 할 때 ~ 하면	чык_па_ган_да	~ 하지 않을 때 ~ 하지 않으면

(3) 예문

- Билип туруп сурай бергенде эмне пайда?
- Кичинекей балага жаңы оюнчук сатып бергенде ал оюнчугун башка достору менен бөлүшүүнү каалабады.
- Анын орусчасын окуп көргөндө, кыргызчасынын бир кыйла четтеп же так эмес которулганы байкалат.
- Кол бошой калганда үй-бүлө менен тоо этектерине барып эс алам.
- 17 жашымда ишке келип, эми элүүгө таяп калганда жумушсуз калган мага оор болуп калды.
- Муундар чыгып кеткенде наркоз берилип, муун ордуна салынат.
- Турмуш ансыз деле кыйындап турганда ага кошул-ташыл болуп электр энергиясы, азык - түлүк да кымбаттап кеткенде ого бетер кыжыры келди.
- Жатаканада жашап жүргөндө нан да жапчумун.
- Роза эже, сиз мектепте окуп жүргөндө ким болом деп кыялданчусуз?
- Киргенде оң аягы менен кирип, чыкканда сол аягы менен чыгыш керек.
- Ал койлорду санап чыкканда, эки миң жети жүз элүү кой болду.
- Эгер уулум эсине келип, эмне болгонун айтып бербегенде, эч нерсе билбей калмак окшойбуз.

- 알면서 물으보면 무슨 유익이 있습니까?
- 어린 아이에게 새 장난감을 사 주었을 때 그는 장난감을 다른 친구들과 나누어 (노는) 것을 원하지 않았습니다.
- 그것의 러시아어를 읽어 볼 때, 키르기즈어에서 (원본에서) 한참 벗어났거나 또는 정확하게 번역되지 않은 것을 관찰할 수 있습니다.
- 쉬게 되면 가족과 함께 산자락에 가서 쉴 것입니다.
- 17 살에 직장 생활을 시작했고, 이제 50이 넘어가면서 실직한 것이 나에게 어려움이 되었습니다.
- 관절들이 빠졌을 때 마약(마취제)을 놓아서 관절을 제자리에 끼웁니다.
- 생활이 그것 없이도 어려울 때 업친데 덥친격으로 전기 에너지와 식료품도 비싸졌을 때 더욱 더 분노가 찼습니다.
- 기숙사에서 살 때 빵도 만들었었습니다.
- 로자씨, 당신은 학교에 공부할 때 어떤 사람이 될거라고 상상했었습니까?
- 들어 갈때는 오른쪽 끝으로 들어가서, 나올때는 왼쪽 끝으로 나와야만 합니다.
- 그가 양들을 셀 때 2750 마리였습니다.
- 만약에 내 아들이 제 정신이 돌아와서, 무슨 일이 있었는지를 말해주지 않으면, (우리는) 아무것도 모르게 될 것 같습니다.

3. 문장형식: 동사어간_(ы)ш + керек бол_гон_до 〖~ 해야(만) 할 때, ~ 해야(만) 될 때〗

   (1) 대화

☞ 나는 치료가 필요할 때, 이스쿨에 있는 치료 효과가 있는 온천에서 온천을 합니다.

Улан:	**Мен дарыланышым керек болгондо, Ысык-Көлдөгү сакайтуучу ысык сууга түшөм.**	나는 치료가 필요할 때, 이스쿨에 있는 치료 효과가 있는 온천에서 온천을 합니다.
	Бир жумадай ушунтип эс алсам, анда кайра жакшы болуп калам.	1 주일 정도 이렇게 쉬면, 다시 좋아 집니다.
Асан:	Сиз ысык сууга түшкөндү жакшы көрөсүзбү?	당신은 온천 하는 것을 좋아합니까?
Улан:	Албетте, абдан жакшы көрөм.	물론, 매우 좋아합니다.
	Өзгөчө мончонун буусунда олтуруп сырдашканды жактырам.	특별히 목욕탕의 증기 속에 앉아서 비밀 이야기 하는 것을 좋아합니다.
	Сизчи?	당신은요?
Асан:	Мен анча эмес.	나는 그렇게 좋아하지는 않습니다.
	Мен ысык сууга эмес, көлгө түшүп сүзгөндү жактырам.	나는 뜨거운 물이 아니라, 호수에 들어가서 수영하는 것을 좋아합니다.

   (2) 문장분석: 동사어간_ган_да

Этиштин уңгусу	Модалдык этиш (서법)				Атоочтук (동사형용사격)	Жатыш жөндөмө (방향격조사)
	Кыймыл атооч (동명사)		Жак мүчөлөр	Модал. сөз	Жардамчы Этиши (보조동사)	
동사의 어간	(а, ы, я) 모음 뒤 _(ы)ш	_уу	_인칭어미	+ керек	бол	_гон	_до
	(е, э, и) 모음 뒤 _(и)ш	_үү				
	(о, у) 모음 뒤 _(у)ш	_уу / _оо				
	(ө, ү) 모음 뒤 _(ү)ш	_үү / _өө				
Зат атоочтук (명사)	-	-				

동사의 어간_(ы)ш_소유격어미 + **керек бол_гон_до**	~ 해야(만) 할 때
동사의 어간_уу_소유격어미 + **керек бол_гон_до**	~ 해야(만) 될 때
	~ 하는 것이 필요할 때
명사 + **керек бол_гон_до**	~ 이 필요할 때, ~이 필요하게 될 때

(3) 예문

- Ошол сыяктуу мен да бир иш кылышым керек болгондо, бала кезимден баштап үйрөнүп келаткан ыкмаларымды колдоном.
- Ошондуктан кен байлыктарды иштетүү керек болгондо, биринчи кезекте мамлекеттин, элдин кызыкчылыгы эске алышың керек.
- Менимче түштүккө базаны түзүш керек болгондо, атайын аба күчтөрүн түндүккө салыштырмалуу көбөйүш керек.
- Адам өзү койгон максатын аткарыш керек болгондо гана, актуалдуу болот.
- Эне болуш керек болгондо, мээримин төккөн, ушунчалык жан дүйнөсү менен бала сүйгөн эне болушу керек.
- Акчамды бир досум кыздын тоюна кошуусу керек болгондо, анын атасына бердим.
- Татаал жана көп иштерди жасоо керек болгондо, техникалык адистер абдан пайдалуу.
- Фабрикалар жумушчулар керек болгондо, кайдан, кантип ишке алышат?
- Кээде акча керек болгондо, аргасыздан бирөөнүн үйүн тазалаган күндөр да болот.
- Акча керек болгондо, Асыл эжеге жалынып отуруп акча алчумун.
- Анын жашоосу үчүн жумуш керек болгондо, биз жумушту таап бере алабыз.

- 그와 같이 나도 어떤 일을 해야만 할 때, 어려서부터 배워오던 방법들을 사용합니다.
- 그렇기 때문에 광물자원들을 개발해(파)야만 될 때 (너는) 첫 번째로 국가와 국민의 이익을 생각해야만 합니다.
- 내 생각에 남쪽에 기지를 세워야 한다면 특별히 공군을 북쪽에 비해서 (더) 증강 시켜야 합니다.
- 사람은 자신이 정한 목적을 이루어야만 할 때 오직 현실적이 됩니다.
- 어머니가 되어야만 할 때도 사랑을 쏟고, 온 정신을 다하여 아이를 사랑하는 어머니가 되어야 합니다.
- (나의) 돈을 (어떤) 친구 딸의 (결혼) 잔치에 보태야만 할 때, (나는) 그의 아버지에게 주었습니다.
- 어렵고 많은 일들을 수행해야만 할 때 전문 기술자들이 매우 유용합니다.
- 공장들은 노동자들이 필요할 때 어디에서, 어떻게 채용합니까?
- 가끔 돈이 필요할 때 할 수 없이 누군가의 집을 청소하는 날들도 있습니다.
- 돈이 필요하게 될 때 아슬 누나에게 간절히 부탁해서 돈을 받았습니다.
- 그의 삶을 위해서 직장(일)이 필요할 때 우리는 직장(일)을 찾아 줄 수 있습니다.

4. 문장형식: 동사어간_а + ал_ган_да 〘~ 할 수 있을 때, ~ 할 수 있으면〙

(1) 대화

☞ 이 일을 끝낼 수 없을 때 누가 도와 주었니?

Улан:	**Бул ишти бүтүрө албаганда ким жардам берди?**	이 일을 끝낼 수 없을 때 누가 도와 주었니?
	Бирөө жардам берген окшойт.	누가(어떤 사람이) 도와 준 것 같은데.
Асан:	Кубан мага жардам берди.	쿠반이 나에게 도움을 주었습니다.
	Ал менин эң жакын досум, сүрөт тартуу боюнча анын чеберчилиги абдан мыкты!	그는 미술에 관한 한 그의 기술(실력)은 정말로 훌륭합니다.
Улан:	Бул дубалга жаратылыштын кооз көрүнүшүн тарттыңар, мага абдан жагат.	(너희들은) 이 벽에 자연의 아름다운 풍경을 그렸군요, 정말로 나의 마음에 듭니다.

| Асан: | Кубандын жардамы абдан чоң! | 쿠반의 도움이 매우 큽니다. |
| Улан: | Кубанга да рахмат айтып кой. | 울란에게도 고맙다고 말해 줘. |

(2) 문장분석: 동사어간_ган_да

Этиштин уңгусу (동사의 어간)	Чакчыл (착츨)	Жардамчы Этиш (보조동사)	Тескери формасы (부정형 조사)	Атоочтук (동사의 형용사격)	Жатыш Жөндөмөсү (방향격조사)
동사의 어간	_а _е _й _о _ө	+ ал	(_ба)	_ган	_да

| 동사어근_а + ал_ган_да | ~ 할 수 있을 때, ~ 할 수 있으면 / ~ 할 수 있었을 때, ~ 할 수 있었으면 |
| 동사어근_а + ал_ба_ган_да | ~ 할 수 없을 때, ~ 할 수 없으면 / ~ 할 수 없었을 때, ~ 할 수 없었으면 |

- "동사어근_а + ал_ган_да" 는 '~ 할 수 있을 때' 와 '할 수 있었을 때' 와 같이 현재와 과거 모두로 번역이 가능하고, 그 번역은 문장 전체의 시제에 일치시켜 번역한다.

(3) 예문

- Социалдык кыймылды түзүү үчүн көп адамдарды кошо алганда ал кыймыл иш жүзүнө ашат.
- Ар ким ушул адамдай жаңы иштерди жасай алганда гана кыргыздын турмушу сопсонун болот.
- Качан гана адамдарга эркиндик болгондо, адилеттүүлүк болгондо, өз оюн эркин айта алганда гана адамдардын негизги керектөөлөрү канаттандырылат.
- Экономикага олуттуу программаларды алып келе алганда гана бир нерсеге жетебиз.
- Чындыгында, жакшы иштей алганда, кайсыл окуу жай бүткөнү маанилүү эмес.
- Экономикалык зомбулукка каршы жан аябастан күрөшө алганда гана экономикалык адилеттиги өз ордуна келет.
- Эгерде алар бизди өздөрү жакка тарта

- 사회운동을 조직하게 위해서는 많은 사람들을 참여시킬 수 있을 때 그 운동은 성공합니다.
- 모두가 이 사람처럼 새로운 일들을 만들 수 있을 때만 키르기즈의 생활이 매우 향상(좋게) 될 것입니다.
- 언제나 사람들에게 자유가 있을 때, 공의가 있을 때, 자신의 생각을 자유롭게 말할 수 있을 때만 사람들의 기본적인 필요들을 만족시켜 줍니다.
- (우리는) 경제를 위해서 (정말) 필요한 프로그램들을 가지고 올 수 있을 때만 어떤 것에 도달할 수 있습니다.
- 진짜 잘 일할 수 있으면, 어느 학교를 졸업했는지는 중요하지 않습니다.
- 경제적인 폭력에 반대하여 생명을 아끼지 않고 투쟁할 때만 경제적인 정의가 제 자리를 찾을 것입니다.
- 만약에 그들이 우리를 자기들 편으로 당길 수

- алганда алар зор күчтү алышмак.
- Кыргыздын тилин, дилин, маданиятын, көз карашын кыргыз жашоонун бардык тармагында колдоно алганда, кыргыз интеллигенциясы калыптанат.
- Алар Асандан 100 сом талап кылып, акчаны бере албаганда аны катуу сабап салышты.
- Мен айтайын деген нерселеримдин баарын айта албаганда, нараазы болуп кетем.

- 있었으면 그들은 엄청난 힘을 갖게 됐을 것입니다.
- 키르기즈의 언어, 정신, 문화, 가치관을 키르기즈인의 삶의 모든 영역에 사용할 수 있을 때, 키르기즈의 지식층이 형성 될 것입니다.
- 그들은 아산에게서 100솜을 요구했고, (아산이) 돈을 줄 수 없게 되자 그를 심하게 구타했습니다.
- 나는 말하려고 하는 모든 것을 말할 수 없을 때, 불평하게 됩니다.

■ 연습문제

1. 해석을 참고하여 ( ) 안에 있는 동사를 인칭과 시제 그리고 내용에 맞게 넣으시오.

1. Мен катты (**жаз**_____) аларды эч ким таанымак эмес.
   ▶ 내가 편지를 쓰지 않았다면 그들을 아무도 알지 못했을 것입니다.

2. Мен өлкөдөн (**кет**_____), ага окшоп өлөт элем.
   ▶ 내가 나라를 떠나지 않았다면 그와 같이 죽었을 것입니다.

3. Эгерде аны (**сат**_____) бүгүнкү күнү үч компанияда эң чоң акционер болуп калат элек да.
   ▶ 만약에 그것을 팔지 않았다면 (우리는) 오늘날 3 회사에서 가장 큰 주주가 되었을 것입니다.

4. Адилет качып (**кет**_____), аны да сабап, өлтүрмөк.
   ▶ 아딜렛이 도망가지 않았다면, 그도 때리고 죽였을 것입니다.

5. Эгерде адамдар бири-бирин (**түшүн**_____), адамдар чогуу жашай албайт.
   ▶ 만약에 사람들이 서로 서로를 이해하지 못한다면, 사람들은 함께 살 수 없습니다.

6. Тиги дарыяны (**өт**____ **кет**_____ керек **бол**_____), ким жардам бере алат?
   ▶ 저 다리를 건너 가야만 할 때, 누가 도와 줄 수 있습니까?

7. Аларды тез-тез (**алмаштыр**_____ керек **бол**_____) бир эле себеп менен гана болуш керек.
   ▶ 그것들을 빨리빨리 바꾸어야만 될 때 오직 한가지 이유에 의해서만 되어야 합니다.

8. Кээде куттуктоо үчүн акча (**чыгар**____ керек **бол**_____), биз 500 сомдон чыгарып берген болчубуз.
   ▶ 가끔씩 축하하기 위해서 돈을 내야만 할 때, 우리는 500 솜씩 냈었습니다.

9. Медициналык кызмат алгандарга консультациялык (_____ керек **бол**_____) аларга өз убагында жардам көрсөтүлбөй калышы мүмкүн.
   ▶ 의료 시술을 받은 사람들에게 상담의 도움이 필요할 때 그들에게 적절한 시간에 도움을 받지 못할 가능성이 있습니다.

10. Алар (_____ керек **бол**_____) гана пайда боло калат.
    ▶ 그들은 네가 필요할 때만 나타납니다.

11. Бул орусча катты (**оку**____ **ал**_____) ким окуп берди.
    ▶ 이 러시아어 편지를 읽지 못할 때 누가 도와 주었습니까?

12. Сен бул жүктөрдү (**көтөр**___ **ал**_____) ким жардам берди?
    ▶ 너는 이 짐들을 들지 못할 때 누가 도와 줬니?

13. Сиз ден-соолукка байланыштуу (**иште**___ **ал**_____) кантип үй-бүлөңүздү багасыз?
    ▶ 당신은 건강상으로 일하지 못 할 때 어떻게 가족을 돌 볼 것입니까?

2. 다음 문장을 해석 하시오.

1. Сен уктаганда гана эс ала аласың.
2. Сиз барып көргөндө кандай кооз экенин билесиз.
3. Сен иштегенде ден-соолугуң да жакшы болот.
4. Биз тынымсыз иштеп, кайрылуу жасап, чуркап жүрбөгөндө, азыр деле эчнерсе болмок эмес.
5. Эгерде Таластагы эли көтөрүлүп чыкпаганда, ал тийиштүү жазасын алаары күмөн эле.
6. Мен филармонияда алар менен чогуу иштеп калбаганда, жапайы музыканын кулу болуп калат элем.
7. Адил байке үй-бүлөсү менен өлкөдөн чыгып кетпегенде ким билет?
8. Базарда иштеп көрбөгөндө, базардагы кыйынчылыктарды такыр түшүнбөйсүң.
9. Америкалыктарга база керек болгондо, биз үч күн аралыгында чечип бергенбиз.
10. Мен галстукту костюм-шым кийиш керек болгондо гана тагынчу элем. Анткени негизги стилим спорттук стил болчу.
11. Ал контрактты төлөй албаганда, ким жардам бере алат?
12. Биз кыргызча которо албаганда бирөөлөрдүн жардамы керек.
13. Сен кубана албаганда ден-соолук кетет.
14. Сиз башкаларды кечире албаганда көп проблеманы туудурасыз.

1. _____
2. _____
3. _____
4. _____
5. _____
6. _____
7. _____
8. _____
9. _____
10. _____
1. _____
2. _____
3. _____
4. _____

21장 ~ 해 놓겠습니다, ~ 해 놓았습니다.

1. 문장형식: 동사어간_ып + коë_주격어미 〚~ 해 놓겠습니다, ~ 해 놓았습니다〛

   (1) 대화

☞ 당신은 어떻게 항상 지혜로운 말들을 찾아 말합니까?

Улан:	**Сиз кантип эле дайыма акылдуу сөздөрдү таап сүйлөп коёсуз?**	당신은 어떻게 항상 지혜로운 말들을 찾아 말합니까?
Асан:	Мен жаш чагымдан бери китептерди окуп келе жатам.	나는 젊었을 때부터 계속 책들을 읽어오고 있습니다.
	Булар меники эмес, мурда жашаган акылмандардын сөздөрү эле.	이 말들은 내 것이 아닙니다, 전에 살았던 현인들의 말(들)일 뿐입니다.
Улан:	Кандай китептерди окуп жатасыз?	(당신은) 어떤 책들을 읽고 있습니까?
Асан:	Мен эски, баалуу китептерди жакшы көрөм.	나는 오래된 귀한 책들을 좋아합니다.
	Көбүнчө классикалык китептерди окуйм.	(나는) 보통 고전들을 읽습니다.
	Бүт акылмандуулугу алардын китептеринде жашайт.	모든 지혜는 그들의 책(들)속에 삽니다.
Улан:	Сиз жакшы көргөн классикалык жазуучу ким?	당신이 좋아하는 고전작가는 누구입니까?
Асан:	Мен Лев Толстойду жакшы көрөм.	나는 레오 톨스토이를 좋아합니다.
Улан:	Анын кайсы чыгармасын жакшы көрөсүз?	그의 어떤 작품을 좋아하십니까?
Асан:	Мен "Согуш жана Тынчтык", "Анна Каренина" сыяктууларын жакшы көрөм.	나는 "전쟁과 평화", "안나 카레니나" 같은 (작품)들을 좋아 합니다.

☞ 학업을 마친 후에 (너의) 전공을 살릴 거니 아니면 포기할 거야?

Улан:	**Окууңду бүткөндөн кийин адистигиң менен кетесиңби же таштап коёсуңбу?**	학업을 마친 후에 (너의) 전공을 살릴 거니 아니면 포기할 거야?
Асел:	Мен адистигим боюнча иштейм.	나는 전공을 살려서 일할 것입니다.
Улан:	Сенин адистигиң эмне?	너의 전공은 뭐니?
Асел:	Менин адистигим - кыргыз тили жана адабияты.	나의 전공은 키르기즈어와 문학입니다.
Улан:	Эми кайсы кесипке ээ болосуң?	이제 어떤 직업을 가질 거니?
Асел:	Мугалим болом.	(저는) 선생님이 됩니다.
Улан:	Мугалим болуу сизге жагабы?	선생님이 마음에 듭니까?
Асел:	Мен мугалим болом деп ойлочу эмесмин.	나는 선생님이 되리라고는 생각도 못했습니다.
	Бир күнү эле досторум: «Асел, сенден мыкты мугалим чыгат, билимиң да, шыгың да бар» - дешти.	어느 날 (나의) 친구들이 «아셀, 너는 훌륭한 선생님이 될 거야» 라고 했습니다.
	Ошондуктан мугалим болууга каалоо пайда болгон окшойт.	그래서 선생님이 되려는 소원이 생긴 것 같습니다.

☞ 선생님은 나에게 "(너는) 이후로는 오지 마!"라고 했습니다.

Улан:	**Агай болсо мага "мындан ары келбей коёсуң!" – деди.**	선생님은 나에게 "(너는) 이후로는 오지 마!"라고 했습니다.
Асан:	Эмнеге?	왜?
Улан:	Этикага туура келбеген сөздөр менен сүйлөшкөн окшоймун.	예절에 맞지 않는 말로 이야기 했던 것 같습니다.
Асан:	Эмне дедиң эле?	뭐라고 말했는데?
Улан:	Менин эсимде жок.	나는 생각이 안 납니다.
Асан:	Жакшыраак ойлонуп көрсөң.	잘 생각해 봐.
Улан:	Чынында эле билбей жатам.	정말로 모르겠습니다.
Асан:	Кызык экен!	재미 있네?

☞ 너는 이것을 마시지 않을 거니?

Кубан:	**Сен ушуну ичпей эле коёсуңбу я?**	너는 이것을 마시지 않을 거니?
Асан:	Мен арак иче албайм.	나는 술 마시지 못합니다.
Кубан:	Бир стакан ичип койбойсуңбу?	한잔 마시지 않겠니?
Асан:	Жок, мен такыр иче албайм, кечирип коюңуздар!	아니요, 나는 전혀 마시지 못합니다, 용서해 주세요!
Кубан:	Эмнеге арак ичпейсиң?	왜 술 마시지 않니?
Асан:	Мен ден-соолукка байланыштуу ичпейм.	나는 건강상의 이유로 마시자 않습니다.
Кубан:	Анда, кыйнабайм, ичпесең өзүң бил.	그러면, (나는) 힘들게 하지 않을게, 이제 마시지 마.
Асан:	Рахмат!	고맙습니다!

☞ 나는 당신에 대해서 말해 놓았습니다.

Улан:	Сиз Баткенге барганда кам санабаңыз.	당신은 바트켄에 갈 때(가면) 염려하지 마세요.
Айгул:	**Мен сиз жөнүндө айтып койдум.**	나는 당신에 대해서 말해 놓았습니다.
Улан:	Чоң рахмат, кимге айтып койдуңуз?	대단히 감사합니다, 누구에게 말해 놓았습니까?
Айгул:	Менин байкеме айтып койдум. Сиз барганда, сизди тосуп алат.	나의 오빠에게 말해 놓았습니다. 당신이 가면 (그는) 당신을 맞아줄 것입니다.
Улан:	Байкеңиздин аты ким? Ал кайсы жерде иштейт жана кайсы жерден жолуксам болот?	(당신의) 오빠(형)의 이름은 무엇입니까? 그는 어디에서 일합니까 그리고 어디에서 만나면 됩니까?
Айгул:	Байкемдин аты - Нулан. Ал банкта иштейт. Сиз телефон чалсаңыз өзү чыгат.	오빠(형)의 이름은 눌란입니다. 그는 은행에서 일합니다. 당신이 전화하면 그가 나갈 것입니다.

(2) 문장분석: 동사어간 _ып + коё_주격어미

Жак (인칭)	Этиштин уңгусу	Тескери формасы (부정형 조사)	Чакчыл (착출)	Жардамчы этиш (보조동사)	Жак мүчөлөр (인칭어미)	Сурама бөлүкчө (의문형 조사)
Жекелик сан		_ба _бе _бо _бө			Жекелик сан	
Мен					_м	
Сен					_суң	
Сиз	+ 동사의 어간		_й (эле)	+ коё	_суз	_бу?
Ал					—	
Көптүк сан		_па _пе _по _пө			Көптүк сан	
Биз					_буз	_бу?
Алар					_суңар	_бы?
Сиздер					_суздар	_бы?
Алар				коюу	_ша	_бы?

동사의 어간 _ып + коё_주격어미 _бу?
~ 해 놓겠습니다, ~ 해 놓습니다, ~ 하겠습니다; ~ 해 놓으세요
~ 해 놓을까요? ~ 할 까요? ~ 해 주겠습니까? ~해 놓겠습니까?

_ба_й + коё_주격어미 _бу?
~ 하지 않(겠)습니다. ~ 해 놓지 않(겠)습니다, ~ 하지 마세요, ~ 하지 맙시다
~ 하지 않(겠)습니까? ~ 해 놓지 않(겠)습니까? ~ 하지 말까요?

_ып + кой_ду_인칭어미 _бу?
~ 해 놓았습니다
~ 해 놓았습니까?

_ба_й + кой_ду_인칭어미 _бу?
~ 해 놓지 않았습니다
~ 해 놓지 않았습니까

(3) 예문

- Концерт кандай болгондугу жөнүндө маалымат жазып коёсуз.
- Сиз кантип эле дайыма акылдуу сөздөрдү таап сүйлөп коёсуз?
- Бул маска кандай тери болбосун жумшак кылып коёт.
- Түйшүгүңөрдү таштап коёсуңар.
- Чын жүрөктөн өз оюңуздарды билдирип коёсуздар.
- Окууңду бүткөн соң өз кесибиң менен кетесиңби же таштап коёсуңбу?
- Алло, кайра телефон чалып коёсузбу?
- Өкмөт бизди алдап коёбу?

- 음악회가 어땠는지에 대하여 의견을 적어 주세요.
- 당신은 어떻게 항상 지혜로운 말들을 찾아 말합니까?
- 이 마스크는 어떤 피부라 할지라도 부드럽게 해 줍니다.
- (너희들) 세상의 근심을 던져 버려라.
- (당신들) 진심으로 당신의 생각들을 알려 주십시오.
- 학업을 마친 후에 너의 전공을 살릴 거니 아니면 포기할 거야?
- 여보세요, 다시 전화 해 주시겠습니까?
- 정부는 우리를 속이겠습니까?

- Дарегиңерди айтып коёсуңарбы?
- Сиздердин түшүнүгүңүздөрдү ачык-айкын түрдө берип коёсуздарбы?
- Ушул суроомо жооп берип коёсуздарбы?
- Алар интернет зоналарды мамлекетке тапшырып коюшабы?
- Алар ушуну жашырып жаап коюшабы?
- Досум сен барбай коёсуң, мен да барбай коём.
- Мунусун атасы көп жылдар бою кечире албай коёт.
- Биз калган акчасын бербей коёбуз.
- Ушундай акылдуу кыздарды кантип албай коёсуңар?
- Силер эч качан анын абалын түшүнбөй коёсуңар.
- Эгерде бирөө сиздерге бир жолу жаман иш кылса, эч качан кечирбей коёсуздар.
- Алар тил албаган балдарга тамак бербей коюшат.
- Алар көңүлү калгандыктан чогулуш даярдабай коюшат.
- Эртең жумушка барбай эле коёмбу?
- Кытай өзү динамикалуу өнүгүп жаткан өлкө болсо, бир жылда эле 9% жоготууга учурап жатса, чочубай коёсуңбу?
- Сен ушуну ичпей эле коёсуңбу я?
- Анын кемчилигин айтып бере аласызбы же таарынтып алам деп айтпай коёсузбу?
- Караңгы болгондуктан коркуп чыкпай коёсузбу?
- Жаңы өкмөткө башка жаңы талапты койбой коёбу?
- Анын күлкүлүү сөзүнө күлбөй коёбузбу?
- Кантип билип койдуң?
- Эмнеге чыгармачылыгыңызды эрте таштап койдуңуз?
- Ош окуясы Кыргызстандагы чет элдик студенттерди чочутуп койду.
- Дарбазаны ачып койдук.
- Муну Казак тилине которуп койдуңар.
- Абдан кыйын сууроону берип койдуңар.
- Сиздер чын эле аларга аябай сонун өбөлгө түзүп койдуңуздар.
- Алар Убактылуу өкмөткө бир нече талап коюшту.
- Адамдар өздөрүнүн жаман кейпин көрсөтүп коюшту.

- (너희들의) 주소를 말해 주겠습니까?
- 당신들이 이해한 것을 분명하게 말해 주겠습니까?
- (당신들은) 이 질문에 대답해 주겠습니까?
- 그들은 인터넷 영역을 국가에 맡겨 놓겠습니까?
- 그들은 이것을 숨겨 놓을까요?
- (나의) 친구 너는 가지 마, 나도 안 갈 거야.
- 이것을 (그의) 아버지는 여러 해 동안 용서하지 못합니다.
- 우리는 남은 돈을 주지 맙시다.
- (너희들은) 이런 지혜로운 여자들을 어떻게 받아 들이지 않는 거니?
- 너희들은 결코 그의 상황을 이해하지 못할 거야.
- 만약 누가 당신들에게 한번 나쁜 일을 하면, (당신들은) 절대로 용서하지 않습니다.
- 그들은 순종하지 않는 아이들에게는 음식을 주지 않습니다.
- 그들은 마음이 상했기 때문에 회의를 준비하지 않습니다.
- (나는) 내일 직장에 가지 않을까요?
- 중국이 역동적으로 성장하고 있는 나라이고, 1년에 9% 성장하고 있으면, 놀라지 않겠습니까?
- 너는 이것을 마시지 않을 거니?
- 그의 약점을 말해 줄 수 있습니까 또는 화나게 할 수 있다고 말하지 않습니까?
- 어둡기 때문에 무서워서 나가지 않습니까?
- 새 정부에 다른 새로운 요구를 하지 않습니까?
- (우리는) 그의 우스운 말에 웃지 않을 수 있겠습니까?
- (너는) 어떻게 알아 버렸어?
- (당신은) 을 일찍 그만 두었습니까?
- 오쉬 사태는 키르기즈스탄에 있는 외국 대학생들을 놀라게 했습니다.
- 우리는 대문을 열어 놓았습니다.
- (너희들은) 이것을 카작어로 번역해 놓았습니다.
- (너희들은) 매우 어려운 질문을 했습니다.
- 당신들은 진짜로 그들에게 매우 좋은 조건을 만들어 놓았습니다.
- 그들은 임시정부에게 몇 가지의 요구를 했습니다.
- 사람들은 자신들의 나쁜 모습을 보여 주었습니다.

■ 연습문제

1. 해석을 참고하여 (   ) 안에 있는 동사를 인칭과 시제 그리고 내용에 맞게 넣으시오.

1. Тамакты көп жеп (**кой**_____), ичим оруп баштады. ▸ (나는) 밥을 많이 먹었는지, 배가 아프기 시작합니다.
2. Бул текстти туура эмес которуп (**кой**_____)? ▸ (나는) 이 문장을 옳지 않게 번역해 놓았습니까?
3. Мага белек даярдап (**кой**_____)? ▸ (너는) 나에게 선물을 준비해 놓았니?
4. Мен үчүн төшөк да салып (**кой**_____)? ▸ (너는) 나를 위해서 이불도 깔아 놓았니?
5. Ал жердеги ички проблемаларды чыдап (**кой**_____)? ▸ 그곳에 있는 내부 문제들을 참았습니까?
6. Ошол окуядан кийин бул ишиңизди таштап (**кой**_____)? ▸ (당신은) 그 사건 이후에 이 일을 그만 두었습니까?
7. Балдарга арнап салган акчамды мамлекет жеп (**кой**_____)? ▸ 아이들을 위해서 책정된 돈을 국가가 먹어 버렸습니까?
8. Спорт менен машыгууну токтотпой (**кой**_____)? ▸ (당신은) 스포츠로 훈련(운동)을 멈추게 하지 않았습니까?
9. Асанды оңтойсуз абалга салбай (**кой**____)? ▸ (그는) 아산을 불편한 상황에 몰아 놓지 않았습니까?
10. Ал мурдагы бийликти унутпай (**кой**____)? ▸ 그는 전에 가졌던 권력을 잊지 않았습니까?
11. Өзүбүздү сыйлоону унутуп (**кой**_____)? ▸ (우리는) 우리 자신을 존중하는 것을 잊어버렸습니까?
12. Адамдардын оозун убактылуу эле жаап (**кой**_____)? ▸ (우리는) 사람들의 입을 한시적으로만 다물게 했습니까?
13. Биз ага түшүнбөй турган сөздөрдү айтып (**кой**_____)? ▸ 우리는 그에게 이해하지 못하는 말들을 말했습니까?
14. Мени санаага салып (**кой**_____)? ▸ (너희들은) 나를 근심하게 만들어 놓았구나?
15. Барып абалын сурап (**кой**_____)? ▸ (너희들은) 가서 상태를 물어 보았니?
16. Орой айткан болсом, кечирип коёсуңар. ▸ 심하게 말했다면, (너희들은) 용서해 줘.
17. Капка бурчакты салып туруп оозун байлап (**кою**_____). ▸ (그들은) 포대에 콩을 넣어서 입구를 묶어 놓았습니다.
18. Мени өлтүрүп (**кою**_____) окшойт. ▸ (그들은) 나를 죽일 것 같습니다.
19. Мен андан баш тартып (**коё**_____)? ▸ 나는 그를 배반해 버릴까요?
20. Мен ал китепти ыргытып жиберемби же башка бир оруска берип (**коё**_____)? ▸ 나는 그 책을 버려버릴까요 아니면 다른 한 러시아인 에게 줘버릴까요?
21. Эптеп алдап үйүнө барып келбей (**коё**___) деп кеткен элем. ▸ (나는) 어떻게든 핑계를 대고 집에 가면 오지 않겠다고 말하고는 떠났습니다.
22. Сиздер бир да жолу укпай (**коё**_____)? ▸ 당신들은 한 번도 듣지 않습니까?
23. Канча өлчөмдө ичүү керек экендигин айтып бербей (**коё**_____)? ▸ (당신들은) 얼마의 양으로 마셔야 하는지를 말해 주시 않습니까?
24. Жакырларды сүйбөй (**кою**_____)? ▸ (그들은) 가난한 사람들을 사랑하지 않습니까?

2. 다음 문장을 해석 하시오.

1. Кимдир бирөө капа кылып койдубу? 1. _____
2. Алар алдын ала айтып коюштубу? 2. _____

3. Алар калыстыгынан тайып коюштубу?　　3. _____

4. Баарын кыргызча жазбай койдумбу?　　4. _____

5. Чынында эле эч кимден акча албай койдумбу?　　5. _____

6. Жарым жыл бою мектепке барбай койдуңбу?　　6. _____

7. Бүгүнкү күнгө чейин аны унутпай койдуңбу?　　7. _____

8. Кыйынчылыктан ишиңизди таштабай койдуңузбу?　　8. _____

9. Уул-кызыңыздын ысымдарын өзүңүздөр тандап койдуңуздарбы?　　9. _____

10. Атаңар менен сүйлөшпөй койдуңарбы?　　10. _____

11. Жакыр адамдарга эч нерсе бербей койдуңарбы?　　11. _____

12. 10 жыл мурдагы окуяны азырга чейин укпай койдуңуздарбы?　　12. _____

13. Эртең конок келет деп эч кимге айтпай койдуңуздарбы?　　13. _____

14. Быйыл эс албай коюштубу?　　14. _____

15. Алар менин сөзүмдү такыр түшүнбөй коюштубу?　　15. _____

16. Мен чалганыңарды айтып коём.　　16. _____

17. Керек учурда өз көз карашымды айтып коём.　　17. _____

18. Атам болсо "мындан ары келбей коёсуң!" — дейт.　　18. _____

19. Кантип туулган жериңди сагынбай коёсуң!　　19. _____

20. Атаңыз чакыртып жатса, кантип барбай коёсуз?　　20. _____

21. Бүгүн биздикинен кетпей коёсуз.　　21. _____

22. Ошондуктан эч кандай чараларды да колдонбой коёсуңарбы?　　22. _____

23. Дарегиңерди айтпай эле коёсуңарбы?　　23. _____

24. Алар арасында өтө бай адамдар жокпу же жашырып койдуңуздарбы?　　24. _____

22장 (지금부터 계속) ~ 할, ~ 하는

1. 문장형식: 동사어간_a + турган 〖(지금부터 계속) ~ 할, ~ 하는〗

(1) 대화

☞ 지금 손님으로 올 사람이 있습니까?

Улан:	**Азыр коноккo келе турган адам барбы?**	지금 손님으로 올 사람이 있습니까?
Асан:	Ооба, бар.	네, 있습니다.
Улан:	Азыр атамдын достору келет.	지금의 아버지의 친구분들이 옵니다..
Асан:	Канча адам келет экен?	몇 사람이 오신 답니까?
	Алар кандай тамак жакшы көрөт экен?	그들은 어떤 음식을 좋아 하신 답니까?
Улан:	Бардыгы төрт адам келет экен.	모두 네 사람 온답니다.
	Алар "Беш бармак" жакшы көрүшөт экен.	그들은 "베쉬 바르막"을 좋아 하신답니다.
Асан:	Суусундукка эмнени алып келейин?	음료수로는 무엇을 사 올까요?
Улан:	Сок менен кола эки бөтөлкөдөн алып келиңиз.	주스와 콜라를 두 병씩 사 오세요.
Асан:	Макул!	알겠습니다!

☞ 키르기즈에는 그와 같이 일하지 않는 생산 시설들이 많습니다.

Улан:	**Кыргызстанда ал сыяктуу иштебей турган өндүрүштөр көп**.	키르기즈에는 그와 같이 일하지 않는 생산 시설들이 많습니다.
Асан:	Алар эмне үчүн иштебей калышты?	그것들은 왜 일하지 않게 되었습니다.
Улан:	СССР кулагандан кийин баары иштебей калышты.	소비에트 연방이 무너진 후에 모든 것이 일하지 않게 되었습니다.
	Чынында эле, СССР кулаганда бул республика жаңы өлкөгө айланып калмак.	진정 소비에트 연방이 무너질 때 이 공화국은 새로운 나라로 전환할 계획이 있었습니다.
Асан:	Ошондо Кыргызстанда эмне болду?	그때 키르기즈스탄에 어떤 일이 있었습니까?
Улан:	СССР кулагандан кийин демократиялык өнүгүү жолуна түштүк деген Кыргызстандын президенттери үй-бүлөлүк, коррупциялык башкарууга кирип кетишти.	소비에트 연방이 무너진 후에 민주주의 성장의 길로 들어섰다는 키르기즈스탄의 대통령들은 가족들의 부정부패로 통치하게 되었습니다.
	Ошол себептен экономикалык абалы андан да начарлап кетти.	그와 같은 이유로 경제적인 상황은 더욱 더 나빠지게 되었습니다.
Асан:	Биздин өлкөбүз да бийликтегилердин коррупциясынын кесепетине элдер өтө кыйналды.	우리 나라도 권력을 잡은 사람들의 부정부패의 나쁜 영향으로 국민들이 매우 힘들었습니다.
Улан:	Туптуура! Коррупция өлкөнүн өнүгүү жолун талкалап салат.	정말 맞습니다! 부정부패는 나라가 성장하는 길을 파괴합니다.

(2) 문장분석: 동사어간_a + тур_ган

Этиштин уңгусу	Тескери формасы (부정형 조사)	Чакчыл (착출)	Жардамчы этсиш (보조동사)	Атоочтук (동사의 형용사격)
동사의 어간	-	_a _e _й _o _ө	+ тур	_ган
	모음, 유성자음 뒤 (_ба) (_бе) (_бо) (_бө) 무성자음 뒤 (_па) (_пе) (_по) (_пө)	_й		

동사어간_a + тур_ган	~ 할, ~ 하는
동사어간_ба_й + тур_ган	~ 하지 않을, ~ 하지 않는

- **'Турган'** 은 보조동사에 동사의 형용사격 어미가 붙어진 형태로, '지금부터 계속 ~ (할 수 있는)' 이라는 의미가 담겨 있다.

(3) 예문

- Бишкекте боло турган Эл аралык конференцияда Кыргызстандын өнүгүү келечеги жөнүндө маселелер талкууланат.
- Салыштыра турган нерсе эмес.
- Ыйлай турган убак бар, күлө турган убак бар. Кайгыра турган убак бар.
- Келечекте биздин окуучуларбыз сыймыктана турган адамдар болот.
- Ушундай кыйынчылык менен бирге алдыңкы тажрыйбаларын таратып, жаштарыбызды бүтүндөй өлкө сыймыктана турган деңгээлде тарбиялап жаткан мектептерибиз.
- Өзбекстандан келе турган газдын баасы такталды.
- Мамлекеттик органдарда айтылбай турган, жазбай турган жагдайлар болот.
- Америка ушуну менен кетпей турган болуп жатат..

- 비쉬켁에 개최되는 국제회의에서 키르기즈스탄의 성장 미래에 관한 문제들이 논의되어집니다.
- (그것들은) 비교할 수 있는 것이 아닙니다.
- 울어야 하는 시간이 있고, 웃어야 하는 시간이 있습니다. 슬퍼해야 하는 시간이 있습니다.
- 미래에 우리의 학생들은 자랑스러운 사람들이 될 것입니다.
- 이런 어려움과 함께 앞선 경험들을 전하고, (우리의) 청년들을 온 나라가 자랑스러워 하는 수준까지 교육하고 있는 (우리의) 학교들입니다.
- 우즈베키스탄에서 오는 가스의 가격이 확정되었습니다.
- 국가 기관들은 발표하지 않는, (신문에) 기사화하지 않는 상황들이 생깁니다.
- 미국은 이것으로 떠나지 않는 (상황)이 되고 있습니다.

- Ал учурда бир да банк иштебей турган.
- Азыр эч нерсе курулбай иштебей турган жерге эле акча төлөтүп атат.
- Кыргызстанда ал сыяктуу иштебей турган өндүрүштөр көп.
- Бул сыймыктанбай турган иш.
- Бизде жерди сатпай турган балдар барбы?

- 그 때 은행은 하나도 일하지 않고 있었습니다.
- 지금 아무것도 건축하지 않은, 일하지 않는 땅에 세금(돈)을 매기고 있습니다.
- 키르기즈에는 그와 같이 일하지 않는 생산 시설들이 많습니다.
- 이것은 자랑스럽지 않는 일입니다.
- 우리에게 땅을 팔지 않는 청년들이 있습니까?

2. 문장형식: 동사어간_a + ал_a түр_ган 《~ 할 수 있는》

(1) 대화

☞ 이곳에 영어를 말할 수 있는 사람이 있습니까?

Улан:	**Бул жерде англисче сүйлөй ала турган адам барбы?**	이곳에 영어를 말할 수 있는 사람이 있습니까?
	Мен бир нерсени сурашым керек эле, ким мага жардам бере алат?	나는 무엇을 물어봐야 하는데, 누가 나에게 도움을 줄 수 있습니까?
Асан:	Мен англисче бир аз сүйлөй алам. Кантип жардам берейин?	나는 영어를 조금 말할 수 있습니다. 어떻게 도와 드릴까요?
Улан:	"Достук" мейманканасы кайда? Кантип барат?	도스툭 호텔이 어디입니까? 어떻게 갑니까?
Асан:	Достук" мейманканасы борбордо. Такси менен барсаңыз эң жакшы.	도스툭 호텔은 시내 중심부에 있습니다. 택시로 가시면 가장 좋습니다.
Улан:	Рахмат! Такси чакырып бере аласызбы?	고맙습니다! 택시 불러줄 수 있습니까?
Асан:	Албетте.	물론입니다.

☞ 나는 아무것도 할 수 없는 상황에 있습니다.

Улан:	**Мен эч нерсе кыла албай турган абалда калдым.**	나는 아무것도 할 수 없는 상황에 있습니다.
Асан:	Эмнеге, проблемаң барбы?	왜요, 문제가 있습니까?
Улан:	Мен жумуштан чыгарылып калдым. Кечээтен баштап жумушсуз калбадымбы? Ошондуктан ишке болгон бардык каалоо-лорум жок болуп калды.	나는 직장에서 해고 되었습니다. 어제부터 시작해서 실직자가 되지 않았습니까? 그래서 일에 대한 모든 열정(소원함)들이 없어 져버렸습니다.
Асан:	Андай эмес, бул жерде көптөгөн жумуштар бар. Сиз эч качан жумушсуз калбайсыз. Андан да жакшы жумуш бар. Издеп көрсөңүз, табасыз.	그렇지 않습니다, 이곳에 수많은 일짜리가 있습니다. 당신은 결코 직장이 없는 상태로 남지 않을 것입니다. 그보다 더 좋은 직장이 있습니다. 찾아보세요, 찾을 것입니다.
Улан:	Рахмат! Сиз мындай айткандан кийин жүрөгүмдө жаңыруу болду. Түштөн кийин чыгып көрөйүн.	고맙습니다! 당신이 이렇게 말씀하신 후에 마음이 새롭게 되었습니다. 오후에 나가 보겠습니다.

(2) 문장분석: 동사어간_a + тур_ган

Этиштин уңгусу	Чакчыл (착츨)	Жардамчы этсиш (보조동사)	Тескери формасы (부정형 조사)	Жардамчы этсиш (보조동사)	Чакчыл (착츨)	Жардамчы этсиш (보조동사)	Атоочтук (동사의 형용사격)
동사어간	_а _е _й _о _ө	ал	-	ал	_а	тур	_ган
			모음, 유성자음 뒤 (_ба) (_бе) (_бо) (_бө) 무성자음 뒤 (_па) (_пе) (_по) (_пө)		_й		

동사어간_a + ал_а тур_ган	~ 할 수 있는
동사어간_a + ал_ба_й тур_ган	~ 할 수 없는

- **'Турган'** 은 보조동사에 동사의 형용사격 어미가 붙어진 형태로, '지금부터 계속 ~ (할 수 있는)' 이라는 의미가 담겨 있다.

(3) 예문

- Бул эр жигит болсо да кыла ала турган иш эмес.
- Адам баласынын өз жыргалчылыгы үчүн кыла ала турган эң жакшы иш эмне?
- Байкасаңар, элге көбүнчө мотиви оңой, өздөрү ырдай ала турган ырлар жагат.
- Ал чындыкты сүйлөй ала турган адам болуш керектигин ар дайым айтып келген.
- Саясатта таза, абийирдүү, эртеңкисин ойлогон, элди жүрөгү менен сүйө ала турган адам бизге керек.
- Эч нерсе кыла албай турган бийлик да бар.
- Аларды кандай адамдар экендигин ажырата албай турган болуп калдык.
- Негизинен, Фергана өрөөнү жакта бири-бирине макул боло албай турган кандайдыр бир түшүнүк бар.
- Көп убакыт өткөн соң композитор генсекке ал баш тарта албай турган сумманы айтканда, ал макулдугун бериптир.

- 이것은 용감한 사람이라 할지라도 할 수 있는 일이 아닙니다.
- 인간은 자신의 풍족한 삶을 위해서 할 수 있는 가장 좋은 일은 무엇입니까?
- 관찰해봐, 사람들은 보통 내용이 쉽고, 스스로 부를 수 있는 노래들을 좋아합니다.
- 그는 진실을 말할 수 있는 사람이 되어야 함을 항상 말해 왔습니다.
- 정치에 깨끗하고, 양심이 있는, 내일을 생각하는, 백성을 마음으로 사랑할 수 있는 사람이 우리에게 필요합니다.
- 아무것도 할 수 없는 정권도 있습니다.
- 그들이 어떤 사람들인지를 분별할 수 없게 되었습니다.
- 기본적은 페르가나 분지에는 서로에게 동의하지 못하는 어떤 의식이 있습니다.
- 많은 시간이 지난 후에 작가들은 총장에게 그가 거절하지 못할 만큼의 돈을 말했을 때, 그는 허락했다고 합니다.

- Тарыхты алып карасак, кандай гана мамлекет болбосун анын борбору тышкы душмандар өтө албай турган жерде жайгашкан.
- "Ак жол" чек ара авто-бекетинде Казакстанга өтө албай турган адамдардын саны 200-300гө жетти.
- "Ысык-Көл - кыргыз элине Кудайдан берилген белек, бирок азыр аны урпактарыбызга мураска калтыра албай турган учурубуз" деп жооп берди.

- 역사를 살펴보면 어떤 나라라 할찌라도 (그 나라의) 수도는 적들이 지나갈 수 없는 곳에 위치했습니다.
- "악졸" 국경 버스 터미널에서 카자흐스탄으로 지나가지 못하는 사람들의 수는 200-300명에 달했습니다.
- 이스쿨은 키르기즈 민족에게 하나님으로부터 주어진 선물입니다, 그러나 지금은 그것을 (우리의) 자손들에게 물려 줄 수 없는 때입니다" 라고 (그는) 대답했습니다.

3. 문장형식: 동사어간_а + ал_ган 〖(지금 당장) ~ 할 수 있는〗

(1) 대화

☞ 자신의 생각을 키르기즈어로 적을 수 있는 전문가가 매우 적습니다.

Улан:	**Өзүнүн ойлорун кыргызча жаза алган адистер өтө аз.**	자신의 생각을 키르기즈어로 적을 수 있는 전문가가 매우 적습니다.
Асан:	Эмне үчүн мындай жыйынтыкка келдик?	(우리는) 왜 이 같은 결과에 도달하게 되었습니까?
Улан:	Менимче, көпчүлүктүн эне тили орус тили болуп калгандыктан эмеспи?	내 생각으로는 대부분의 사람들의 모국어가 러시아어가 됐기 때문이 아닙니까?
	Балдар кичинекей кезинде үй-бүлөсүндө кайсы тилинде сүйлөшкөнүнө жараша, эне тили да ошол тилде калыптанат.	아이들이 어릴 때 가정에서 어떤 언어를 말했느냐에 따라서 모국어도 그대로 형성됩니다.
	Ошондуктан көп учурда ар бир үй-бүлөдө кайсы тил менен сүйлөшүү абдан маанилүү деп ойлойм.	그렇기 때문에 (나는) 많은 경우에 가정에서 어떤 언어로 말하는 것은 매우 중요하다고 생각합니다.
Асан:	Мен да сиздин оюңузга макулмун!	나도 당신의 생각에 동의합니다!
	Дагы бир нерсе айтсам, Орус тили өтө бай тил болгондуктан, ар тараптуу илим жана техникалык китептердин баары орус тилинде жазылган жана анын ичиндеги бүт терминдер орус тилинде колдонулат.	또 한가지 말하자면, 러시아어가 매우 풍부한 언어이기 때문에 다양한 분야의 과학과 기술 책들의 전부가 러시아어로 기록되었고, 그 안에 있는 모든 (전문)용어는 러시아어로 사용합니다.
	Ошол себептен орус тили менен ойлоно турган адамдар көбөйдү деп ойлойм.	그와 같은 이유로 러시아어로 생각하는 사람들이 늘어났다고 생각합니다.
Улан:	Туура! Сиз айткан сөз да туура экен.	맞습니다! 당신이 말씀하신 것도 옳습니다.

☞ 나에게 아무의 마음을 상하게 하지 못하는 성격이 있습니다.

Улан:	**Менин эч кимдин көңүлүн калтыра албаган мүнөзүм бар.**	나에게 아무의 마음을 상하게 하지 못하는 성격이 있습니다.
	Ошондуктан иштегенде абдан кыйналам.	그래서 일할 때 매우 힘이 듭니다.

Асан:	Биз кантип бардык учурда, бүт адамдардын көңүлүн калтыра албайбыз? Бул мүмкүн эмес!	우리는 어떻게 모든 경우에, 모든 사람들의 마음을 상하지 않도록 할 수는 없어. 이것은 가능하지 않아!
Улан:	Мен да билем. Бирок менин мүнөзүм өтө жумшак болгондуктан жок деп айта албайм.	나도 압니다. 그러나 나의 성격이 매우 유하기 때문에 안 된다고 말하지 못합니다.
Асан:	Түшүндүм, бирок үйрөнүшүң керек да.	이해해, 그러나 배워야만 해.
Улан:	Анда мындай нерселерди кайдан үйрөнсөм болот?	그러면 이런 것들을 (나는) 어디에서 배울 수 있습니까?
Асан:	Бир менчик окуу жайды билем, ошого барып көргүн.	한 사설 학원을 아는데, 그곳에 가봐.
Улан:	Рахмат!	고맙습니다!

(2) 문장분석: 동사어간_а + тур_ган

Этиштин уңгусу	Чакчыл (착츨)	Жардамчы этсиш (보조동사)	Тескери формасы (부정형 조사)	Атоочтук (동사의 형용사격)
동사의 어간	_а _е _й _о _ө	+ ал	- 모음, 유성자음 뒤 (_ба) (_бе) (_бо) (_бө) 무성자음 뒤 (_па) (_пе) (_по) (_пө)	_ган

동사어간_а + ал_ган	(지금 당장) ~ 할 수 있는
동사어간_а + ал_ба_ган	(지금 당장) ~ 할 수 없는

- '동사어간_а ала турган' 은 보조동사에 동사의 형용사격 어미가 붙어진 형태로, '지금부터 계속 ~ 할 수 있는' 이라는 의미가 담겨 있고, '동사어간_а алган' 은 '지금 당장 ~ 할 수 있는' 이라는 의미를 가진다.

(3) 예문

- Ал - түбөлүктүү, бардыгын кыла алган даңкка ээ болгон чыныгы Кудай.
- 그는 영원하시고, 모든 것을 하실 수 있는 영광을 가지신 진정한 하나님입니다.

- Ал сахнада оюн элге кеңири жеткире алган жалгыз куудул болчу.
- 그는 무대에서 생각을 사람들에게 충분히 전달할 수 있는 유일한 개그맨이었습니다.

- Ал эпостун бардык бөлүктөрүн кеңири айта алган жомокчу болгон.
- 그는 서사시의 모든 부분들을 폭넓게 말할 수 있는 이야기꾼이었습니다.

- Ар түрдүү табийгый кырсыктарга туруштук
- 다양한 종류의 자연 재해에 견딜 수 있는 고품질의

- бере алган сапаттуу үйлөрдү кандай салуу керек?
- Келечекте адамдардын көзөмөлүсүз эркин жүрө алган роботтор пайда болот.
- Адис деген ошол китептерди окуй алган адамды билдирет.
- Командасы замандын агымын түшүнө алган билимдүү адамдардан болушу керек.
- Ал - бизди эларалык деңгээлге чыгара алган жалгыз бир инсан.
- Ал баш мыйзамды кыргызча жаза алган адистер жок дейт.
- 1 тонна көмүрдү 4,5 – 5 миң сомдон сатып ала албаган жарандар токойлорду кыюуга киришти.
- Акча алган өкмөт кызматкерлерин сот аркылуу да кетире албаган учурлар бар.
- Эч ким жооп бере албаган суроого бир кичинекей бала жооп берди.

집들을 어떻게 지어야 합니까?

- 미래에는 사람들의 감독 없이 자유롭게 움직이는 로봇들이 생길 것입니다.
- 전문가라고 하는 것은 그 책들을 읽을 수 있는 사람을 의미합니다.
- 팀은 시대의 흐름을 이해하는 지식인들이어야 합니다.
- 그는 우리를 국제 수준까지 올릴 수 있는 유일한 한 사람입니다.
- 그는 주된 법률을 키르기즈어로 적을 수 있는 전문가가 없다고 말했습니다.
- 1 톤에 석탄을 4천 5백에서 5천 솜에 살수 없는 시민들은 숲 속에 있는 나무들을 자르기 위해 (숲에) 들어 갔습니다.
- 돈을 받은 정부 공무원들을 법원을 통해서도 퇴출시키지 못하는 경우들이 있습니다.
- 아무도 답을 주지 못하는 질문에 한 어린 소년이 대답 했습니다.

4. 문장형식: 동사어간_а + ал_ган 〖(지금 당장) ~ 할 수 있는〗

(1) 대화

☞ 건강을 위해서 가능한 한 적게 사용해야 하는 음식에 첨가하는 물질들이 무엇인지 아십니까?

Улан:	**Ден-соолук үчүн мүмкүн болушунча азыраак колдонуш керек болгон тамакка кошуучу заттар эмне экенин билесизби?**	건강을 위해서 가능한 한 적게 사용해야 하는 음식에 첨가하는 물질들이 무엇인지 아십니까?
Асан:	Билишим боюнча туз, кумшекер деп ойлойм.	내가 아는 대로라면 소금과 설탕이라고 생각합니다.
	Бирок тамакка өзгөчө даам кошуучу жашыл чөптөр болсо зыян эмес окшойт.	그러나 음식에 특별한 맛을 첨가하는 녹색 풀들은 해롭지 않는 것 같습니다.
Улан:	Туура айттыңыз.	(당신은) 옳게 말했습니다.
	Адамдын өмүрү үчүн туз менен кумшекер абдан маанилүү.	사람의 생명을 위해서 소금과 설탕은 매우 중요 합니다.
	Бирок нормадан өтө ашып кетсе, абдан зыяндуу затка айланат.	그러나 표준에서 너무 많이 넘어가면 매우 위험한 물질로 변합니다.
	Өмүр үчүн алардын керек болгон нормалдуу көлөмү өтө көп эмес.	생명을 위해서 필요한 그것들의 표준 양은 그렇게 많지 않습니다.
Асан:	Ошондуктан тамак жегенде, ал өтө ачуу да, татуу да болбошу керек турбайбы!	그럴기 때문에 음식을 먹을 때, 그것은 너무 짜도 달아도 안 되는 것이군요!
	Эми жей турган тамактарды өтө ачуу да, татуу да кылбайм.	이제는 먹는 음식들을 너무 짜게도, 달게도 하지 않겠습니다.
	Рахмат!	고맙습니다!

☞ 건강을 위해서 가능한 한 적게 사용해야 하는 음식에 첨가하는 물질들이 무엇인지 아십니까?

Улан:	**Мүмкүн болушунча, колдонбошум керек болгон жаман сөздөр да бар.**	(나는) 가능한 한 사용하지 말아야만 하는 나쁜 말들도 있습니다.
Асан:	Кандай сөздөр экен?	어떤 말들인데요?
Улан:	Буларга терс маанидеги сөздөр кирет.	그것들에 부정적인 의미의 말들이 속합니다.
Асан:	Терс маанидеги сөздөр кайсылар?	부정적인 말들은 어떤 말들입니까?
Улан:	Бирөөнү кемсинткен, жамандаган, ушактаган сөздөр деп ойлойм.	누군가를 무시(멸시)하는, 악하게 말하는, 비방하는 말들입니다.
Асан:	Чындыгында, мындай жаман сөздөрдү колдонбошубуз керек. Мындай сөздөр эч кимге, эч кандай пайда алып келбейт.	정말로, (우리는) 이런 나쁜 말들을 사용하지 말아야만 합니다. 이런 말들은 아무에게도, 아무런 유익을 가져오지 않습니다

(2) 문장분석: 동사어간_а + тур_ган

	Модалдык этиш (서법)				Атоочтук (동사의 형용사격)	
Этиштин уңгусу	Тескери формасы (부정형 조사)	Кыймыл атооч (동명사 어미)	Жак мүчөлөр		Жардамчы этиш (보조동사)	
동사어간	모음, 유성자음 뒤 (_ба) (_бе) (_бо) (_бө) 무성자음 뒤 (_па) (_пе) (_по) (_пө)	_(ы)ш _(и)ш _(у)ш _(ү)ш	_인칭어미	+ керек	бол	_гон

동사의 어간_(ы)ш_인칭어미 + **керек болгон**	~ 해야(만) 하는
동사의 어간_ба_ш_인칭어미 + **керек болгон**	~ 하지 말아(만) 하는, ~ 하지 않아(만) 하는

(3) 예문

- Адам үйүнөн тышка чыгаары менен ойлонушу керек болгон көптөгөн нерсе чыгат.
- 사람은 집 밖으로 나가자 마자 생각해야만 하는 많은 것들이 발생합니다.

- Мүмкүн болушунча, азыраак колдонуш керек болгон эң зыяндуу 10 азык.
- 가능한 한 적게 사용해야만 하는 가장 해로운 10 가지 식품입니다.

- Албетте, көңүл бурулуш керек болгон нерселер бул алты насааттан гана турбайт.
- 물론 관심을 가져야만 하는 것들이 이 6 가지 교훈에만 한정되지 않습니다.

- Биздин мамлекетибиздин жерлеринде жасалыш керек болгон иш тууралуу бир эки
- 우리 나라의 땅에 실행 되어야 하는 일에 대하여 구두로 한 두 마디 제안을 하겠습니다.

- ооз сунушумду айтайын.
- Өндүрүштүк иш-аракеттерди иш жүзүнө ашыруу үчүн керек болгон байлыктарбызды жоготуп жибергенбиз.
- Ушундай коомдук иштерди аткарышы керек болгон үч зарыл себептер эмне?
- Ал профессор мугалим адистерди даярдаган окуу жайларда үйрөтүү керек болгон зарыл сабактар тууралуу кыскача айтып берди.
- Мен окуучу болгондон кийин такыр ойлонбошум керек болгон иштер бар.
- Мүмкүн болушунча, колдонбошум керек болгон жаман сөздөр да бар.
- Сен үйрөнбөшүң керек болгон нерселердин ичинде тамеки чегүү да бар.
- Чындыгында, үйгө барышың керек болгон убакыт жакындап калды.
- Мектептин тегерегинде курулбашы керек болгон бир нече имараттар бар.
- Максатыбыз үчүн аткарбашыңыз керек болгон кандайдыр бир планыңыз барбы?
- Билишиңиздер керек болгон бир нерсе бар.

- (우리는) 산업활동들을 수행하기 위해서 필요한 (우리의) 재산을 잃어 버렸습니다.
- 이와 같은 사회적인 일들을 수행해야만 하는 3 가지 꼭 필요한 이유들은 무엇입니까?
- 그 교수는 사범대학에서 가르쳐야만 하는 필수 과목들에 관하여 짧게 말해 주었습니다.
- 나는 학생인 이상 절대로 생각하지 말아야 하는 일들이 있습니다.
- (나는) 가능한한 사용하지 말아야만 하는 나쁜 말들도 있습니다.
- 네가 배워지 말아야 하는 것들 중에서 담배 피는 것도 있다.
- 진짜로 네가 집에 가야만 하는 시간이 가까웠어.
- 학교 주위에 세우지 말아야 하는 몇몇 건물들이 있습니다.
- (우리의) 목적을 위해서 수행하지 말아야 하는 (당신의) 어떤 계획이 있습니까?
- (당신들이) 알아야만 하는 한 가지가 있습니다.

5. 문장형식: 동사어간_а + ал_ган 〖(지금 당장) ~ 할 수 있는〗

(1) 대화

☞ 당신은 읽고 싶은 책들이 있습니까?

Улан:	**Сиз окугуңуз келген китептер барбы?**	당신은 읽고 싶은 책들이 있습니까?
Асан:	Албетте, бар.	물론, 있습니다.
Улан:	Кайсы китептерди окугуңуз келет?	(당신은) 어떤 책들을 읽고 싶습니까?
Асан:	Мен Ч. Айтматовдун чыгармаларын окугум келет.	나는 칭그스 아이트마톱의 작품을 읽고 싶습니다.
Улан:	Анын китептиринин арасында окуп чыккан китептер барбы?	그의 책들 가운데 읽은 책들이 있습니까?
Асан:	Мен анын "Жамийла" повестин окуп чыктым.	나는 그의 «자밀라»라는 단편소설을 읽었습니다.
Улан:	"Жамийла" кандай чыгарма экен?	«자밀라»는 어떤 작품입니까?
Асан:	Абдан кызыктуу! Мен чыгармадагы Жамийланы жакшы көрүп калдым.	정말 재미있습니다! 나는 작품속에 나오는 자밀라를 좋아하게 되었습니다.

(2) 문장분석: 동사어간_a + тур_ган

Модалдык этиш (서법)				
Этиштин уңгусу	Жак мүчөлөр	Жардамчы этиш (보조동사)	Тескери формасы (부정형 조사)	Атоочтук (동사의 형용사격)
동사어간	_гы _ги _гу _гү	_인칭어미	+ кел	모음, 유성자음 뒤 (_ба) (_бе) (_бо) (_бө) 무성자음 뒤 (_па) (_пе) (_по) (_пө)	_ген

동사의 어간_**гы**_인칭어미 + **кел_ген**	~ 하고 싶은, ~ 하고 싶어 하는
동사의 어간_**гы**_인칭어미 + **кел_бе_ген**	~ 하고 싶지 않은, ~ 하고 싶어 하지 않는

(3) 예문

- Жегим келген нерсени барган жердеги дүкөндөрдөн сатып алып жеп турчумун.
- (나는) 먹고 싶은 것들을 간 곳에 있는 상점들에서 사먹었었습니다.
- Америкалык университетте окугусу келген кыргыз абитуриенттери үчүн кандай мүмкүнчүлүктөр бар?
- 미국 대학에서 공부하고 싶은 키르기즈 학생들을 위해서 어떤 기회들이 있습니까?
- Анткени биз саясатты да, керек болсо айды, күндү да менчиктеп алгыбыз келген элбиз.
- 왜냐하면 우리는 정치도, 필요하다면 달과 해도 사유화 시키고 싶어하는 민족입니다.
- Ошондуктан билип койгула, жашаш үчүн баргыңар келген жерде кылычтан, ачарчылыктан жана жугуштуу оорудан кырыласыңар».
- 그렇기 때문에 (너희들은) 알아 두어라, (너희들은) 살기 위해 가고 싶어하는 곳에서 칼로, 기근으로, 전염병으로 멸망할 것이다.
- Өч алгың келген душманыңды кечир!
- 복수하고 싶은 (너의) 원수를 용서해라!
- Түркмөнстанда башка өлкөлөргө баргысы келген атуулдар үчүн чыгуу визалары жоюлду .
- 투르크메니스탄에서 다른 나라로 가고 싶어하는 국민들을 위한 출국 비자들은 축소 되었습니다.
- Мен баргым келбеген үйгө барышым керек болуп калды.
- 나는 가고 싶지 않은 집에 가야만 하게 되었습니다.
- Жегим келбеген тамактар барбы?
- (내가) 먹고 싶지 않는 음식들이 있나?
- Сен айткың келбеген сөздөрдү сактай аласыңбы?
- 너는 말하고 싶지 않은 말들을 지킬 수 있습니까?
- Сен досторуңа бергиң келбеген нерселер эмне?
- 너는 친구들에게 주고 싶지 않은 것들이 무엇입니까?
- Сиз окугуңуз келбеген романдар барбы?
- 당신은 읽고 싶지 않은 소설들이 있습니까?

■ 연습문제

1. 해석을 참고하여 ( ) 안에 있는 동사를 인칭과 시제 그리고 내용에 맞게 넣으시오.

1. Алтайга (**бар**___ **түр**_____) кырк жигитти кандай талаптар менен чогулттуңуздар? ▸ 알타이에 가는 40명의 남자를 어떤 요구 조건을 가지고 모았습니까?

2. Адам баласынын (**же**____ **түр**_____) жана жебей турган азыктары бар. ▸ 사람에게는 먹을 수 있는 음식들과 먹을 수 없는 음식들이 있습니다.

3. Кандайча биз (**көр**____ **ал**____ **түр**_____) ылдамдыкта айланып жаткандыгын ойлондуңуз беле? ▸ (당신은) 어떤 식으로 우리가 볼 수 없는 속도로 회전하고 있다는 것을 생각했습니까?

4. Кыргызстанды (**өнүктүр**_____ **кет**___ **ал**____ **түр**____) чыныгы лидер деп кимди көрөсүз? ▸ 키르기즈스탄을 발전시켜 나갈 수 있는 진짜 리더라고 누구를 보십니까?

5. Элдер үчүн электроэнергиянын жок учурда генератор же күндүн нуру менен (**иште**___ **ал**___ **түр**_____) аппараттар жардам беришет. ▸ 사람들을 위해서 전기 에너지가 없을 때 발전기 또는 태양 빛으로 작동할 수 있는 기구들이 도움을 줍니다.

6. Эч кимдин көңүлүн (**калтыр**___ **ал**_____) мүнөзү бар. ▸ 아무의 기분도 상하게 못하는 성격이 있습니다.

7. Биз коомдогу жарандык ынтымактын жоктугунан өзүн (**сакта**___ **кал**___ **ал**_____) улутка айланышыбыз мүмкүн. ▸ 우리는 사회 화합 시민 의식이 없기 때문에 자신을 지키지 못하는 민족으로 바뀔 수도 있습니다.

8. Ишин (**ал**____ **бар**___ **ал**____) туугандарын кызматка коюшуп, иш билгендер болсо көчөдө калышы туура эмес. ▸ 일할 능력이 없는 친척들은 관직에 앉히고, 일을 아는 사람들은 거리로 내모는 것은 옳지 않습니다.

9. Биз ушул проблеманы (**чеч**_____ **керек бол**_____) эл аралык уюм экенин билчүбүз. ▸ 우리는 이 문제를 풀어야 하는 국제 단체라는 것을 알았습니다.

10. Илимий булактарда мугалимдердин кишилик жана кесиптик жактан (**ээ бол**____ **керек бол**_____) сапаттар тууралуу абдан көп өзгөчөлүктөр жазылган. ▸ 학문들의 원천들에서 선생님들의 사람됨과 직업상으로 가져야만 하는 성품들에 대한 매우 많은 특성들이 기록되었습니다.

11. Биз бул жерден (**бар**_____ **керек бол**_____) жерлер эмне? ▸ 우리는 이곳에서 가지 말아야 하는 곳들은 무엇입니까?

12. Силер (**үйрөт**_____ **керек бол**_____) нерселер тууралуу бүгүн кечинде сөз болот. ▸ 너희들이 가르치지 말아야 하는 것들에 관해서 오늘 저녁에 말씀이 있습니다.

13. Сиздердин ага (**бер**_____ **керек бол**_____) акчаңыздар ар бир адамга 1000 сомдон турат. ▸ 당신들이 그에게 주지 않아도 되는 돈이 각 사람에게 1000 솜입니다.

14. Биз - бардыгын (**менчикте**_____ **ал**_____ **кел**_____) адамдарбыз. ▸ 우리는 모든 것을 사유화 하고 싶은 사람들 입니다.

15. Өзүңөр (**бар**_____ **кел**_____) жерге бабагыла! ▸ 너희들이 가고 싶어하지 않는 곳에는 가지마!

16. Жаза (**ал**_____ **кел**_____) адамдардын көпчүлүгү ишенимсиз болот. ▸ 벌을 받고 싶지 않아하는 사람들의 대부분은 불성실합니다.

17. Ал өлкөгө (**бар**_____ **кел**_____) адамдар абдан көбөйдү. ▸ 그 나라에 가고 싶어하지 않는 사람들이 매우 많이 늘었습니다.

2. 다음 문장을 해석 하시오.

1. Бирок келген конокту сыйлай турган тамак-аштары болбогондуктан, эмне кылабыз деп кичине тынчсызданып жатышты.
2. Кийинчерээк айта турган адам, айтпай турган адам болот экен деп ойлоп калдым.
3. Кечиргиле, айтпай турган сөз эле, бирок сиздердин жазганыңарды окуп, төмөнкү ачуу чындык сөздөрдү жазууга мажбур болуп отурам.
4. Биринчи кезекте жоопкерчилик, адилеттүү көз карашты кармай ала турган шык жана сапат болуш керек.
5. Мисалы, дөнжаңды бир жылдан ашык убакыттан кийин гана жей ала турган болдум окшойт.
6. Малдан адамдарга жугуучу оорулар менен ооруп калгандарга талаптагыдай контролду камсыз кыла албай турган абалда экени көрүнүп турат.
7. Негизи эле, адам ырлар менен жеткире албаган сезимдерин жеткире алат.
8. Өзүн сыйлай албаган, өзгөнү да сыйлабайт.
9. Эч ким талаша албаган бир улуу чындык бар.
10. Бул алар билбеши керек болгон сырлардын бири болуп саналат.
11. Силердин банкка төлөшүңөр керек болгон акчаларыңар төмөнкүдөй.
12. Борбордук Азиянын тилдеринин бирин билиши керек болгон ар кыл адистер келишти.
13. Адамдар сөзсүз түшүнүшү керек болгон абдан маанилүү бир сыр бар.
14. Ал бизге мугалимдерге болбошу керек болгон сапаттары тууралуу айтып берди.
15. Бирок айткым келген сөздөрдү ичиме сактап коёт элем да.
16. Сенин ырларыңда дүйнөгө бергиң келген универсалдуу кабарларды байкап жатам.
17. Сиз окугуңуз келген китептер барбы?
18. Силер окугусу келбеген кыргыз студенттерге кандай чараларды көрөсүңөр?

1. _____
2. _____
3. _____
4. _____
5. _____
6. _____
7. _____
8. _____
9. _____
10. _____
11. _____
12. _____
13. _____
14. _____
15. _____
16. _____
17. _____
18. _____

23장 (내가) ~ 해; (네가) ~ 할게요.

1. 문장형식: **Сен** + 동사어간_**гын(ың)** 〚내가 ~ 해 / 네가 할게요〛

   (1) 대화

   ☞ 너는 오늘 집에 일찍 와.

Жибек:	Сен бүгүн үйгө эрте келгин.	너는 오늘 집에 일찍 와.
	Бүгүн коноктор келишет.	오늘 손님들이 올 거야.
	Эрте келип мага жардам бергин.	일찍 와서 나에게 도움을 줘.
Бермет:	Ооба, сабак бүтөр менен келем.	네, 수업을 마치자 마자 오겠습니다.
	Акыркы сабак саат экиде бүтөт.	마지막 수업은 두 시에 마칩니다.
Жибек:	Азыр Бишкектен беш адам келе жатат.	지금 비쉬켁에서 다섯 사람이 오고 있습니다.
	Балким, кечки саат алтыда жетип калыш керек.	아마도, 저녁 여섯 시에 도착 할 거야.
	Биз чогуу кечки тамакты даярдайбыз.	우리는 함께 저녁을 준비합시다.
Бермет:	Макул! Кантип жардам берейин?	좋습니다! 어떻게 도와 드릴까요?
	Айтсаңыз, айтканыңызды жасап берейин.	말하시면, 말씀하신 것을 하겠습니다.

   (2) 문장분석: **Сен** + 동사어간_**гын(ың)**

Жак (인칭)	Этиштин уңгусу	Тескери формасы (부정형 조사)	Буйрук ыңгай (동사의 명령법)	
Жекелик сан (단수)	동사의 어간	_ба _бе _бо _бө	Жекелик сан	
Сен			_ (* 동사의 어간 자체)	
			_гын(ың), _гин(иң), _гун(уң), _гүн(үң)	
Сиз			_(ы)ңыз, _(и)ңиз, _(у)ңуз, _(ү)ңүз	
Ал		_па _пе _по _пө	_сын, _син, _сун, _сүн	
Көптүк сан (복수)			Көптүк сан	
Силер			_гыла, _гиле, _гула, _гүлө	
Сиздер			_(ы)ңыздар, _(и)ңиздер, _(у)ңздар, _(ү)ңүздөр	
Алар		_(ы)шсын _(ы)шпасын (부정)		

Сен + 동사어간 _гын(ың).		**Силер** + 동사어간 _гыла _ба_гыла	
(너는) 해.		(너희들은)	~해라.
			~하지 마(라).

Сиз	+ 동사어간	_ба.
		_ба_гын(ың).
(당신은)	하지마.	
Ал	+ 동사어간	_сын.
		_ба_сын.
(그는)	~ 해, ~하시오, ~하기를, ~ 이 되어라	
	~ 하지 마시오, ~ 하지마, ~ 하지 않기를	

Сиздер	+ 동사어간	_(ы)ңыздар
		_ба_ңыздар
(당신들은)	~하십시오	
	~하지 마십시오	
Алар	+ 동사어간	_(ы)шсын
		_(ы)шпасын
(그들은)	~ 해, ~하시오, ~하기를, ~ 이 되어라	
	~ 하지 마시오, ~ 하지마, ~ 하지 않기를	

- «_сын, _(ы)шсын» 3인칭 명령형 어미는 아래와 같은 의미를 가진다.
  1) '~ 해, ~ 하시오, ~이 되게 하라, 반드시 그렇게 해' 와 같이 3인칭 또는 전체 대중을 향한 명령의 의미를 나타낸다.
  2) '~ 이 되기를! ~ 을 하기를!' 강한 바램과 소원을 나타낸다.
  3) '~ 하게 하소서, ~ 이 되게 하소서.' 와 같이 하나님을 향해서 강력한 소원을 가지고 말할 때 사용한다.
  4) (~ 이 되어라.) 강력한 힘을 가지고 반드시 실행 되는 것을 전제로 말할 때 사용한다.

(3) 예문

- Сен азыр базарга баргын.
- Сиз түшкө чейин бул ишти бүтүрүңүз.
- Сен бул жерден чыгып кет.
- Сиз офиске эртең менен тогузга чейин келиңиз.
- Сен тынч отур.
- Сиз газетаны окуп бериңиз.
- Сен чындык менен бул окуя тууралуу сүйлөгүн.
- Сен бул өлкөнүн эң бийик тоосун көргүн.
- Сен балаңды караганы жумуштан тезирээк келгиниң.
- Сен көчөгө чыгып, Жина менен жолуккун.
- Сиз мага бул роман жөнүндө айтып бериңиз.
- Сиз бүгүн биринчи мектепке барыңыз.
- Сиз базарга тез чуркаңыз.
- Сен жаңы үйлөндүң, экөөңөр бактылуу болсун!

- Бара бер, сен ишенгендей болсун.
- Ишенимиңерге жараша болсун!
- Кимдин кулагы бар болсо, ал уксун!
- Ишенимиң зор экен, тилегениңдей болсун.
- Азыр сабак болуп жатат. Силер тынч отургула!
- Силер жаман жолго барбастан, Кудайга ишенгиле!
- Силер токтобостон, дароо эле үйгө баргыла!
- Силер ата-энеңерге баш ийгиле!
- Силер талаага барып түшүмүңөрдү жыйнагыла!

- 너는 지금 시장에 가.
- 당신은 점심 때까지 이 일을 끝내십시오.
- 너는 이곳에서 떠나 버려.
- 당신은 사무실에 아침 아홉 시까지 오세요.
- 너는 조용하게 앉아.
- 당신은 신문을 읽어 주십시오.
- 너는 진실로 이 사건에 대하여 이야기 해.
- 너는 이 나라의 가장 높은 산을 봐.
- 너는 (너의) 아들을 돌보기 위해 회사에서 일찍 와.
- 너는 거리에 나가, 지나를 만나.
- 당신은 나에게 이 소설에 대해서 말해 주십시오.
- 당신은 오늘 첫 번째로 학교에 가세요.
- 당신은 시장으로 빨리 뛰십시오.
- 너는 이제 막 결혼했어, 둘이 행복해야 돼! (또는 행복하기를!)

- 가거라. 네 믿음대로 될 것이다.
- 너희 믿음대로 되어라!
- 귀 있는 사람은 들어라!
- 네 믿음이 정말 크구나! 네 소원대로 될 것이다.
- 지금이 수업이 진행되고 있어. 너희들은 조용히 앉아 있어!
- 너희들은 나쁜 길로 가지 않을 뿐만 아니라 하나님을 믿어라!
- 너희들은 멈추지 않을 뿐만 아니라, 곧 바로 집에 가거라!
- 너희들은 부모에 복종(순종)해라.
- 너희들은 들에 나가 (너희들의) 추수를 하거라!

- Силер машинадан тезирээк түшкүлө!
- Силер бул китептерди бир жумуманын ичинде окуп чыккыла!
- Сиздер бул проблеманы чечип бериңиздер!
- Азыр сыйынып жатат. Силер тынч отуруңуздар!
- Кулдар кожоюндарга тырышчаактык менен кызмат кылышсын!

- 너희들은 차에서 빨리 내려!
- 너희들은 이 책들을 일 주안에 다 읽어라!
- 당신들은 이 문제를 해결해 주십시오!
- 지금은 기도하고 있어, 당신들은 조용히 않아 주세요!
- 종들은 주인들을 성실하게 섬기도록 하세요!

2. 문장형식: **Мен** + 동사어간_**айын** 〖내가 ~ 할게요〗

(1) 대화

☞ 내가 말 할게요.

Жибек:	Бул жомок тууралуу ким айта алат? Эмне жөнүндө жазылгандыгын, бул жомоктогу каармандар кимдер экендигин айтып бергиле.	이 이야기에 관하여 누가 말할 수 있습니까? (너희들은) 무엇에 관하여 썼는지, 이 이야기에 나오는 인물들은 누구인지 말해 주겠니.
Бермет:	**Мен айтайын.** Акырындык менен айтып берейин. Жомоктун аты " Түлкү менен суур". Түлкү жаман адамдын мүнөзүн, ал эми Суур болсо, жакшы адамдын мүнөзүн чагылдырат. Жомоктун аягында Суурга дайыма жамандык кылган Түлкү дыйкандын колуна түшөт.	내가 (제가) 말 할게요. 천천히 말해 드리겠습니다. 이야기의 제목(이름)은 "여우와 마멋" 입니다. 여우는 나쁜 사람의 인격(성격)을, 그리고 마멋은 좋은 사람의 인격(성격)을 나타내 줍니다. 이야기의 끝에서 마멋에게 항상 나쁜 일을 하는 여우는 농부에게 잡힙니다.
Жибек:	Азаматсың! Жакшы окуп келдиң.	참 잘했어! 잘 읽어 왔구나.

(2) 문장분석: **Мен** + 동사어간_**айын**

Жак (인칭)	Этиштин уңгусу	Тилек ыңгай (동사의 소원법)				(а)
		'а, ы, я' 모음 뒤에서	'е, э, и' 모음 뒤에서	'о, у, ю' 모음 뒤에서	'ө, ү' 모음 뒤에서	
Жекелик сан (단수) **Мен**	+ 동사어간	_(а)йын	_(е)йин	_(о)юн	_(ө)йүн	_чы _чи _чу _чү
Көптүк сан (복수) **Биз**		_(а)лык	_(е)лик	_(у)лук	_(ө)лүк	

- (a) «_чы» 은 어미는 부탁하는 느낌을 만들어서, 보다 공손한 표현을 만든다.
- «_(a)йын, _a(й)лы(к)» 은 1인칭 복수 어미로 우리가 ~ 하자 라고 할 때 쓰인다. 우리 자신에게는 명령을 하지 않기 때문에 (~하지요, ~합시다, ~할 까요) 등과 같이 소망, 희망, 간청, 제안 등의 의미를 가진다.

Мен (내가)	+ 동사어간_айын . _бы?
	~ 하겠습니다. ~ 할까요?

Биз (내가)	_(a)(й)лы. / _(a)(й)лык. _(a)(й)лы_бы? / _(a)(й)лык_пы?
	~ 하지요. ~ 할까요, ~ 합시다. ~ 하지요? ~ 할까요?

Мен (내가)	+ 동사어간_ба_айын . _бы?
	~ 하지 않겠습니다. ~ 하지 말까요?

Биз (내가)	_ба_йлы. / _ба_(й)лык. _ба_йлыбы? / _ба_(й)лыкпы?
	~ 하지 말지요. ~ 하지 말까요, ~ 하지 맙시다. ~ 하지 말지요? ~ 하지 말까요?

(3) 예문

- Мен айтайын.
- Мен сизге жакшы кабар жөнүндө айтып берейин.
- Мен бүгүн биринчи мектепке барайын.
- Мен чындык менен бул окуя тууралуу сүйлөйүн.
- Мен бул өлкөнүн эң бийик тоосун көрөйүн.
- Мен баламды сагынып кеткендиктен, жумуштан тезирээк келейин.
- Мен абдан суусадым, бул сууну ичейин.
- Мен сага айтып берейинби?
- Биз милицияга баралык.
- Биз семинарга катышып көрөлүк.
- Мен контрактты төлөп коёюн.
- Биз суусундук ичелик.
- Мен сумкаңызды алып берейин.
- Биз ырдайлык.
- Биздин досторубузга болушунча жардам берели(к).
- Макул! Биз аз аздан акчаларыбызды чогулталы(к).
- Биздин кыйынчылыктарыбыз үчүн Кудайга сыйыналы(к)!

- 내가(제가) 말할게요.
- 나는 당신에게 좋은 소식에 관해 말해 줄게요.
- 나는 오늘 첫 번째로 학교에 가겠어요.
- 나는 진실로 이 사건에 대하여 이야기 할게요.
- 나는 이 나라의 가장 높은 산을 보겠어요.
- 나는 (나의) 아들이 그리워서, 회사에서 일찍 올게요.
- 나는 아주 목마릅니다. 이 물을 마실게요.
- 나는 너에게 말해 줄까요?
- 우리는 경찰서에 가지요.
- 우리는 세미나에 참석해 봅시다.
- 나는 등록금을 내겠습니다.
- 우리는 음료수를 마십시다.
- 나는 (당신의) 가방을 들어다 주겠습니다.
- 우리는 노래합시다.
- 우리는 (우리의) 친구들에게 가능한대로 도와 줍시다.
- 좋아! 우리는 조금씩 (우리의) 돈을 모으십니다!
- 우리의 어려움들을 위해서 하나님께 기도 할까요!

■ 연습문제

1. 해석을 참고하여 ( ) 안에 있는 동사를 인칭과 시제 그리고 내용에 맞게 넣으시오.

1. Сиздер жалган дүйнөгө алданып кетпестен, Кудайга (**ишен**_____)! ▸ 당신들은 거짓 세상에 속지 않을 뿐만 아니라 하나님을 믿으세요!
2. Сиздер башка жакка кетпестен, дароо эле үйгө (**бар**_____)! ▸ 당신들은 다른 곳에 가지 않을 뿐만 아니라, 곧 바로 집에 가세요!
3. Сиздер ата-энениздерге чын жүрөгүнүздөр менен (**баш ий**_____)! ▸ 당신들은 부모님께 진심으로 복종(순종) 하세요!
4. Ал түшүмүн жыйнаганга жумушчуларды (**жибер**_____)! ▸ 그는 추수하기 위해 일군들을 보내 주시기를!
5. Ким үйдүн үстүндө болсо, ал үйүнөн бир нерсе алуу үчүн (**түш**_____)! ▸ 지붕 위에 있는 사람은 제 집 안에서 물품을 꺼내려고 내려오지 말아라!
6. Силер мектепке тез баргыла. ▸ 너희들은 빨리 학교에 가(거라).
7. Силер эртең экзамен болорун билесиңер, бүгүн кечке (**оку**_____)! ▸ 너희들은 내일 시험이 있는 것을 알고 있지, 오늘은 늦게까지 공부해라!
8. Сиз бул иштерди бүтүрүп, кечке (**укта**_____). ▸ 당신은 이 일들을 끝내고, 늦게 자세요.
9. Сиз эртең ошко баршыңыз керек, ошондуктан эртең менен эрте (**тур**_____). ▸ 당신은 내일 오쉬에 가야 합니다. 그래서 내일 일찍 일어 나세요.
10. Сен мага жакшы кабар жөнүндө айтып (**бер**_____). ▸ 너는 나에게 좋은 소식에 관해 말해 줘.
11. Сен бүгүн биринчи мектепке (**бар**_____). ▸ 너는 오늘 첫 번째로 학교에 가.
12. Сен үй тапшырмаларды бүтүрүп, кечке (**укта**_____). ▸ 너는 숙제들을 끝내고, 늦게 자.
13. Биз офиске барып (**көр**_____). ▸ 우리는 사무실에 가 봅시다.
14. Мен өзүм жолугуп (**көр**_____). ▸ 나는 혼자 만나 보겠습니다.
15. Мен эртең коноктору тосуп алуу үчүн, эртең менен эрте (**тур**_____). ▸ 나는 내일 손님들을 맞이하기 위해 아침 일찍 일어 날게요.

2. 다음 문장을 해석 하시오.

1. Сиздер бөлмөдөгү китептерди жыйнаңыздар! 1. _____
2. Сиздер тоодон акырын түшүңүздөр! 2. _____
3. Балдар ата-эненин сүйүүсүнүн кеңдиги менен узундугу, тереңдиги менен бийиктиги эмне экенин түшүнө алышсын! 3. _____
4. Сиздер жаңы ырды ырдап бериңиздер. 4. _____
5. Силер тамак жегиле. 5. _____
6. Сиздер мага жардам бериңиздер. 6. _____

7. Сиз бийигирээк сүйлөңүз, азыр угулбай жатат. 7. ___

8. Сиз койлордун канчалык көп экенин көрүңүз. 8. ___

9. Сиз апаңызга жардам беришиңиз керек, жумуштан тезирээк келиңиз. 9. ___

10. Сен эртең коноктoрду тосуп алуу үчүн, эртең менен эрте тургунуң. 10. ___

11. Кудайдын бардык периштелери Ага табынышсын! 11. ___

12. Аларда Мусанын жана пайгамбарлардын китептери бар, ошолорду угушсун! 12. ___

13. Алар да Биз сыяктуу бир болушсун! 13. ___

14. Мен телевизор көрөйүнчү 14. ___

15. Биздин апабызга кат жазып жиберели(к)! 15. ___

16. Биздин тоолорубузду сактайлы(к)! 16. ___

17. Биздин балдарыбызга жакшы кам көрөлү(к)! 17. ___

24장 만약에 ~ 하면

1. **문장형식: Эгер(де)** (인칭대명사) + 동사어간_**са**인칭어미 〖만약(에) ~ 하면〗

   (1) 대화

☞ 만약에 눈이 깨끗하면, 모든 몸이 밝을 것입니다.

Улан:	**Эгерде көзүң таза болсо, анда бүт денең жарык болот.**	만약에 (너의) 눈이 깨끗하면, 모든 (너의) 몸이 밝을 것입니다.
	Ошондой эле жүрөгүбүз таза болсо, анда бүт дүйнө жарык болот.	그와 같이 (우리의) 마음이 깨끗하면, 모든 세상이 밝아 질것입니다.
Асан:	Туура айттыңыз.	(당신은) 옳게 이야기 했습니다.
	Биздин жүрөгүбүз ач көздүккө, көрө албастыкка, кечирбестикке батты.	우리의 마음이 욕심, 시기, 용서하지 못하는 마음이 가득합니다.
	Ошондуктан бүт дүйнө караңгылыкка айланып жатат.	그렇기 때문에 온 세상이 어두움으로 변하고 있습니다.
Улан:	Биз чынында эле, болгонуна ыраазы болуп, кечиримдүү болушубуз керек.	우리는 진실로 자족하고, 용서하는 마음을 가져야 합니다.
	Ошондо биздин жашообузга жарык келет.	그때 우리의 삶에 빛이 임합니다.
Асан:	Анда өзүбүздөн баштайлы!	그러면 우리 자신부터 시작하지요!
Улан:	Жакшы! Чынында эле өзүбүздөн баштайбыз.	좋습니다! 진실로 우리 자신부터 시작합시다.

   (2) 문장분석: **Эгер(де)** 인칭어미 + 동사어간_**са**인칭어미

Шарттуу байламта (조건 접속 조사)	Жак (인칭)	Шарттуу ыңгай (동사의 조건법)			Жак мүчөлөр (인칭어미)
		Этиштин уңгусу	Тескери формасы (부정형 조사)		
Эгер(де)	Жекелик сан (단수) мен сен сиз ал	+ 동사어간	(_ба) (_бе) (_бо) (_бө) (_па) (_пе) (_по) (_пө)	_са _се _со _сө	Жекелик сан (단수) _м _ң _ңыз; (_ңиз); (_ңуз); (_ңүз) -
	Көптүк сан (단수) биз алар сиздер				Көптүк сан (단수) _к _ңар; (_ңер); (_ңор); (_ңөр) _ңыздар; (_ңиздер); (_ңуздар); (_ңүздөр)
	алар	-	-		_(ы)шса _(и)шсе _(у)шса _(ү)шсө
		-	-		_(ы)шпаса _(и)шпесе _(у)шпаса _(ү)шпөсө

Эгер(де) (인칭 대명사) + 동사어간 _**са**_인칭어미,	만약(에) (누가) ~ 하면,
Эгер(де) (인칭 대명사) + 동사어간 _**ба**_ _**са**_인칭어미,	만약(에) (누가) ~ 하지 않으면,

(3) 예문

- Эгерде биз менен барсаң, Теңирдин бизге кыла турган жакшылыгына үлүштөш болосуң».
- Эгерде сиз таштап кетсеңиз, бизди эч ким коргобойт
- Эгерде биз сүйүүдө болсок, биздин жашообуз тирүү курмандык болот.
- Эгерде көзүң таза болсо, анда бүт денең жарык болот.
- Эгерде ал чындап эле кызматынан бошотулган болсо, алардын баары ыраазы болушат.
- Эгерде сизге керек болсо, электрондук вариантын салып жиберем.
- Эгерде ал кайрадан бийликке ээ болсо, эл митингге чыгат.
- Эгерде бир падыша бир динге кирсе, анда калган бүт эл ошол динге кошулат.
- Эгерде даңкталса, Ал бул даңкты Атасына арнаган.
- Эгерде чыдасак, анда Аны менен бирге падышачылык кылабыз.
- Эгерде жоопко тартышпаса эл абдан наразы болот!
- Эгерде Мен сенин бутуңду жуубасам, анда сен Мени менен үлүштөш болбойсуң
- Эгерде жамгыр жаабаса, түшүм жакшы болбойт.
- Эгерде бүгүн шаарга газ берилбесе, газ кызматынын жетекчилерин кызматынан бошотуу маселелерине чейин чаралар көрүлөт.
- Эгерде биздин келечекибиз үчүн биз күйбөсөк, анда ким күйөт?
- Эгерде абитуриент каттоодон өтпөсө жана колунда талону болбосо, тестке киргизилбейт.
- Эгерде азыркы өкмөт бул оорчулуктан чыгуунун жолун билбесе, өлкөбүз кайрадан баш-аламандыкка берилип калат.
- Эгерде ички иштер органдары өз милдеттерин так аткара албаса, анда канчалаган адамдар кыйналат.

- 만약에 (네가) 우리와 함께 가면, 우리게 행하시는 주님의 선한 일을 함께 나누어 가지는 사람이 될 거야.
- 만약에 당신이 버리고 가시면, 우리를 아무도 보호해 주지 않을 것입니다.
- 만약에 우리가 사랑하고 있다면, 우리의 삶은 살아있는 (희생)제물이 됩니다.
- 만약에 (너의) 눈이 깨끗하면, 모든 (너의) 몸이 밝을 것입니다.
- 만약에 그가 진짜로 관직에서 쫓겨났다면, 그들 모두는 만족해 할 것입니다.
- 만약에 당신에게 필요하면, 컴퓨터로 작성된 자료 파일을 보내 드리겠습니다.
- 만약에 그 사람이 또 다시 정권을 잡으면, 국민은 시위하러 나갈 것입니다.
- 만약에 어떤 왕이 어떤 종교에 들어가면, 남은 모든 백성은 그 종교에 함께 들어갑니다.
- 만약에 영광을 받으면, 그는 이 영광을 아버지에게 바쳤습니다.
- 만약에 (우리가) 참으면, (우리는) 그와 함께 나라를 다스리게 될 것입니다.
- 만약에 (그들이) 책임을 지지 않으면 국민은 매우 불평하게 될것입니다!
- 만약에 내가 너의 다리를 씻지 않으면, 너는 나와 함께 나누어 가질 몫이 없을 것이다.
- 만약에 비가 오지 않으면, 좋은 수확을 거둘 수 없습니다.
- 만약에 오늘 도시에 가스가 공급되지 않으면, 가스 공사의 간부들을 해직시키는 문제까지 고려하게 됩니다.
- 만약에 우리의 미래를 위해서 우리가 헌신하지 않으면, 그럼 누가 헌신합니까?
- 만일 참가자가 (서류)등록에서 통과하지 못하거나 손에 입장권이 없으면, 시험장에 들여보내지 않습니다.
- 만약에 지금의 정부가 이 어려운 시기를 빠져나가는 길을 알지 못하면, (우리의) 나라는 다시 혼란에 빠지게 될 것입니다.
- 만약에 내무부의 관청들이 자기의 의무들을 정확하게 수행하지 못하면, 수많은 사람들이 어려움을 당합니다.

2. 문장형식: **Эгер(де)** (인칭 대명사) + 동사어간_**са**_인칭어미, + 동사어간_**са**_인칭어미 **болот**.
→ 〖만약에 (누가) ~ 하면, (누가) ~ 해도 됩니다〗

(1) 대화

☞ 만약에 당신이 원하시면 나와 함께 가서도 됩니다.

Улан:	**Эгерде сиз кааласаңыз, мени менен чогуу барсаңыз болот.**	만약에 당신이 원하면 나와 함께 가서도 됩니다.
Асан:	Сиз кайда барам деп чыктыңыз?	당신은 어디에 갈려고 나왔습니까?
Улан:	Мен үйлөнүү тоюна барам деп чыктым.	나는 결혼 잔치에 갈려고 나왔습니다.
Асан:	Ким үйлөнөт экен?	누가 결혼 하는데요?
Улан:	Менин эң жакын досум Адилбай үйлөнөт.	나의 가장 가까운 친구 아딜바이가 결혼합니다.
Асан:	Алар кайсы жерден той өткөрүшөт?	그들은 어디에서 잔치를 엽니까?
Улан:	Алар "Алмаз" деген кафеде өткөрүшөт.	그들은 알마즈라고 하는 식당에서 (잔치를) 진행합니다.
Асан:	Саат канчада башталат экен?	몇 시에 시작하는데요?
Улан:	Бүгүн кечки алтыда башталат.	오늘 저녁 6시부터 시작합니다.

(3) 문장분석: **Эгер(де)** 인칭어미 + 동사어간_са인칭어미

Шарттуу байламта (조건 접속 조사)	Жак (인칭)	동사어간	Шарттуу ыңгай (동사의 조건법) Тескери формасы (부정형 조사) Этиштин уңгусу		_са _се _со _сө	,	동사어간	Шарттуу ыңгай (동사의 조건법) Тескери формасы (부정형 조사) Этиштин уңгусу Жак Мүчөлөр (인칭어미)	_са _се _со _сө	Жак Мүчөлөр (인칭어미)	Сүйлөмдүн түрлөрү (문장의 종류)
Эгер(де)	Жекелик сан (단수) **Мен Сен Сиз** **Ал** Көпүк сан (복수) **Биз Алар** **Сиздер**		(_ба) (_бе) (_бо) (_бө) (_па) (_пе) (_по) (_пө)					Жекелик сан (단수) _м _ң _ңыз _ңиз _ңуз _ңүз Көпүк сан (복수) _к _ңар _ңер _ңор _ңөр _ңыздар _ңиздер _ңуздар _ңүздөр	(_ба) (_бе) (_бо) (_бө) (_па) (_пе) (_по) (_пө)		Жекелик сан (단수) _м _ң _ңыз _ңиз _ңуз _ңүз Көпүк сан (복수) _к _ңар _ңер _ңор _ңөр _ңыздар _ңиздер _ңуздар _ңүздөр	*болот.* *болобу?* *болбойт.* *болбойбу?*
	Алар		_(ы)шса / _(и)шсе _(у)шса / _(ү)шсө _(ы)шпаса / _(и)шпесе _(у)шпаса / _(ү)шпөсө						_(ы)шса / _(и)шсе, _(у)шса / _(ү)шсө, _(ы)шпаса / _(и)шпесе _(у)шпаса / _(ү)шпөсө		

Эгер(де) (인칭 대명사)	+ 동사어간_**са**_인칭어미, + 동사어간_**са**_인칭어미	*болот.* *болобу?*
만약에 (누가)	~ 하면, (누가) ~ 해도 / ~ 하면 (누가) ~ 해도 / ~ 하면	됩니다. 됩니까?
	+ 동사어간_**са**_인칭어미 *(да)*, + 동사어간_**са**_인칭어미	*болбойт.* *болбойбу?*
	~ 하면, (누가) ~ 해도 / ~ 하면 ~ (해도), (누가) ~ 하면	안됩니다. 안됩니까?
	+ 동사어간_**ба_са**_인칭어미, + 동사어간_**са**_인칭어미	*болот.* *болобу?*
	~ 하지 않으면, (누가) ~ 해도 / ~ 하면	됩니다. 됩니까?
	+ 동사어간_**ба_са**_인칭어미, + 동사어간_**са**_인칭어미	*болбойт.* *болбойбу?*
	~ 하지 않으면, (누가) ~ 해도 / ~ 하면	안됩니다. 안됩니까?
	+ 동사어간_**ба_са**_인칭어미, + 동사어간_**ба_са**_인칭어미 *(да)*	*болот.* *болобу?*
	~ 하지 않으면, (누가) ~ 하지 않아도	됩니다. 됩니까?
	+ 동사어간_**ба_са**_인칭어미, + 동사어간_**ба_са**_인칭어미	*болбойт.* *болбойбу?*
	~ 하지 않으면, (누가) ~ 하지 않으면	안됩니다. 안됩니까?

(3) 예문

- Эгерде мен аны көрсөм, жасалмасыз, чын дилден чыккан жылмаюу деп эсептесем болобу?
- Эгерде сени эшик жакка тартса, ойлонбостон конокко бара берсең болот.
- Эгерде бүт жүрөгүңдөн ишенсеңер, анда чөмүлдүрүлсөңөр болот.
- Эгерде кофени ушунчалык ичкенди кааласа-ңыздар, анда бир чыны кофе ичсеңиздер болот.
- Эгерде күйөөсүнүн көзү өтүп кетсе, анда кимге кааласа, ошого турмушка чыга берсе болобу?
- Эгерде ага караганда акчаны көбүрөөк сүйсөм, мен ага жолуксам болбойбу?
- Эгерде жакшы тааныбаган адам болсо, ага эшик ачып берсең болбойт.
- Эгерде иштегенди каалабасаң, жаңы жылдан баштап окусаң болот.
- Эгерде ачууланбасаңыз, мындан ары балаңыз-ды көрсөңүз болот.
- Эгерде Бишкекке кетпесе, бул жерде иштесе болобу?

- 만약에 내가 그를 보게 되면, 꾸미지 않고, 진심에서 나온 미소 (밝은 웃음) 라고 (나는) 생각해도 됩니까?
- 만약에 너를 문 쪽으로 잡아 당기면, (너는) 생각할 필요 없이 손님으로 가도 됩니다.
- 만약에 (너희들이) 온 마음으로 믿으면, (너희들은) 침례를 받아도 됩니다.
- 만약에 (당신들이) 커피를 정말 마시기를 원하면, (당신들은) 커피 한 잔을 마셔도 됩니다..
- 만약에 남편이 죽으면, 누구에게 (시집 가기를) 원하면, (그들은) 그 사람에게 시집을 가도 됩니까?
- 만약에 그녀 보다도 돈을 더 많이 사랑하면, 나는 그녀와 만나면 안됩니까?
- 만약에 잘 알지 못하는 사람이면, (너는) 그에게 문을 열어주면 안됩니다.
- 만약에 (네가) 일하는 것을 원하지 않으면, (너는) 새해부터 공부해도 됩니다.
- 만약에 당신이 화를 내지 않으면, (당신은) 이제부터 (당신의) 아이를 봐도 됩니다.
- 만약에 그가 비쉬켁에 가지 않으면, (그는) 이곳에서 일해도 됩니까?

- Эгерде кандай абал болсо да наалыышпаса, биз аларды мактасак болот.
- Эгерде ал силерди алдабаса, ага жашооңорду тапшырсаңар болот.
- Эгерде кар жаабаса, Ошко азыр кетсеңиздер болобу?
- Эгерде адилеттүүлүк менен башкарбаса, алар кайгырышса болот.
- Эгерде баарынан мурда аны сүйбөсөм, мен аны сүйсөм болбойбу?
- Эгерде каалабасаң, аны менен чогуу иштесең болбойт.
- Эгерде ал кечирим сурабаса, анда аны кечирсеңиз болбойт.
- Эгерде башың аябай жашы иштебесе, жаңы жумушка барбасаң болот.
- Эгерде окуганга жол ачылбаса, сиз окубасаңыз (да) болот.
- Эгерде ал каалабаса, бул жерде иштебесе болобу?
- Эгерде бизге жардам сурабаса, биз жардам бербесек болобу?
- Эгерде тамак ичпесе, силер ага даары бербесеңер болот.
- Эгерде чыгарманы окуп жатканда ушундай окшоштуктарды же дал келүүчүлүктөрдү байкасаңыз, бизге айтып берсеңиз абдан жакшы болот.
- Эгерде ден-солугу жакшы болсо, бул жерден иштеп кетсе болобу?
- Эгерде ага жардам бергибиз келсе, биз Кубанга кайрылсак болобу?
- Эгерде эртең иштебесе, бүгүн үйгө барбасаңыздар болобу?
- Эгерде акча даяр болбосо, анда Сеулга барышпаса болот.
- Эгерде англис тилин жакшы билбесе, бул жерден иштесе болбойбу?
- Эгерде алар чын жүрөгү менен иштешпесе, биз аларды мактасак болбойт.
- Эгерде ага ишенбесеңер, ага жүрөгүңөрдү толугу менен ачып берсеңер болбойт.
- Эгерде орубасаңыздар, ага бир жумуш таап берсеңиздер болбойбу?
- Эгерде чоң атасы чакырбаса, алар барышса болбойт.
- Эгерде мен ага жолукпасам, ага акчамды бербесем болобу?

- 만약에 그들이 어떤 상황이라 할찌라도 불평하지 않으면, 우리는 그들을 칭찬해도 됩니다.
- 만약에 그가 너희들을 속이지 않으면, 그에게 (너희들의) 삶을 맡겨도 됩니다.
- 만약에 눈이 내리지 않으면, (당신들은) 오쉬에 지금 떠나도 됩니까?
- 만약에 (그가) 공의로 다스리지 않는다면, 그들은 슬프해도 됩니다.
- 만약에 모든 것보다 먼저 그녀를 사랑하지 않으면, 나는 그녀를 사랑하면 안됩니까?
- 만약에 (네가) 원하지 않으면, (너는) 그와 같이 일하면 안돼.
- 만약에 그가 용서를 구하지 않으면, (당신은) 그를 용서하면 안됩니다.
- 만약에 (너의) 머리가 진짜 잘 일하지 않으면, 새로운 일에 가지 않아도 됩니다.
- 만약에 공부할 수 있는 길이 열리지 않으면, (당신은) 공부하지 않아도 됩니다.
- 만약에 (그가) 원하지 않으면, (그는) 이곳에서 일하지 않아도 됩니까?
- 만약에 우리에게 도움을 요청하지 않으면, 우리는 도와주지 않아도 됩니까?
- 만약에 그가 음식을 먹지 않으면, 너희들은 그에게 약을 주지 않아도 됩니다.
- 만약에 (당신이) 작품을 읽을 때 이런 동일한 점들이나 정확히 일치하는 것들을 관찰하면, (당신은) 우리에게 말씀해 주시면 정말 좋겠습니다.
- 만약에 (그의) 건강이 좋으면, 이곳에서 일해도 됩니까?
- 만약에 그에게 (우리가) 도움을 주고 싶으면, 우리는 쿠반에게 찾아 가면 (문의 하면) 됩니까?
- 만약에 내일 일하지 않으면, 오늘 집에 가지 않아도 됩니까?
- 만약에 돈이 준비가 안되면, (그들은) 서울에 안가도 됩니다.
- 만약에 영어를 잘 모르면, (그는) 이곳에서 일하면 안 됩니까?
- 만약에 그들이 진심으로 일하지 않으면, 우리는 그들을 칭찬하면 안됩니다.
- 만약에 (너희들은) 그를 믿지 못하면, 그에게 (너희들의) 마음을 완전히 열어주면 안됩니다.
- 만약에 (당신들이) 아프지 않으면, (당신들은) 그에게 어떤 일을 찾아주면 안됩니까?
- 만약에 (그들의) 할아버지가 초청하지 않으면, 그들은 가면 안됩니다.
- 만약에 내가 그를 만나지 못하면, (나는 그의) 돈을 주지 않아도 됩니까?

3. 문장형식: **Эгер(де)** 명사_소유격어미 + *(бар)* **бол_со,** 동사어간**_гы_**인칭어미 **келет.**
   → 〖만약에 (누구의 ~이) ~ 있으면, (누구는) ~ 하고 싶습니다〗

(1) 대화

☞ 만약에 시간이 있으면, 키르기즈어를 배우고 싶습니다.

Улан:	**Эгерде убактым бар болсо, кыргызча үйрөнгүм келет.**	만약에 시간이 있으면, 키르기즈어를 배우고 싶습니다.
Асан:	Азыр убактыңыз жокпу?	지금 (당신의) 시간이 없으세요?
Улан:	Менин кичинекей үч балам бар. Ошондуктан таптакыр бош убактым жок. Балким, үч жылдан кийин бошонуп калсам керек. Балдарым кичине чоңойгондон кийин кыргызча үйрөнөм.	(나는) 나의 작은 세 아이들이 있습니다. 그래서 전혀 여유 시간이 없습니다. 아마도, 3년 후에는 자유롭게 될 것입니다. 아이들을 조금 큰 다음에 키르기즈어를 공부할 것입니다.
Асан:	Туура, менин аялым дагы бала багып, кыргызча жакшы үйрөнө албай жатат. Бирок кичинеден-кичинеден үйрөнүп жатам.	맞아요, 나의 아내도 아이들 때문에 키르기즈어를 잘 배우지 못하고 있습니다. 그러나 조금씩 조금 식 배우고 있습니다.

(2) 문장분석: **Эгер(де)** 인칭어미 + 동사어간**_са**인칭어미

Шарттуу байламта (조건 접속 조사)	명사	Шарттуу ыңгай (동사의 조건법)					Модалдык этиш (서법)				
		Таандык мүчөсү (소유격어미) Зат атооч (명사)	Жардамчы этиш (보조동사)			동사어간	3 жактын мүчөсү (3인칭 어미) Сурама бөлүкчө (의문형 조사) Чакчыл (착출) Тескери формасы (부정형 조사) Жардамчы этиш (보조동사) Жак Мүчөлөр (인칭어미)				
		Жекелик сан _(ы)м _(ы)ң _(ы)ңыз ы, сы	(бар)	бол	_со,	~	_гы _ги _гу _гү	Жекелик сан _м _ң _ңыз _сы	кел	_е _бе	_т. _би? _т. _й _би?
Эгер(де)		Көптүк сан _(ы)быз _(ы)ңар _(ы)ңыздар ы, сы	(жок)					Көптүк сан _быз _ңар _ңыздар _сы, лары			
		Атооч жөндөмөсү -									

Эгер(де) 명사_소유격어미	+ *(бар)* **бол_со,** 동사어간**_гы_**인칭어미	келет. келеби?
만약에 (누구의 ~이)	~ 있으면, (누구는) ~ 하고 싶습	니다. 니까?
	+ *(бар)* **бол_со,** 동사어간**_гы_**인칭어미	келбейт. келбейби?
	~ 있으면, (누구는) ~ 하고 싶지	않습니다. 않습니까?
	жок бол_со, 동사 어근**_гы_**주격어미	келет. келеби?
	~ 없으면, (누구는) ~ 하고 싶습	니다. 니까?
	жок бол_со, 동사 어근**_гы_**주격어미	келбейт. келбейби?
	~ 없으면, (누구는) ~ 하고 싶지	않습니다. 않습니까?

(3) 예문

- Эгерде ден-соолугум бар болсо, жаңыдан иштегим келет.
- Эгерде акчам болсо, жаңы бут кийимди сатып алгың келеби?
- Эгерде аба-ырайы жакшы болсо, пикникке чыккыңыз келеби?
- Эгерде сага мүмкүнчүлүгүң болсо, эмнени кылгың келет?
- Эгерде ал бара турган болсо, мен Ысык Көлгө баргым келбейт.
- Эгерде сүйлөшүп жүргөн кыз болсо, эмнени алып бергиң келет?
- Эгерде акчаң жок болсо, иштеп акча алгың келеби?
- Эгерде жаман адамдар жок болсо, бул жерде жашагысы келет.
- Эгерде сенде эч кандай кемчилигиң жок болсо, эмне кылгың келет?
- Эгерде мындай адам жок болсо, мен иштегим келбейт.
- Эгерде жакшы көргөн адам жок болсо, анда баргыңыз келбейби?
- Эгерде балдарыңар жок болсо, силер жашагың-ар келбейби?
- Эгерде сүйгөн кыз жок болсо, анда үйлөнгүм келбейт.
- Эгерде ден-соолугум жок болсо, кайра иштегим келбейт.

- 만약에 (내가) 건강하다면, 새롭게 일하고 싶습니다.
- 만약에 (나는) 돈이 있으면, (너는) 새 신발을 사고 싶습니까?
- 만약에 날씨가 좋으면, (당신은) 소풍을 가고 싶습니까?
- 만약에 너에게 (가능성, 기회 또는 능력이) 있다면, (너는) 무엇을 하고 싶습니까?
- 만약에 그가 간다면, (나는) 이스쿨에 가고 싶지 않습니다.
- 만약에 사귀고 있는 여자가 있다면, (너는) 무엇을 사주고 싶니?
- 만약에 돈이 없다면, (너는) 일해서 돈을 벌고 싶니?
- 만약에 나쁜 사람들이 없으면, (그는) 이곳에서 살고 싶습니다.
- 만약에 너에게 아무런 결점이 없다면, (너는) 뭐하고 싶니?
- 만약에 이런 사람이 없다면, (나는) 일하고 싶지 않습니다.
- 만약에 좋아하는 사람이 없으면, (당신은) 가고 싶지 않습니까?
- 만약에 아이들이 없으면, (너희들은) 살고 싶지 않니?
- 만약에 사랑하는 여자가 없다면, (나는) 결혼하고 싶지 않습니다.
- 만약에 (내가) 건강하지 않다면, 다시 일하고 싶습니다.

4. **문장형식: Эгер(де)** (인칭대명사) + 동사어근**_са_**인칭어미, 동사어간**_а + ал_а_**인칭어미
   → 〖만약에 (누가) ~ 하면 (누가) ~ 할 수 있습니다〗

   (1) 대화

☞ 만약 그가 오지 않으면, 우리는 갈 수 없습니다.

Улан:	**Эгер ал келбесе, биз бара албайбыз.**	만약 그가 오지 않으면, 우리는 갈 수 없습니다.
Асан:	Эмне үчүн? Ал ким?	왜요? 그가 누군데요?
Улан:	Бара турган жолду ал гана билет. Ал - Мирлан, андан башка бизден эч ким барган жок. Былтыр Мирлан гана барып келди. Ошондуктан ал келгиче күтүп турушубуз керек.	가는 길을 그만 알고 있습니다. 그는 밀란이고, 그 외에는 아무도 간적이 없습니다. 작년에 밀란만 갔다 왔습니다. 그렇기 때문에 (우리는) 그가 올 때 까지 기다려야만 합니다.
Асан:	Айла жок турбайбы!	방법이 없네요!
Улан:	Ошондой, аны күтүүдөн башка эч нерсе кыла албайбыз го.	그래요, 그를 기다리는 것 외에는 아무것도 할 수 없겠지요.
Асан:	Эч нерсе эмес, азыр келсе керек.	괜찮아요, 지금 (바로) 올 거예요.

   (3) 문장분석: **Эгер(де)** 인칭어미 + 동사어간**_са**인칭어미

Шарттуу ыңгай (동사의 조건법)						Модалдык этиш (서법)					
							Чакчыл (착츨)				
Тескери формасы (부정형 조사)							Тескери формасы (부정형 조사)		Сурама бөлүкчө (의문조사)		
	Этиштин уңгусу						Жардамчы этиш (보조동사)				
Ша. ба. (조건 접속 조사)	Жак (인칭)						Чакчыл		Жак Мүчөлөр (인칭어미)		
				Жак Мүчөлөр (인칭어미)			Э.У.				
	Жекелик сан (단수)			Жекелик сан (단수)					Жекелик сан (단수)		
	мен сен сиз	동사어간	(_ба) (_бе) (_бо) (_бө)	м ң ңыз (низ) (нуз) (нүз)	_са _се _со _сө	+	_а _е _й _о _ө	ал	_а	_м _сың _сыз _	
Эгер(де)	ал			-							
	Көтүк сан (복수) биз силер		(_па) (_пе) (_по) (_пө)	Көтүк сан (복수) к ңар (нер) (нор) (нөр)					Көтүк сан (복수)	_бы?	
	Сиздер			ңыздар (низдер) (нуздар) (нүздөр)			_ба	_й	_быз _сыңар _сыздар		
	алар		-	(ы)**_са**					_(ы)ша _(ы)шпай		

Эгер(де) 인칭대명사 + 동사어근_са_인칭어미,	+ 동사어간_а + ал_а_인칭어미	._бы? 니다. 니까?
만약에 (누가) ~ 하면	(누가) ~ 할 수 있습	
Эгер(де) 인칭대명사 + 동사어근_баса_인칭어미,	+ 동사어간_а + ал_ба_й_인칭어미	._бы? 니다. 니까?
만약에 (누가) ~ 하지 않으면	(누가) ~ 할 수 없습	

(3) 예문

- Эгерде азыркы өкмөт эр азаматтар кабыл алса жарым жылдын ичинде бул проблеманы чече алабы?
- Эгерде кааласаң, мени таза кыла аласың.
- Эгер сиз бул ишти таштасаңыз, үй-бүлөңүз бактылуу боло албайт.
- Эгерде бир иши менен алек болгон учурда сизге келип калсак, такыр сизден жардам ала албайбызбы?
- Эгерде жакшы иштерди кылууга тырышып жатсаңар, анда силерге ким жамандык кыла алат?
- Эгерде сен окууга барбай ойногонго барсаң, жакшы баа менен бүтүрө албайсың.
- Эгерде ал дайыма жалкоо болсо, бул ишти аткара албайт.
- Эгерде сиз чакырсаңыз, ал келе албайбы?
- Эгерде сен кубанбасаң, үйдөгүлөрдүн баары кубана албайт.
- Эгерде ал сүөлөшпөсө, сиз бул тууралуу сүйлөй аласыз.
- Эгерде мен тамак жебесем, калгандар тамак жей алабы?

- 만약에 지금의 정부가 총명한 인재들을 받아들이면 반년 안에 이 문제를 해결할 수 있습니까?
- 만약에 (네가) 원하면, 나를 깨끗하게 할 수 있어.
- 만약 당신은 이 일을 그만두면, (당신의) 가족은 행복할 수 없습니다.
- 만약에 (우리가) 어떤 일로 정신 없을 때 당신에게 오면, (우리는) 전혀 당신으로부터 도움을 받을 수 없습니까?
- 만약에 착한 일들을 하려고 열심을 내고 있으면, 너희들에게 누가 나쁜 일을 할 수 있겠습니까?
- 만약에 너는 공부하러 가지 않고 놀러 다니면, 좋은 점수로 (학교를) 마칠 수 없어.
- 만약에 그가 항상 게으름을 피우면, 이 일을 수행할 수 없습니다.
- 만약에 당신이 초청하면, 그는 올 수 없습니까?
- 만약에 네가 기뻐하지 않으면, 가족 모두가 기뻐할 수 없어.
- 만약에 그가 말하지 않으면, 당신은 이것에 관하여 말할 수 있습니다.
- 만약에 내가 음식을 먹지 않으면, 나머지 사람들이 음식을 먹을 수 있습니까?

5. 문장형식: 인칭대명사 + 동사_са_인칭어미 + **экен** 《~ 하면 좋을 텐데》

(1) 대화

☞ 내일 날이 개면 좋을 텐데.

Улан: **Эртең күн ачылса экен.**
Асан: Эртең экскурсияга чыкканда кандай сонун болор эле!

내일 날이 개면 좋을 텐데. (좋겠습니다.)
내일 소풍(여행) 갈 때 얼마나 좋을까요!

Улан:	Мен телевизордон эртең күн ачылат деп уктум.	나는 텔레비전에서 내일 날씨가 맑을(개일) 거라고 들었습니다.
	Бүгүн кечке чейин жамгыр жаап, түндө токтойт деди.	오늘 늦게까지 비가 내리고, 밤에 멈출 거라고 했습니다.
	Эртең эрте менен болсо, бардыгы таптаза болот.	내일 아침에는 모든 것이 정말 깨끗하게 될 것입니다.
Асан:	Андай болсо, кандай сонун!	그렇게 된다면 얼마나 좋을까요!
Улан:	Жей турган тамактардын баары даярбы?	먹을 음식들은 다 준비됐어요?
Асан:	Албетте, баары даяр.	물론입니다, 모두 준비됐습니다.
Улан:	Машинаны болсо, мен айдап келем.	자동차는 내가 운전해 오겠습니다.

☞ (너는 너의) 아이들을 위해서 술을 마시지 않으면 좋을 텐데.

Улан:	Балдарың үчүн арак ичпесең экен.	(너는 너의) 아이들을 위해서 술을 마시지 않으면 좋을 텐데.
Асан:	Мен арак ичкенди жаман көрөм, анткени көп учурда арак ичкендер ишенимден чыгат.	나는 술 마시는 것을 안좋아 합니다. 왜냐하면 많은 경우에 술 마시는 사람들은 신실하지 못합니다.
Улан:	Мен да ичким келбейт.	나도 마시고 싶지 않습니다.
	Бирок катуу стресс болгондо өзүм да билбей арак ичем.	그러나, 심한 스트레스가 있으면 나도 모르게 술을 마십니다.
Асан:	Шылтоо айтпаңыз.	핑계 되지 마세요.
	Бардык адамдарда стресс бар.	모든 사람들에게 스트레스가 있습니다.
	Бирок арак ичип мас болбойт.	그러나 술을 마시고 술 주정하지 않습니다.
Улан:	Туура, мен алсыздыгымды мойнума алам.	맞습니다, 나는 (나의) 연약함을 인정합니다.

(2) 문장분석: 인칭대명사 + 동사_са_인칭어미 + экен

		Шарттуу ыңгай (동사의 조건법)		Модалдык этиш (서법)				
		Тескери формасы (부정형 조사)						
		Этиштин уңгусу		Жак мүчөлөр (인칭어미)				
Жак (인칭)								
Жекелик сан (단수)				Жекелик сан (단수)				
Мен				_м				
Сен			(_ба) (_бе) (_бо) (_бө)	_ң				
Сиз	동사어간			'а' 모음 뒤	'е' 모음 뒤	'о' 모음 뒤	'ө' 모음 뒤	+ экен
Ал			_са _се _со _сө	_ңыз	_ңиз	_ңуз	_ңүз	
Көптүк сан (복수)			(_па) (_пе) (_по) (_пө)	—				
				Көптүк сан (복수)				
				'а' 모음 뒤	'е' 모음 뒤	'о' 모음 뒤	'ө' 모음 뒤	
Биз				_быз	_биз	_буз	_бүз	
Алар				_ңар	_ңер	_ңор	_ңөр	
Сиздер				_ңыздар	_ңиздер	_ңуздар	_ңүздөр	
Алар			-	_(ы)шса	_(и)шсе	_(у)шса	_(ү)шсө	

인칭대명사	+ 동사_**ca**_인칭어미 + **экен**
(누가)	~ 하면 좋을 텐데(요), (또는 ~ 좋겠습니다, ~ 좋을 것 같습니다.)
	+ 동사_**ба_ca**_인칭어미 + **экен**
	~ 하지 않으면 좋을 텐데(요). (또는 ~ 좋겠습니다, ~ 좋을 것 같습니다. ~ 하고 싶습니다.)

(3) 예문

- Сенин үй-бүлөң бактылуу болсо экен.
- Сиздин иштериңиз ийгиликтүү болсо экен.
- Мен быйыл Ошко барсам экен.
- Эмки жылы болсо окууга өтсөң экен.
- Сиз бул ишканада иштеп кетсеңиз экен.
- Ал биротоло Кореядан кайтып келсе экен.
- Биз баарыбыз Бишкектен жумуш тапсак экен.
- Кышында жылуу болсо экен.
- Сиз ал тууралуу айтпасаңыз экен.
- Ал бүгүн келбесе экен.
- Мен айып (штраф) төлөбөсөм экен.
- Мен бүгүн мугалим менен жолукпасам экен.
- Сен бүгүн башка жакка кетпей, үйгө туура барсаң экен.
- Сиз мени үйрөтпөсөңүз экен.
- Ал балдар менен урушпаса экен.
- Биз жолдон адашып кетпесек экен.

- 너의 가족이 행복하면 좋을 텐데. (좋겠습니다.)
- 당신의 일들이 성공(형통)하면 좋을 텐데.
- 나는 올해 오쉬에 가면 좋을 텐데.
- 내년에는 (네가) 입학 시험에 통과하면 좋을 텐데.
- 당신은 이 회사에서 일하면 좋을 텐데.
- 그는 완전히 한국에서 돌아 오면 좋을 텐데.
- 우리 모두는 비쉬켁에서 일을 찾을 수 있으면 좋을 텐데.
- 겨울에 따뜻하면 좋을 텐데.
- 당신이 그에 관하여 말하지 않으면 좋을 텐데.
- 그가 오늘 오지 않으면 좋을 텐데.
- 나는 벌금을 내지 않으면 좋을 텐데.
- 나는 오늘 선생님과 만나지 않으면 좋을 텐데.
- 너는 오늘 다른 곳에 가지 않고, 집에 바로 가면 좋을 텐데.
- 당신은 나를 가르치려고 하지 않으면 좋을 텐데.
- 그는 아이들과 싸우지 않으면 좋을 텐데.
- 우리는 길을 잃어버리지 않으면 좋을 텐데.

6. 문장형식: **Эгер(де)** + 동사어간_**ca**_인칭어미 + 동사어근_**мак**_인칭어미

→ 〖만약(에) (누가) ~ 하면, (누가) ~ 할 계획이 있습니다〗

(1) 대화

☞ 내일 날이 개면 좋을 텐데.

Улан: **Эгерде бай болуп калсаң, жардамга муктаж болгондорго жардам бермексиңби?**
Асан: Албетте!
Өзүм жетим болуп өскөнмүн.
Ошондуктан мен кыйынчылыкты көп көрдүм.
Эгерде бай болуп калсам, жардамга муктаж болгондорго жардам бергим келет.

만약에 (네가) 부자가 되면, (너는) 도움이 필요한 사람들에게 도움을 줄 계획이 있니?
물론입니다!
내 자신이 고아로 성장했었습니다.
그래서 나는 어려움을 많이 경험했습니다.
만약에 (내가) 부자가 되면, 도움이 필요한 사람들에게 도움을 주고 싶습니다.

| Улан: | Мен азыр колумдан келишинче жетим балдарга жардам берип жатам. Кыйынчылыкты көргөн адам кыйналгандардын жүрөгүн түшүнө алат. | 나는 지금 능력이 닿는 대로 고아들에게 도움을 주고 있습니다. 어려움을 경험한 사람이 어려움을 당한 사람들의 마음을 이해할 수 있습니다. |

(2) 문장분석: **Эгер(де)** + 동사어간_**са**_인칭어미 + 동사어간_**мак**_인칭어미

	Шарттуу ыңгай (동사의 조건법)				Модалдык этиш (서법)				
	Тескери формасы (부정형 조사)			*Жак* (인칭)		*Тескери формасы* (부정형 조사)		*Сурама бөлүкчө* (의문조사)	
	Этиштин уңгусу				Кыймыл атооч (동명사 어미)		Жак мүчөлөр (인칭어미)		
	Ша. ба. (조건 접속 조사)				Эт. уңгу.				
Эгер(де) +	동사어간	(_ба) (_бе) (_бо) (_бө) (_па) (_пе) (_по) (_пө)	_са _се _со _сө	Жекелик сан (단수) _м _ң _ңыз _ңиз _ңуз _ңүз Көптүк сан (복수) к _ңар _ңер _ңор _ңөр _ңыздар _ңиздер _ңуздар _ңүздөр	+	동사어ган	**мак**	(эмес)	Жекелик сан (단수) **мын** (_мин) **сың** (_сиң) **сыз** (_сиз) Көптүк сан (복수) **пыз** (_пиз) **сыңар** (_сиңер) **сыздар** (_сиздер)	(_бы?) (_пы?)
			-	(ы)шса					
		Атоочтук (동사의 형용사격)		Жатыш жөндөмөсү (장소격조사)			_(ы)шмак		
		_ган _ген _гон _гөн	_кан _кен _кон _көн	_да _де _до _дө					

Эгер(де)	+ 동사어간_**са**_인칭어미 + 동사어근_**мак**_인칭어미	_бы?
만약(에)	(누가) ~ 하면, (누가) ~ 할 계획이 있습	니다. 니까?
	+ 동사어간_**ган_да,** + 동사어근_**мак**_인칭어미	_бы?
	~ 한다면, ~ 했다면, (누가) ~ 할 계획이 있습	니다. 니까?
	+ 동사어간_**ба_са**_인칭어미 + 동사어근_**мак**_인칭어미	_бы?
	(누가) ~ 하지 않으면, (누가) ~ 할 계획이 있습	니다. 니까?

+ 동사어근_**ба_ган_да** + 동사어근_**мак**_인칭어미	_**бы?**
(누가) ~ 하지 않는다면, ~ 하지 않았다면, (누가) ~ 할 계획이 있습	니다. 니까?

+ 동사어간_**са**_인칭어미 + 동사어간_**мак эмес**_인칭어미	_**би?**
(누가) ~ 하면, (누가) ~ 할 계획이 없습 하지 않을 것입	니다. 니까?

+ 동사어간_**ган болсо**_인칭어미 + 동사어간_**мак эмес**_인칭어미	_**би?**
(누가) ~ 하면, ~ 했다면, (누가) ~ 할 계획이 없습 하지 않(았)을 것입	니다. 니까?

+ 동사어간_**ган да** + 동사어간_**мак эмес**_인칭어미	_**би?**
(누가) ~ 하면, ~ 했으면, (누가) ~ 할 계획이 없습 하지 않(았)을 것입	니다. 니까?

+ 동사어간_**ба_са**_인칭어미 + 동사어간_**мак эмес**_인칭어미	_**би?**
(누가) ~ 하지 않으면, (누가) ~ 할 계획이 없습 하지 않을 것입	니다. 니까?

+ 동사어간_**ба_ган болсо**_인칭어미 + 동사어간_**мак эмес**_인칭어미	_**би?**
(누가) ~ 하지 않(았)으면, (누가) ~ 할 계획이 없습 하지 않(았)을 것입	니다. 니까?

+ 동사어간_**ба_ган да** + 동사어간_**мак эмес**_인칭어미	_**би?**
(누가) ~ 하지 않(았)으면, (누가) ~ 할 계획이 없습 하지 않(았)을 것입	니다. 니까?

● 동명사 어미 '_мак'은 '~ 할 계획 (마음,의향)이 있다는 것'을 의미한다. 보통 한국어로 번역할 때 '(어떤 목적을 가지고) ~ 할 것입니다, ~ 할 것입니까?'로 번역할 수 있다.

(3) 예문

- Эгерде кандайдыр бир кылмыш же кандайдыр бир жаман иш жасаган болсом, анда мен силердин наарызылыгыңарды укмакмын.
- Эгерде силерде көрсөтүлгөн кереметтер Сидондо көрсөтүлсө, анда алар күлгө отуруп, тобо кылышмак.
- Эгерде сокур болсоңор, анда мойнуңарда күнөө жок болмок.
- Эгерде ал адам душмандардын өлкөсүнөн келбесе, биз аны кабыл алмакпыз.
- Эгерде ырайым кылбаса, бир адам гана куткарылмак.

- 만약에 내가 어떤 범죄나 어떤 나쁜 일을 했다면, 나는 너희들의 불평불만을 들었을 것입니다.
- 만약에 너희들에게 보여준 기적들을 소돔에 보여 주었더라면, 그들은 재에 앉아서, 회개하였을 것이다.
- 만약에 (너희들이) 소경이라면, (너희들의 목에) 죄가 없을 것이다.
- 만약에 그 사람이 적국에서 오지 않았다면, 우리는 그를 받아 주었을 것입니다.
- 만약에 은혜를 베풀지 않으면, 한 사람만 구원 받을 것입니다.

- Эгерде өз эмгегиң менен жашабасаң, атаңдын акчасынын эсебинен жашамаксың.
- Эгерде тамеки чекпегенде, ден-соолугум жакшы болмок.
- Эгерде жаан жааса, мен үйдөн чыкмак эмесмин.
- Эгерде биз Кудайдын осуяттарына баш ийсек, анда биз мындай каргышка калмак эмеспиз.
- Эгерде биз келишимде түзүлгөндөй нефтини 60 доллардан берсек, анда станоктордун баасы 5-6 миллион долларга чыкмак эмеспи?
- Эгерде ушул келишим түзүлүп калса, 2 миллион сомду кайтарып бермек эмессиздерби?
- Эгерде жомок айтып бербесең, балдар зеригип кетишмек эмеспи?
- Эгерде согушту көрбөсөк, тынчтыктын баркын билмек эмеспиз.
- Эгерде Ал Адам Кудайдан болбосо, мындай ишти кыла алмак эмес.
- Эгерде ал күндөр кыскартылбаса, эч бир адам куткарылмак эмес.
- Эгерде чагылгандай чуркабасам, ал убакка чейин жетишип калмак эмесмин.
- Эгерде аны менен тыгыз мамиле кылбасаңар, ал жөнүндө эч качан билмек эмессиңер.
- Эгерде Мени билгениңерде, Атамды да билмексиңерби?

- 만약에 네 자신의 노동으로 살지 않으면, 네 아버지의 돈을 가지고 살게 될거야.
- 만약에 담배를 피우지 않았다면, (나는) 건강이 좋(았)을 것입니다.
- 만일에 비가 오면, 나는 집에서 나가지 않을 것입니다.
- 만약에 우리가 하나님의 계명들에 순종하면, 우리는 이런 저주를 받지 않을 것입니다.
- 만약에 우리가 계약을 체결한대로 원유를 60 달러에 주면, 기계장치들의 가격은 5-6 백만 달러까지 상승하지 않을 것입니까?
- 만약에 이런 계약이 성사되면, 2 백만 솜을 돌려주지 않을 것입니까?
- 만약에 (네가 옛날) 이야기를 말해 주면, 아이들이 지루해 하지 않을 것입니다.
- 만약에 (우리가) 전쟁을 보지 않으면, 평화의 가치를 (소중함을) 알지 못할 것입니다.
- 만약에 그 사람이 하나님으로부터가 아니면, 이런 일을 할 수 없을 것입니다.
- 만약에 그 날들을 감하지 않으면, 아무도 구원받지 못할 것입니다.
- 만약에 (나는) 번개같이 뛰지 않으면, (나는) 그 시간까지 도착하지 못할 것입니다.
- 만약에 (너희들은) 그와 깊은 관계를 하지 않으면, 그에 대해서 결코 알지 못할 것입니다.
- 만약에 (너희들이) 나를 알게 될 때, (나의) 아버지도 알 계획(마음)이 있습니까?

7. 문장형식: **Эгер(де)** + 동사어간_**са**_인칭어미 + 동사어간**(ы)ш**_인칭어미 **керек**

   → 〖만약(에) (누가) ~ 하면, (누가) ~ 해야(만) 합니다〗

(1) 대화

☞ 나는 아무리 피곤해도, 회사에 가야만 합니다.

Улан:	**Мен абдан чарчасам да, жумушка барышым керек.**	나는 아무리 피곤해도, 회사에 가야만 합니다.
	Кечээ эжемдин баласынын үйлөнүү тою болду, ошондуктан кечээ кечке чейин кафеде отурдук.	어제 누님의 아들의 결혼식이 있었습니다, 그래서 어제 늦게까지 식당에 있었습니다.
	Бирок бүгүн жумушта маанилүү бир иш бар. Ошол себептен чарчасам да, жумушка	그러나 오늘 회사에 중요한 어떤 일이 있습니다. 그런 이유로 피곤해도, 회사에 가야만 합니다.

баршым керек.

Асан: Бүгүн эс алсаңыз жакшы болмок. (당신은) 오늘 쉬는 것이 좋겠습니다.
Иш дагы маанилүү, бирок ден соолук андан 일도 중요합니다, 그러나 건강은 그보다 더
да манилүү! 중요합니다.

Улан: Мен үчүн ойлонуп жатканыңызга чоң рахмат! 저를 생각해 주셔서 대단히 감사합니다!

(3) 문장분석: **Эгер(де)** + 동사어간_**са**_인칭어미 + 동사어간**(ы)ш**_인칭어미 **керек**

Шарттуу ыңгай (동사의 조건법)			Жак мүчөлөр (인칭어미)		Модалдык этиш (서법)			
Тескери формасы (부정형 조사)					Тескери формасы (부정형 조사)	Жак мүчөлөр (인칭어미)		
Этиштин уңгусу				Э.У.		Жекелик сан (단수)	Көптүк сан (복수)	
Жак (인칭)								
Жекелик сан (단수)			Жекелик сан (단수)		'а, ы, я' 모음 뒤	_м	_быз	
Мен	동사어ӊ	(_ба) (_бе) (_бо) (_бө) (_па) (_пе) (_по) (_пө)	м	동사어간		_ң	_ңар	
Сен			ң		_(ы)ш	_ңыз	_ңыздар	
Сиз			ңыз (ңиз) (ңуз) (ңүз)			—	—	
Ал			-		'е, э, и' 모음 뒤	_м	_биз	керек
Көптүк сан (복수)			Көптүк сан (복수)	_ба _бе _бо _бө _па _пе _по _пө		_ң	_ңер	(зарыл)
Биз			к		_(и)ш	_ңыз	_ңиздер	
Алар			ңар (ңер) (ңор) (ңөр)			—	—	
					'о, у' 모음 뒤	_м	_буз	
						_ң	_ңар	
					_(у)ш	_ңуз	_ңуздар	
Сиздер			ңыздар (ңиздер) (ңуздар) (ңүздөр)		'ө, ү' 모음 뒤	_м	_бүз	
						_ң	_ңөр	
					_(ү)ш	_ңүз	_ңүздөр	
Алар			-	(ы)ш_са_				

(Эгер(де))	인칭대명사 +	동사어간_**са**_인칭어미, 동사어간_**са**_인칭어미, 동사어간_**ба_са**_인칭어미 (да), 동사어간_**ба_са**_인칭어미 (да),	동사어간_**(ы)ш**_인칭어미 **керек** 동사어간_**ба_ш**_인칭어미 **керек** 동사어간_**(ы)ш**_인칭어미 **керек** 동사어간_**ба_ш**_인칭어미 **керек**	. _пи?
(만약(에))		(누가) ~ 하면, (누가) ~ 하면, (누가) ~ 하지 않으면, (않아도) (누가) ~ 하지 않으면, (않아도)	(누가) ~ 해야(만) 합니 (누가) ~ 하지 않아야(만) 합니 (누가) ~ 해야(만) 합니 (누가) ~ 하지 않아야(만) 합니	다. 까?

(3) 예문

- Эгерде бирөөлөр мыйзамсыздык менен сенин жериңди басып алса, болгон күчүң менен аларга карыш күрөшүшүң керек.
- Эгерде мамлекет өз атуулдарын жумуш менен камсыз кыла албаса, анда жок дегенде алардын чет өлкөдөгү укугун коргош керек.
- Эгерде ошол эле студент экинчи секцияга да катышам десе, анда ал 100 сом төлөшү керекпи?
- Эгерде сиз жогорку окуу жайга тапшырууну чечсеңиз, анда бир жыл катуу окушуңуз керек.
- Эгер сиз шайлоо комиссияларына кайрылууну чечсеңиз, анда төмөнкүлөрдү кабыл албашыңыз керек.
- Өлкөдө 500дөй судьялар бар, эгерде ар бири 100 миң долларга кызматты сатып алышпаса, баары жумушсуз калышы керек.
- Эгерде сүйүү менен оруп калбаса, ал ооруну айыктырышыбыз керек.
- Эгерде ал иштебесе, силер иштешиңер керекпи?
- Эгерде туз өз даамын жоготпосо, эч качан аны таштабашыңыз керек.
- Эгерде аларга бербесеңер, алардан жардам сурабашыңар керек.
- Эгерде ал башкалардын күнөөлөрүн кечирбесе, силер да аны кечирбешиңер керек.
- Эгерде сыйлыкты алууга татыктуулар болбосо, бербешибиз керек.
- Эгерде ишенимдүүлүк болбосо, эч качан акчаларды бербешиңиздер керек.
- Мен акчам жок болсо да, окуганга умтулам.
- Сага жакпай калса да, бул иш болсо кылышың керек.

- 만약에 어떤 사람들이 불법으로 너의 땅을 점령하면, (너는) 있는 힘을 다해 그들에게 저항하여 싸워야 해.
- 만일 국가가 자국 국민을 일자를 통해서 보살피지 못하면, 적어도 외국에서 그들의 권리를 보호해야 합니다.
- 만약에 바로 그 학생이 두 번째 부문(섹션)에도 참석한다고 하면, 그는 100 솜을 내야 합니까?
- 만약에 당신이 대학교에 진학하기로 결정했다면, (진짜) 1 년 열심히 공부해야 합니다.
- 만약에 당신이 선거 (관리) 위원회에 참여하기로 결정했다면, 아래에 있는 것들을 받아 들이면 안됩니다.
- 나라에 500 명 정도의 판사들이 있고, 만약에 각각의 판사의 직을 십만 달러에 사지 않으면, 모두 실업자로 남아야만 합니다.
- 만약에 상사병으로 아픈 게 아니라면, 그 병을 (우리는) 고쳐야만 합니다.
- 만약에 (그가) 일하지 않으면, 너희이 일해야 합니까?
- 만약에 소금이 자기의 맛을 잃지 않으면, (당신들은) 결코 그것을 버리지 않아야 합니다.
- 만약에 (너희들이) 그들을 도와주지 않으면, 그들에게 도움을 요청하면 안됩니다.
- 만약에 그가 다른 사람의 죄들을 용서하지 않으면, 너희들도 그를 용서하지 말아야 합니다.
- 만약에 상을 받기에 합당하지 않으면, 주지 말아야 합니다.
- 만약에 신실하지 않으면, 결코 (당신은) 돈(들)을 주지 않아야 합니다.
- 나는 돈이 없어도, 공부하기 위해서 노력합니다.
- 네 마음에 들지 않아도, 이 일은 해야만 해.

8. 문장형식: *(Эгер(де))* + 인칭대명사 + 동사어근_**са**_인칭어미, + 동사어간_**уу**_인칭어미 **керек**

 → 〖 *(만약(에))* (누가) ~ 하면, (누가) ~ 하는 것이 필요합니다, 또는 (~ 해야(만) 합니다)〗

(1) 대화

☞ 만약에 (너희들이) 신실한 사람이 되겠다고 하면, 비밀들을 밖에 누설하지 말아야 합니다.

Улан:	**Эгерде ишенмидүү адам болом десеңиз, сырларды сыртка чыгарбооңуз керек.**	만약에 (너희들이) 신실한 사람이 되겠다고 하면, 비밀들을 밖에 누설하지 말아야 합니다.

Асан:	Туура айттыңыз.	옳게 말했습니다.
	Ишенимдүү адам өзү айткан сөзүнө бекем турушу керек.	신실한 사람은 자기가 한 말에 강하게 서야 합니다. (지켜야 합니다.)
	Эгерде биз өзү айткан сөзүнө ишене албасак, анда кантип анын иштерине ишене алабыз?	만약에 우리가 그가 한 말을 믿을 수 없으면, 어떻게 그가 한 일을 믿을 수 있겠습니까?
Улан:	Ошондой эле убаданы кандай болбосун аткарышыбыз керек.	(우리는) 그처럼 약속은 어떠한 경우라도 지켜야만 합니다.
	Бирок азыркы адамдар убаданы анча баалабай калды.	그러나 지금의 사람들은 약속을 그렇게 귀하게 여기지 않습니다.
Асан:	Мен да сиздей ойлойм.	나도 당신과 같이 생각합니다.

(2) 문장분석: **Эгер(де)** + 동사어간_**са**_인칭어미 + 동사어간_**уу**_인칭어미 **керек**

	Шарттуу ыңгай (동사의 조건법)			Модалдык этиш (서법)				
	Тескери формасы (부정형 조사)		Жак мүчөлөр (인칭어미)	Э.Т	Кыймыл атооч (동명사 어미)		Жак мүчөлөр (인칭어미)	
Этиштин уңгусу Жак (인칭)					Оң Формасы (긍정형)	Тескери формасы (부정형)	Жекелик сан (단수)	Көптүк сан (복수)
Жекелик сан (단수) **Мен Сен Сиз Ал**	_ба _бе _бо _бө _па _пе _по _пө	동사어간	Жекелик сан (단수) м ң ңыз (ңиз) (ңуз) (ңүз) -	, 동사어간	'а, ы, я' (모음 뒤) _уу		_м _ң _ңуз	_буз _ңар _ңуздар
						_боо	–	–
		_са _се _со _сө			'е, э, и' (모음 뒤) _үү, _өө		_м _ң _ңуз	_буз _ңөр _ңуздөр
Көптүк сан (복수)			Көптүк сан (복수) к ңар (ңер) (ңор) (ңөр) ңыздар (ңиздер) (ңуздар) (ңүздөр)			_бөө	–	–	керек (зарыл)
Биз Алар Сиздер					'о, у' (모음 뒤) _уу		_м _ң _ңуз	_буз _ңар _ңуздар
						_боо	–	–
					'ө, ү' (모음 뒤) _үү		_м _ң _ңуз	_буз _ңөр _ңуздөр
Алар			- (ы)ш_са_			_бөө		

(Эгер(де))	인칭대명사 +	동사어간_**са**_인칭어미,	동사어간_**уу**_인칭어미 **керек**	.
		동사어간_**са**_인칭어미,	동사어간_**боо**_인칭어미 **керек**	
		동사어간_**ба_са**_인칭어미 (да),	동사어간_**уу**_인칭어미 **керек**	_пи?
		동사어간_**ба_са**_인칭어미 (да),.	동사어간_**боо**_인칭어미 **керек**	

(만약(에))	(누가) ~ 하면,	(누가) ~ 하는 것이 필요합니	니다.
	(누가) ~ 하면,	(누가) ~ 하지 않는 것이 필요합니	
	(누가) ~ 하지 않으면, (않아도)	(누가) ~ 하는 것이 필요합니	니까?
	(누가) ~ 하지 않으면, (않아도)	(누가) ~ 하지 않는 것이 필요합니	

- '동사어간_уу_인칭어미 керек' 은 기본적으로 '~ 하는 것이 필요합니다.' 라는 의미를 가지며, 한국어 번역할 때 '~ 해야 합니다' 로 번역해도 된다.

(3) 예문

- Эгерде кабыл алгыңар келсе, келе турган ким экенин билүү зарыл.
- Эгерде Мен жиндерди Кудайдын Руху менен кууп чыгарып жаткан болсом, анда кубанууңар керек.
- Эгерде адилеттүү болсо, пайдаңызды бөлүшүп алуу зарыл.
- Эгерде ишенмидүү адам болом десеңиз, сырларды сыртка чыгарбооңуз керек.
- Эгерде Мусага ишенсеңер, Мага да ишенүү керек.
- Эгерде бактылуу болгум келсе, анда буларды аткаруу керекпи?
- Эгерде анын жазгандарына ишенбесеңер, башка ишенимдүү адамдардан сурап көрүү керек.
- Эгерде ишенбесеңиз, бул жерге келбөөңүз керек.
- Эгерде мен чындыкты айтпасам, анда уялуум керекпи?
- Эгерде бири-бириңерди жек көрбөсөңөр, анда бири-бириңерди жамандабооңор керек.

- 만약에 (너희들이) 영접하기를 원하면, 오는 사람이 누구인지를 아는 것이 필요합니다.
- 만약에 내가 귀신들을 하나님의 성령으로 쫓아내는 것이라면, 너희들은 기뻐해야 합니다.
- 만약에 공정하다면, (당신의) 이익을 나누어 가지는 것이 필요합니다.
- 만약에 (너희들이) 신실한 사람이 되겠다고 하면, 비밀들을 밖에 누설하지 말아야 합니다.
- 만약에 모세를 믿었다면, (너희들은) 나를 믿어야 합니다.
- 만약에 (내가) 행복하기를 원하면, 이것들을 실천해야 합니까?
- 만약에 (너희들은) 그가 기록한 것을 믿지 못하면, 신뢰할 만한 다른 사람들에게 물어서 알아보는 것이 필요합니다.
- 만약에 (당신이) 믿지 않으면, 이곳에 오지 않아야 합니다.
- 만약에 내가 진리를 말하지 않으면, (나는) 부끄러워해야만 합니다.
- 만약에 (너희들이) 서로를 미워하지 않으면, 서로를 나쁘게 말하지 않아야 합니다.

9. 문장형식: 인칭대명사 + 동사어근_са_인칭어미, + 동사어간_айын

→ 〚(누가) ~ 하면 (누가) ~ 할까요. (-하겠습니다)〛

(3) 대화

☞ 만약에 부족한 어떤 것이 있으면, 우리 함께 기도 하지요.

Улан:	**Эгерде жетишпеген бир нерсе бар болсо, анда биз чогуу сыйыналы.**	만약에 부족한 어떤 것이 있으면, 우리 함께 기도 하지요.
Асан:	Сыйынганда Кудай береби?	기도하면 하나님이 줍니까?
Улан:	Кудай жүрөктү көрөт.	하나님께서는 마음을 보십니다.
	Эгерде чын жүрөгүң менен сыйынсаң, Кудай	만약에 진심으로 기도하면, 하나님께서는

	сага сураганыңды берет.	너에게 (네가) 구한 것을 주십니다.
Асан:	Андай болсо, менин апам үчүн сыйынгым келет.	그렇다면, 나의 엄마를 위해서 기도하고 싶습니다.
	Анткени азыр ооруп жатат.	왜냐하면 지금 아프십니다.
Улан:	Сыйынсаң, Кудай сенин үнүңдү угат.	(네가) 기도하면, 하나님께서는 너의 목소리를 들으십니다.

(2) 문장분석: 인칭대명사 + 동사어근_**са**_인칭어미, + 동사어간_**айын**

Жак (인칭)	Шарттуу ыңгай (동사의 조건법)			Жак мүчөлөр (인칭어미)	Модалдык этиш (서법)			
	Этиштин уңгусу	Тескери формасы (부정형 조사)			Этиштин уңгусу	Тилек ыңгай (동사의 소원법)	Жак мүчөлөр (인칭어미)	
							Жекелик сан (단수)	Көптүк сан (복수)
Жекелик сан (단수) **Мен Сен Сиз**	동사어근	_ба _бе _бо _бө	_са _се _со _сө	Жекелик сан **м ң ңыз** (ңиз) (ңуз) (ңуз)	, 동사어ган	_айын _алы(к) _айлы(к)		
Ал				-				
Көптүк сан (복수) **Биз Алар**		_па _пе _по _пө		Көптүк сан **к ңар** (ңер) (ңор) (ңөр) **ңыздар** (ңиздер) (ңуздар) (ңуздөр)		_гай + эле	_м _ң _ңиз —	_к _ңер _ңиздер
Сиздер								
Алар		_(ы)ш_са_						

인칭대명사 + (누가)	동사어간_**са**_인칭어미, 동사어간_**ба_са**_인칭어미, ~ 하면, (~ 하지 않으면,	+ 동사어간_**айын** (내가) ~	_бы? 하겠습니다. 할까요?
	동사어간_**са**_인칭어미, 동사어간_**ба_са**_인칭어미, ~ 하면, ~ 하지 않으면,	+ 동사어간_**а(й)лы(к)** (우리가) ~	_бы? / _пы? 하지요. (-합시다.) 할까요?
	동사어간_**са**_인칭어미, 동사어간_**ба_са**_인칭어미, ~ 하면, ~ 하지 않으면,	동사어간_**гай эле**_인칭어미 (누가) ~ 하고 싶습니 ~ 하기를 원합니	다. 까?

(3) 예문

- Эгерде сиз кайра келем деп убада берсеңиз, анда сиздин айткан сөздөрүңүздү аткарайын.
- Эгерде биринчи силер убадаларды аткарсаңар, анда биз да аткаралы(к).
- Эгерде кааласа, Баткенге мен барайынбы?
- Эгерде айтканыңыз туура болсо, анда мен аны урайынбы?
- Эгерде аны бошотуп жиберсе, анда мен ага баргай элем.
- Эгерде Кудайдын каалоосу болсо, силерге кайрылып келгей элем.
- Эгерде жетишпеген бир нерсе бар болсо, анда биз чогуу сыйыналы.
- Эгерде бет карамалык кылып жатсам, анда мен тобо кылайын.

- 만약에 당신이 다시 온다고 약속하면, (나는) 당신이 한 말을 지키겠습니다.
- 만약에 먼저 너희이 약속들을 지키면, 우리도 지키겠습니다. (*- 지키도록 하겠습니다.)
- 만약에 (그가) 원하면, 바트켄에 제가 갈까요?
- 만약에 (당신이) 말한 것이 옳다면, 내가 그를 때릴까요?
- 만약에 그를 놓아 주면, 나는 그에게 가고 싶어요.
- 만약에 하나님께서 원하시면, (나는) 너희들에게 다시 돌아 오고 싶습니다.
- 만약에 부족한 어떤 것이 있으면, 우리 함께 기도 하지요.
- 만약에 겉 모습을 취하고 있으면, (나는) 회개 하겠습니다.

10. 문장형식: 인칭대명사 + 동사어근_са_인칭어미, + 동사어간_гын(ың)

    → 〖(누가) ~ 하면, (네가) ~ 해〗

(1) 대화

☞ 만약에 온전하기를 원하면, 가서 재산을 다 팔아서, 가난한자들에게 나누어 주어라.

Улан:	**Эгерде жеткилең болууну кааласаң, бар да, мал-мүлкүңдүн баарын сатып, жардыларга таратып бер.**	만약에 (네가) 온전하기를 원하면, 가서, 재산을 다 팔아서, 가난한자들에게 나누어 주어라.
Асан:	Жок, мен бардык мал-мүлкүмдү сата албайм.	안돼, 나는 돈 재산을 팔 수 없습니다.
	Жардыларга да бергим келбейт.	가난한 사람들에게도 나누어 주고 싶지 않습니다.
	Мен ошоллорду абдан кыйыналып чогулткам.	나는 그것들을 정말 힘들게 모았습니다
	Кантип алардан баш тарта алам?	어떻게 그것들을 포기할 수 있겠습니까?
Улан:	Эгерде жеткилең болууну кааласаң, ошондой кыл!	만약에 네가 온전하기를 원하면, 그렇게 해라!
Асан:	Ойлонуп көрөм.	생각해 보겠습니다.

(2) 문장분석: 인칭대명사 + 동사어근_са_인칭어미, + 동사어간_гын(ың)

Жак (인칭)	Шарттуу ыңгай (동사의 조건법)		Жак мүчөлөр (인칭어미)	Модалдык этиш (서법)		2 жактын буйрук ыңгай (2 인칭 동사의 명령법)
	Этиштин уңгусу	Тескери формасы (부정형 조사)		Этиштин уңгусу	Тескери формасы (부정형 조사)	
Жекелик сан (단수)			**Жекелик сан** (단수)	**Жекелик сан** (단수)		**Жекелик сан** (단수)
Мен	동사어간	_ба _бе _бо _бө _па _пе _по _пө	_м	Сен	동사어간	_ба _бе _бо _бө _па _пе _по _пө	_ (* 동사어간 자체) **_гын , _гының** _гин , _гиниң _гун , _гунуң _гүн , _гүнүң
Сен			_ң				
Сиз			_ңыз (_ңиз) (_ңуз) (_ңүз)	Сиз			_(ы)ңыз _(и)ңиз _(у)ңуз _(ү)ңүз
Ал		_са _се _со _сө	-	Ал			_сын _син _сун _сүн
Көтүк сан (복수)			**Көтүк сан** (복수)	**Көтүк сан** (복수)			**Көтүк сан** (복수)
Биз			_к				
Силер			_ңар (_ңер) (_ңор) (_ңөр)	Силер			_гыла _гиле _гула _гүлө
Сиздер			_ңыздар (_ңиздер) (_ңуздар) (_ңүздөр)	Сиздер			_(ы)ңыздар _(и)ңиздер _(у)ңздар _(ү)ңүздөр
Алар		_(ы)ш*са* _(ы)ш*паса* (부정)		Алар			_(ы)шсын _(ы)шпасын (부정)

인칭대명사 +	동사어간_**са**_인칭어미, 동사어간_**ба_са**_인칭어미,	+ 동사어간	. _гын(ың).
(누가)	~ 하면, ~ 하지 않으면,	(네가) ~	해.
	동사어간_**са**_인칭어미, 동사어간_**ба_са**_인칭어미,	+ 동사어간	_ба. _ба_гын(ың).
	~ 하면, ~ 하지 않으면,	(너는) ~	하지마.
	동사어간_**са**_인칭어미, 동사어간_**ба_са**_인칭어미,	+ 동사어간	_сын. _ба_сын.
	~ 하면, ~ 하지 않으면,	(그는) ~	해, (또는 ~하시오, ~하기를, ~이 되어라) 하지 마시오. (또는 ~ 하지마, ~ 하지 않기를)
	동사어간_**са**_인칭어미, 동사어간_**ба_са**_인칭어미,	+ 동사어간	_гыла _ба_гыла
	~ 하면, ~ 하지 않으면,	(너희들은) ~	~해라. ~하지 마(라).

동사어간_**са**_인칭어미, 동사어간_**ба_са**_인칭어미,	+ 동사어간	_(ы)ңыздар _ба_ңыздар
~ 하면, ~ 하지 않으면,	(당신들은) ~	~하십시오 ~하지 마십시오
동사어간_**са**_인칭어미, 동사어간_**ба_са**_인칭어미,	+ 동사어간	_(ы)шсын _(ы)шпасын
~ 하면, ~ 하지 않으면,	(그들은) ~	~해라, (또는 ~하세요, 하십시오) ~ 하지마(라), (또는 ~ 하지 마십시오)

(3) 예문

- Эгерде дал ушул убакта башыңа бир кайгы түшсө да, аны жылмаюу менен кабыл ал.
- Эгерде аракеттериңер текке кетсе да, ага карабастан жылмая бергиле.
- Эгерде туура эмес айтсам, туура эмес экенин көрсөтсүн.
- Эгерде сиз катталган болсоңуз, өзүңүздү тааныштырыңыз.
- Эгерде мурда катталсаңыз логиниңизди жана паролуңузду киргизиңиз.
- Эгерде суроолоруңуздар же сунуштарыңыздар болсо, бул жакка кайрылыңыздар.
- Эгерде куралы бар солдаттар келишсе, анда бизди коргоп беришсин.
- Эгерде сүйүүнүн негизинде баштап жатсаңар, анда кармашкан колуңар үзүлбөсүн! Түндүгү бийик болгон боз үйүңөрдөн эч качан ырыс, ыйман кетпесин!
- Эгерде чындык үчүн азап тартпасаңар, адил адамдардын ичинен чыгып кеткиле.
- Эгерде чыдай ала турган болсоң, күйөөң менен бирге жашагының.
- Эгерде иштебесеңер, анда жебегиле!
- Эгерде көрүнгөн нерсеге үмүттөнбөсө, анда чыдамдуулук менен күтсүн.
- Эгерде азырга чейин үйлөнбөгөн болсоң, анда биринчи үйлөн!
- Эгерде кыз турмушка чыкса, күйөөсүнө баш ийсин!
- Эгерде орусча сүйлөй албасаң, ал окуу жайга тапшырбагын.
- Эгерде денеңди отко таштоого даяр болбосоң, эл үчүн жашайм деп айтпагын.
- Эгерде жаман жолуңардан кайтып келбесеңер, экинчи бул жерге келбегиле!

- 만약에 정확히 이 시간에 어떤 슬픈 일이 생겨도, (너는) 그것을 웃으면서 받아 들여라.
- 만약에 (너희들의) 노력들이 헛수고가 되더라도, (너희들은) 그것에 상관하지 말고 웃어줘라.
- 만약에 옳지 않게 말하면, (너는) 옳지 않다는 것을 보이시오.
- 만약에 당신이 등록이 되었다면, 당신 자신을 소개하세요.
- 만약에 전에 등록하셨다면 로그인 아이디(ID)와 암호를 입력하세요.
- 만약에 (당신들은) 질문들이나 제안들이 있으면, (당신들은) 이쪽으로 문의하십시오.
- 만약에 무기를 가진 군인들이 오면, (그들이) 우리를 보호해 주시오.
- 만약에 (너희들이) 사랑을 기초로해서 시작하고 있다면, 서로 붙잡은 (너희들의) 손이 떨어지지 않기를! 천장이 높은 보즈위(양털천막)에서 풍요함과 사람됨(양심, 염치)이 사라지지 않기를 (기원해)!
- 만약에 진리를 위해서 고난받지 않으려면, (너희들은) 의인들 안에서 떠나라.
- 만약에 참을 수 있으면, (네) 남편과 함께 살아(라).
- 만약에 (너희들이) 일하지 않으면, (너희들은) 먹지도 마.
- 만약에 보이지 것을 소망하지 않으면, 인내함으로 기다리시오.
- 만약에 지금까지 결혼하지 않았다면, 가장 먼저 결혼해!
- 만약에 여자가 시집을 가면, (그의) 남편에게 복종하시오!
- 만약에 러시아어를 말할 수 없으면, (너는) 그 학교에 원서를 넣지 마.
- 만약에 (너의) 몸을 불에 던질 준비가 되어 있지 않으면, (너는) 국민을 위해서 산다고 말하지 마.
- 만약에 (너희들이) 악한 길에서 돌아서지 않으면, 두 번 다시 여기에 오지 마라.

■ 연습문제

1. 해석을 참고하여 ( ) 안에 있는 동사를 인칭과 시제 그리고 내용에 맞게 고쳐 넣으시오.

1. Эгерде мен сени (**сыймыктан**_____), эч кимге өзүң жөнүндө айтпай жүрө берет элем. ▸ 만약에 내가 너를 자랑스러워하지 않는다면, 아무에게도 너에 대해서 말하지 않고 지냈을 것입니다.

2. Эгерде араңарда бирөө акылмандык (**жетиш**_____), андан сурасаңар болот. ▸ 만약에 너희들 가운데 누가 지혜가 부족하면, (너희들은) 그 사람으로부터 (지혜를) 구해도 됩니다.

3. Эгерде Кыргыз-кытай чек арасы (**жабыл**____ **кал**____), «Дордой» базарынын 90 миңге жакын ишкерлери ишсиз калышат. ▸ 만약에 키르기즈-중국 국경이 닫히면, "도르도이" 시장의 9만 명에 가까운 노동자들이 실직하게 됩니다.

4. Эгерде китеп окуганды жакшы (**көр**_____), китеп ала турган акчаны башка ишке колдонсоңуз болбойт. ▸ 만약에 책 읽는 것을 좋아하면, 책 살 돈을 다른 일에 사용하면 안됩니다.

5. Эгерде ден-соолугу жаман (**бол**_____), бул жерден иштесе болбойбу? ▸ 만약에 (그의) 건강이 나쁘면, 이곳에서 일하면 안 됩니까?

6. Эгерде жаман көргөн адам бар (**бол**____), анда иштегиңиз келбейби? ▸ 만약에 싫어하는 사람이 있으면, (당신은) 일하고 싶지 않습니까?

7. Эгерде сиз ыраазы (**бол**_____), башкалар да ыраазы болбойт. ▸ 만약에 당신이 감사(만족)하지 않으면, 다른 사람들도 감사하지 않습니다.

8. Эгерде койгон максаты үчүн аракет (**кыл**_____), эч качан максатыма жете албаймбы? ▸ 만약에 (내가) 정한 목적을 위해서 노력하지 않으면, 절대로 (나의) 목적에 도달할 수 없습니까?

9. Апамдын ден-соолук жакшы болсо экен. ▸ 어머니의 건강이 좋으면 좋을 텐데.

10. Эгерде мен дагы эле адамдарга жагынып (**жүр**_____), анда Машайактын кулу болмок эмесмин. ▸ 만약에 나는 또 사람들을 좋게 하려고 한다면, 그리스도의 종이 되지 못했을 것입니다.

11. Эгерде сиздин жашооңузду көрбөгөн (**бол**_____), чындыгында өзүңүз жөнүндө жакшы билмек эмемин. ▸ 만약에 (내가) 당신의 삶을 보지 않았다면, 진정으로 당신에 대해서 잘 알지 못했을 것입니다.

12. Эгерде бул китепти (**оку**_____), бул дүйнө тууралуу туура түшүнмөк эмесиңерби? ▸ 만약에 이 책을 읽지 않으면, 이 세상에 대하여 옳게 이해하지 못 할 것입니다.

13. Эгерде иштебеген (**бол**_____), айлыгын алмак эмессиздер. ▸ 만약에 (당신이) 일하지 않으면, (당신은) 월급을 받지 못할 것입니다.

14. Эгерде бай болуп (**кал**_____), жардамга муктаж болгондорго жардам бермексиңби? ▸ 만약에 (네가) 부자가 되면, (너는) 도움이 필요한 사람들에게 도움을 줄 계획이 있니?

15. Эгерде Мени (**бил**_____), анда Менин Атамды да билмексиңер ▸ 만약에 (너희들은) 나를 알면, 나의 아버지도 알 것이다.

16. Атамдын үйүндө орун көп. Эгерде андай (**бол**_____), Мен силерге айтмакмын. Мен силерге орун даярдаганы бара жатам. ▸ 아버지의 집에 처소가 많습니다. 만약에 그렇지 않으면, 나는 너희들에게 말했을 것입니다. 나는 너희들을 위해서 처소를 준비하기 위해서 가고 있습니다.

17. Эгерде ал жерге (**бар**_____), кырсыкка учурбай тынч жашмакпызбы?. ▸ 만약에 그곳에 가지 않았다면, (우리는) 재난을 당하지 않고 평화롭게 살아갔을까?

18. Ал (**чурка**____) да, өз убагына келе албайт. ▸ 그는 뛰어도, 제 시간에 올 수 없습니다.

19. Биз чогуу (**бар**____) да, уруксат бербейт. ▸ 우리가 함께 가도, 허락하지 않을 것입니다.

2. 다음 문장을 해석 하시오.

1. Эгерде ал мурастан баш тартпаса, мурастоо укугунан эч качан ажыратылбайт.
2. Эгерде кимдир бирөө силерге өзүңөр мурун кабыл алгандан башка «Жакшы Кабар» таратса, ага анафема.
3. Эгерде көзүң жаман болсо, анда бүт денең караңгы болот.
4. Эгерде силер көп жемиш берсеңер, Атам даңкталат, Менин шакирттерим болосуңар.
5. Эгерде силерди Уул эркин кылса, анда чындап эркин болосуңар.
6. Эгерде балдары болсок, анда мурасчылары да болобуз
7. Эгерде ага ишенсеңер да, ага жүрөгүңөрдү толугу менен ачып берсеңер болбойт.
8. Эгерде кечирим сураса да, эч качан кечирсеңиздер болбойбу?
9. Эгерде бир жакын досу өлсө да, алар ыйлап, кайгырышса болбойбу?
10. Эгерде азыркы ишимди сүйбөсөм, анда ишимди таштасам болобу?
11. Эгерде балдарыңар бар болсо, аларга эмнени бергиңер келет?
12. Эгерде, жамаат ага жүктөлгөн милдеттерди аткарбаса, андан нары иштей албайт.
13. Эгерде бутак сабакта болбосо ал өзүнөн өзү жемиш бербеген сыяктуу эле, силер да менде болбосо жемиш бере албайсыңар.
14. Эгерде мен көрсөтүп бербесем, эч ким кыла албайбы?
15. Мен жумуштан чыгарылбасам экен.
16. Сен коридордон чуркабасаң экен.
17. Эгерде сиз айткандар ишке реалдуу аша турган болсо, андай кайгылуу иш болмок эмес.
18. Эгерде көптөн бери ооруган болсо, аны айыктырмак эмессиң.
19. Эгерде Манас эпосту баалаган болсо, анда кыргыздарга мындай сыйсыз мамиле кылмак эмессиңер.
20. Эгерде силер аныкы болсоңор, ал өзүнүкүн сүймөкпү?

25장 아무리 ~ 해도 ~ 할 수 없습니다.

1. 문장형식: **Канчалык** + 동사어간_са_주격어미 **да**, 동사어간_а + ал_ба_а_인칭어미

   → 〖아무리 ~ 해도 ~ 할 수 없습니다〗

   (1) 대화

☞ 나는 아무리 노력해도, (나의) 목적에 도달할 수 없습니다.

Улан:	**Мен канчалылк аракет кылсам да, максатыма жете албайм.**	나는 아무리 노력해도, (나의) 목적에 도달할 수 없습니다.
	Анткени өзүм майып болгондуктан, канча жолу, канча деген ишканага барсам да, бир жолу да, мени кабыл алган жок.	왜냐하면 내가 장애인이기 때문에, 몇 번이나, 수 많은 회사에 갔지만, 한 번도, 나를 받아 주지 않았습니다.
	Эч ким мага иштегенге мүмкүнчүлүк берген жок.	아무도 나에게 일하도록 기회를 주지 않았습니다.
Асан:	Мен майыптарга атайын жумуш бере турган адамды тааныйм.	나는 장애인들에게 특별히 일을 주는 사람을 압니다.
	Сен эмне тууралуу окугансың?	너는 무엇에 관해 공부했니?
	Дагы эмне кыла аласың?	또 무엇을 할 수 있니?
Улан:	Мен тарых боюнча окуганмын, жана компьютерди да колдоно алам.	나는 역사를 전공했습니다, 그리고 컴퓨터도 사용할 줄 압니다.
Асан:	Жакшы! Эртең сага телефон чалам.	좋아! 내일 너에게 전화할게.
Улан:	Чоң рахмат!	대단히 감사합니다!

☞ 아이스크림, 초콜릿, 커피, 코코아를 아무리 먹고 싶어져도 당신의 건강을 위해서 거절하십시오.

Улан:	**Бал муздак, шоколад, кофе, какаолорду канчалык жегиңиз келип турса да сизин ден соолугуңуз үчүн баш тартыңыз.**	아이스크림, 초콜릿, 커피, 코코아를 아무리 먹고 싶어져도 당신의 건강을 위해서 거절하십시오.
Асан:	Мен да билем.	나도 압니다.
	Бирок аларды абдан жегим келет.	그러나 그것들을 너무 먹고 싶어집니다.
Улан:	Канчалык жегиңиз келсе да, сизин ден соолугуңуз маанилүү эмеспи?	아무리 먹고 싶어도, 당신의 건강이 더 중요하지 않습니까?
Асан:	Маанилүү!	중요합니다!
	Билем дебедимби?	안다고 하지 않았습니까?
	Билгенимдей болбой жаткан үчүн айтпадымбы?	아는 대로 안대기 때문에 말하지 않았습니까?
Улан:	Андай болсо, ооруп каласыз.	그렇다면, 병이 들 것입니다.
	Ошондо гана оңдой алат окшойт.	그 때만 고칠 수 있을 것 같습니다.
	Бирок кеч болуп калат да.	그러나 (건강을 위해서는) 늦습니다.

(2) 문장분석: **Канчалык** + 동사어간_**са**_주격어미 **да,** 동사어간_**а** + **ал_а**_인칭어미

		Байламта (접속 조사)		**Модалдык этиш** (서법)							
				Этиштин уңгусу							
		Шарттуу ыңгай (동사의 조건법)		Чакчыл (착츨)							
		Этиштин уңгусу	Жак мүчөлөр (인칭어미)				Жардамчы этиш (보조동사)				
								Тескери формасы (부정형 조사)			
Тактооч (부사)								Чакчыл (착츨)			
									Жак мүчөлөр (인칭어미)		
											С. б.
			Жекелик сан (단수) _м _ң _ңыз _ңиз _ңуз _ңүз						Жекелик сан (단수) _м _сың _сыз —		
Канчалык	+	동사어근		да,	+	동사어근	_а _е _й _о _ө	+ ал	_ба	_й	
		_са _се _со _сө	Көптүк сан (복수) _к _ңар _ңер _ңор _ңөр _ңыздар _ңиздер _ңуздар _ңүздөр							Көптүк сан (복수) _быз _сңар _сыздар	_· _бы?
		_(ыш)са _(ыш)са _(ыш)са _(ыш)са							_ышпайт. _ышпайбы?		

Канчалык + 동사어간_**са**_주격어미 **да,**	동사어간_**а** + **ал_а**_인칭어미	_· бы?
아무리 ~ 해도	~ 할 수 있습니	다 까?
	동사어간_**а** + **ал_ба_й**_인칭어미	_· бы?
	~ 할 수 없습니	다 까?
	동사어간_**а**	т. бы?
	~ 합니	다 까?
	동사어간_**ба_й**	т. бы?
	~ 하지 않습니	다 까?
	동사어간_**(ы)ши**_인칭어미 **керек**	_· пи?
	~ 해야 합니	다. 까?
	동사어간_**башы**_인칭어미 **керек**	_· пи?
	~ 하지 않아야 합니	다. 까?

동사어간_**гы**_인칭어미		келет. келеби?
~ 하고 싶습니		다. 까?
동사어간_**гы**_인칭어미		келбейт. келбейби?
~ 하고 싶지 않습니		다. 까?
동사어간_**(ы)шы**_인칭어미		мүмкүн. мүмкүнбү?
(~ 하는 것이 가능) 할 수 있습니		다. 까?
동사어간_**(ба)шы**_인칭어미		мүмкүн. мүмкүнбү?
(~ 하지 않는 것이 가능) 할 수 있습니		다. 까?

(3) 예문

- Мен канчалык баргым келсе да, туулган жериме бара албаймбы?
- Сен канчалык окусаң да, беш ала албайсың.
- Сиз канчалык иштеп берсеңиз да, эч ким билбейт.
- Ал көчөлөрдү канчалык тазаласа да, кайра кир болот.
- Бул чындыкты канчалык ачуу болсо да мойнубузга алышыбыз керек.
- Утканды канчалык сүйсөң да утулуу бар экенин биле жүр.
- Бала канчалык зээндүү болсо да көп учурда кирешеси аз үй бүлөнүн баласы каалаган кесибин тандоо бактысына ээ боло албашы мүмкүн.
- Канчалык аракет кылып, канчалык жаңы турмушка бет алайын десем да болбой уулумду унута албай койдум.
- Эл мыйзамды канчалык жакшы билсе, мамлекеттин иши да ошончолук жеңил жүрөт.

- 나는 아무리 가고 싶어도, 나는 고향에 갈 수 없습니까?
- 너는 아무리 공부해도, 5점을 받을 수 없어.
- 당신은 아무리 일해 주어도, 아무도 알지 못합니다.
- 그는 거리(들)를 아무리 청소해도, 다시 더러워 집니다.
- 이 진리가 아무리 (맛이) 쓰더라도, (우리는) 담당해야만 합니다.
- (너는) 이기는 것을 아무리 사랑(좋아)해도, (너는) 지는 것도 있다는 것을 알고 지내(라).
- 아이가 아무리 능력이 있어도 많은 경우에 수입이 적은 가정의 아이는 원하는 직업을 선택하는 행복을 가지지 못할 수도 있습니다.
- (나는) 아무리 노력하고, 아무리 새로운 삶을 맞이 하겠어 라고 해도 되지 않고 아들을 잊지 못했습니다.
- 국민이 법을 잘 알면 알수록, 국가의 일도 그 만큼 쉽게 진행됩니다.

■ 연습문제

1. 해석을 참고하여 (   ) 안에 있는 동사를 인칭과 시제 그리고 내용에 맞게 넣으시오.

1. Биз канчалык (**айт**_____) да, ал бизди укпайт. ▸ 우리가 아무리 말해도, 그는 우리를 듣지 않습니다.
2. Мен (   ) ыйласам да, эч кандай өзгөрүү боло албайбы? ▸ 내가 아무리 울어도, 그 어떤 변화도 있을 수 없습니까?

3. Сен канчалык (**кыйкыр**_____ _____), эч ким сага көңүл бурбайт. ▸ 네가 아무리 부르짖어도, 아무도 너에게 관심을 가지지 않아.
4. Сиз канчалык (**сагын**_____) да, апаңызга бара албайсыз. ▸ 당신은 아무리 그리워도, (당신의) 어머니에게 갈수 없습니다.
5. Канчалык кыйын (**бол**____) да, референдумду өткөрүү керек. ▸ 아무리 어려워도, 국민투표를 실시해야 합니다.

2. 다음 문장을 해석 하시오.

1. Өз атын камчысы менен канчалык чаап, буту менен канчалык теминсе да, баспай койду.
2. Ал мага канчалык жакшы мамиле жасаса, мен да ага андан эки эсе артык жылуу мамиле жасагым келет.
3. Канчалык ачуу болсо да чындыктын көзүнө тике караш керек.
4. Кеме канчалык чоң болсо да, канчалык катуу шамалдар менен жүрсө да, кемечи аны кичинекей эле бургуч менен каалаган жагына бурат.
5. Бирок айтылган сөздүн кайсы бир деңгээлде чындыгы да, туура эмес жагы да болушу мүмкүн.

1. _____
2. _____
3. _____
4. _____
5. _____

【주요 문형】 연습 문제의 답

▶ 제 1 문형: 안녕하세요.

[연습문제 -1]

Сиз	→	Саламатсызбы?
Сиздер	→	Саламатсыздарбы?
Сен	→	Саламатсыңбы?
Силер	→	Саламатсыңарбы?

[연습문제 -2]
인사: Саламатсызбы?
 답: (Саламатчылык!)
인사: Ассалом алейкум!
 답: (Алейкум ассалом!)

▶ 제 2 문형: 안녕하세요.

[연습문제 -1]
1. (Сен) кел___! (해당 어미 없음)
2. келиңиз!
3. келиңиздер!
4. (Сиздер)
5. келипсиздер!

[연습문제 -1]
1. 우리는 짧게 말하면 아끼지 않을 만큼 (매우) 기쁩니다.
2. 여러분들을 (당신들을) 환영합니다. 귀하신 독자님들!
3. 우리의 사이트에 (오신 여러분들을) 환영합니다!
4. 나도 알게 돼서 (통성명하게 돼서) 기쁩니다.
5. 너 때문에 나는 기쁩니다.
6. (너희들을) 환영해 존경하는 친구들!

▶ 제 3 문형: 이분은 누구입니까?

[연습문제 -1]
1. ким
2. декан
3. ректор
4. президент
5. премьер министр
6. министр
7. соодагер
8. окуучу
9. генерал
10. медсестра
11. профессор

[연습문제 -2]
1. 그들은 어느 나라의 국민(시민)입니까?
2. 독일인의 (어떤 사회) 기관은 젊은 화가들을 지원하고 있습니다.
3. 결과적으로 영국 비자를 러시아인들은 이제 쉽게 받습니다.
4. 왜 너희들은 키르기즈스탄에 미국 (군사) 기지의 존재를 원합니까?
5. 악-수에 있는 엥일첵 물이 암을 치료할 수 있다는 것을 한국인 전문가들이 말했습니다.
6. 아프가니스탄에서 일본 기자가 실종됐습니다.

7. 만약에 캐나다의 투자 금이 떠나면 광산은 운영을 중단하게 될 것입니다.

▶ 제 4 문형: 이것은 무엇입니까?

[연습문제 -1]
1. Бул эмне?
2. Бул кортошка.
3. Бул бадыраң.
4. Бул пияз.
5. Бул пил.
6. Бул пияла.
7. Бул чайнек.
8. Бул нан.
9. Бул кийим.
10. Бул шкаф.
11. Бул Күн.
12. Бул дарак.
13. Бул китеп.

[연습문제 -2]
1. 감자 몇 킬로그램입니까?
2. 당신은 오이와 토마토를 재배하면 됩니다.
3. 양파와 고기를 기름에 볶아서 먹었습니다.
4. 장남감은 아이의 기분을 좋게합니다.
5. 나는 사과를 가장 좋아합니다.
6. 당신은 콘(멜론)을 먹고 싶습니까?
7. 우리는 시장에서 바나나를 샀습니다.
8. 나는 송금하기 위해서 은행에 갔습니다.
9. 너희들은 이 책들을 나에게 가져다 줄 수 있니?
10. 나는 너무나 자동차를 갖고 (사고) 싶습니다.

▶ 제 5 문형: 당신의 이름은 무엇입니까?

[연습문제 -1]
1. атым
2. атың
3. атыңыз
4. аты
5. атыңар
6. атыңыздар
7. аттары
8. аты
9. Мунун

▶ 제 6 문형: 안녕히 가세요.

[연습문제 -1]
1. болуңуздар
2. болуңуз
3. калыңыз
4. калыңыз
5. бар
6. көрүшкөнчө
7. болуңуз
8. болуңуз.
9. болуңуз
10. болуңуздар

[연습문제 -1]
1. 존경하는 대표자 여러분 그리고 손님들 모두에게 성공을 기원합니다. (여러분) 잘 가세요.
2. (여러분) 안녕히 가세요, 늦지 마시고 (서둘러) 가세요!
3. 잘 갔다 오세요.
4. 또 봐, 잘 지내!
5. 무사히 가세요.
6. 잘 가세요, -라고 사근아이는 미소를 지으며 말했습니다.
7. (나는 너와) 이야기하지 않겠어, 내려, 잘 가!
8. 좋아 그러면 잘가!
9. 잘 가. (너의) 길이 훤히 열리기를!
10. (너희들은) 도시에 (비쉬켁에) 잘 가라, 시험에 통과해!

▶ 제 7 문형: 어떻게 지내세요?

[연습문제 -1]
1. кандайдайсыз
2. Кандайдайсыз
3. Кандайдайсыз
4. Саламатсыздарбы / кандайдайсыздар
5. Кандайсың
6. турасыздар
7. турасыз
8. турасыз
9. баары
10. жайындабы
11. эмес
12. соолугуң
13. Кандай / жакшы

[연습문제 -2]
1. (너희들은) 어떻게 지내니? (너의) 건강은 좋으니, 아이들은 모두 평안하니?
2. 디나라 아주머니, 건강은 어떠세요, (건강은) 좋아 졌어요?
3. 안녕하세요, 울란 선생님, 건강은 어떠세요?
   - 감사합니다. 건강은 전체적으로 좋습니다.
4. 건강은 어떻습니까, 아이들은 (잘) 크고 있습니까?
5. 엄마, 지금 건강은 어때요? 의사 분들이 잘 봐주고 있습니까?
6. (당신들의) 건강이 더욱 좋아져서, 자녀들의, 손자손녀들이 성공하는 것을 지켜보며 기뻐하며 지내십시오.
7. 안녕하세요, 트나이 아저씨, (하고 있는) 일들은 어떻습니까?
   - 모두 (아무런 문제없이) 좋습니다. (우리는) 조심조심 지냅니다.
   - 무슨 새로운 소식을 가지고 왔습니까?
8. 이 (당신의) 일들은 어떻게 되고 있습니까?
9. 여보세요, (나의) 친구, (너의) 일들은 어때?
10. 봄에 (시작하는) 농사는 어떻게 되고 있습니까?
11. 대학교에서 하고 있는 (당신들의) 공부는 어떻습니까?
12. (우리는) 감사하다고 창조주에게 말하지 못했습니다.
13. 하나님에게 감사합니다.
14. 하나님에게 감사합니다, 지금 (나에게) 부모님, 가족이 (한 부모의 자녀들) 있습니다.
15. 모든 것이 자기 자리에 질서정연하기 위해서는 모든 사람이 노력해야만 합니다.

▶ 제 8 문형: 우리 서로 소개합시다.

[연습문제 -1]
1. алыңыз
2. алыңыздар
3. алалы
4. тааныштырайын
5. тааныштырайын
6. тааныштырып
7. тааныштырып
8. тааныштырып
9. тааныштырып
10. жолугуп
11. кубанычтуумун
12. таанышканыма
13. кубанычтуумун

[연습문제 -2]
1. 누르굴, (서로) 알고 지내, 이 사람은 나의 친구 안바르야.
   안바르, 이 사람은 나의 대학교 동급생이야.
2. 너 때문에 나는 기뻐.
3. 당신은 물의 특성에 대하여 알아 두세요.
4. (당신들은) 매력적인 목소리로 팬들을 모으기에 충분한 젊은 가수와 (서로) 알고 지내세요.
5. 나는 당신과 (나의) 생각이 맞아서 (또는 통해서) 기쁩니다.
6. 오늘 이곳에 있게 되어서 매우 기쁩니다.
7. 새해를 맞이하며 새로운 변화들이 있기 때문에 매우 기쁩니다.
8. 너희들과 함께 하게 돼서 기쁩니다.
9. 박트굴은 가까운 시일 안에 (곧) 시집을 갑니다. 나는 매우 기쁩니다.
10. 나도 당신과 같은 여동생이 있음으로 인해서 기쁩니다.
11. 키르기즈 (나의) 민족이 평화롭고, 화목하며, 풍성하기를 기원합니다.
    나는 키르기즈인으로 태어나서 (창조되어서) 매우 기쁩니다.
12. 봄이 와서 그리고 너희들과 만나게 돼서 기쁩니다!
13. 나는 너와 사귀고 있는 것으로 인해 한 없이 기쁩니다. (또는 이야기 하고 있기 때문에)

14. 이런 친구들과 만나게 돼서 하나님에게 감사합니다.
15. 테미르 선생님, 당신과 만나게 돼서 매우 기쁩니다.

▶ 제 9 문형: 당신은 무엇을 원합니까?

[연습문제 -1]
1. көрөсүз
2. жактырасың
3. кылам
4. каалайсыз
5. каалайсыңар
6. каалайбы
7. каалайсыздарбы
8. каалайбыз / каалабайбыз

[연습문제 -2]
1. 그래서 그가 와서 우리와 함께 사는 것을 원합니다.
2. 너에게 모든 선한 것을 원합니다.
3. (나는) 작품 활동에 있어서 이후로도 더 큰 성공을 기원합니다.
4. (당신은) 미래를 알기를 원하십니까?
5. (당신은) 모델이 되기를 원하십니까?
6. (당신은) 새로운 번호를 원하십니까?
7. (너희들은) 이보다도 더 많은 정보를 얻기를 원하니?
8. 나는 어느 것을 가지고 올까요?
9. 당신은 어느 것을 선택하겠습니까?
10. 무엇을 원하십니까, 말해 보세요? 에르멕!
11. 뭘 원하십니까?

▶ 제 10 문형: ~ 해도 됩니다.

[연습문제 -1]
1. айтсаңыздар
2. сурсам
3. берсем
4. койсоң
5. бекемдесе
6. кетсе
7. койсоңуз
8. койсом
9. айтсаң
10. көрбөсөңөр
11. болбойбу
12. ойлосоңуз
13. койсоң / болбойт
14.

[연습문제 -2]
1. (나는) 우리에게 동양학은 91-92년 정도에 시작했다고 말할 수 있습니다.
2. 나는 담배를 피우지 않으면 안됩니다.
3. (당신은) 나를 영접하지 않으면 안됩니다.
4. (너희들은) 아파도 선거하러 가면 좋을 텐데.
5. 그때 (나는) 군대에 갔다 왔으면 될 뻔 했는데요.
6. 우리는 이곳에서 일하지 않으면 좋을 텐데.
7. 당신은 갈증이 날 때 이것을 마시면 됩니다.
8. (너희들은 내가) 적을 때 틀린 것을 보면 부끄러워하지 말고 말해서 고치도록 하면 돼.
9. (당신은) 우리의 상황도 이해 하시면 좋을 것 같습니다.
10. 너는 그 펀드에 돈을 넣지 않으면 좋을 텐데.

▶ 제 11 문형: ~ 해야(만) 합니다.

[연습문제 -1]
1. кетпешиңиз
2. сатпашым
3. алышыңар
4. алышыңыз
5. беришиңиздер
6.
7.
8. жасаши
9. көрсөтүлбөшү
10. келишңиз
11. кетпешиңиз
12. сурашыңыз

6. төлөшү
7. айтышыңыз
13. турушу
14.

[연습문제 -2]
1. 나에게 누가 와서 "(너는) 몇 시에 이곳에 가야만 해"라고 말하지 않습니다.
2. 당신은 이 사건에 대하여 국민에게 분명히 말해 주어야 합니다.
3. 예를 들어 (나는) 이 문제를 12월 마지막까지 남기지 말고 10월이나 11월에 해결해야만 했었습니다.
4. 그러나 너는 너 자신의 입으로 말해야 했습니다.
5. 그러면 우리끼리만 가서 놀고 와야 합니까?
6. 너희들은 이런 질문들을 해야만 하니?
7. 여자라면 이런 곳에 가지 말아야 합니까?
8. (나는) 이런 일에 가지 말아야 합니까?
9. 우리는 이것을 말하지 않아야 합니까?
10. 그러면 나는 (너의) 아들을 (너의) 고향에 다시 보내야 합니까?
11. 진실로 이사람과는 적대적인 관계로 나가지 말아야 했습니다.

▶ 제 12 문형: ~ 할 수 있습니다.

[연습문제 -1]
1. колдоно аласыңбы
2. аласыңарбы
3. башкара албайбы
4. түшүрө албайсызбы
5. жашай албайбызбы
8. сүйлөй албайбы
9. ырдай ала турган
10. уктай ала турган
11. жаза ала турган
12.

[연습문제 -2]
1. 당신에게 믿을 수 있는 사람들이 있습니까?
2. (당신은) 나에게 줄 수 있는 돈이 있습니까?
3. 만약에 우리 가까이에 있는 우즈베키스탄을 예로들면, 그곳에 도 가격이 2-3 배 올랐습니다.
4. 나는 컴퓨터 전문가이기 때문에 잘 사용할 수 있습니다.
5. 당신은 러시아어를 말할 수 있습니까?
6. 내가 (너의) 일을 계속해 나갈 수 있을까요?
7. 나는 (나의) 일을 그의 동의 없이 바꿀 수 있습니까?
8. 나는 30년 경력으로 연금을 받을 수 있습니까?
9. 우리의 말과 일에 책임을 질 수 있습니까?

▶ 제 13 문형: ~ 하고 싶습니다.

[연습문제 -1]
1. окугум
2. окугуң
3. окугуңуз
4. окугусу
5. окугубуз
6. окугуңар
7. окугуңуздар
8. окугусу; окугулары
9. баргың келбейби
10. баргысы
11. баргыбыз
12. кылгым келип
13. жолуккуңар
14. көргүң
15. коргогусу келбеген
16. чыккысы келбеген
17. уктагың келгенде
18. жолуккуңуз келгенде

[연습문제 -2]
1. 나는 오늘 학교에 가고 싶지 않습니다.
2. 당신은 오늘 학교에 가고 싶지 않습니다.
3. 너희들은 오늘 학교에 가고 싶지 않니?
4. 당신들은 오늘 학교에 가고 싶지 않습니까?
5. 그들은 오늘 학교에 가고 싶지 않습니다.
6. 나는 한국에 있는 (나의) 아이들을 너무 보고 싶습니다.

7. 당신들은 만나고 싶지 않(았)기 때문에 떠났습니까
8. 나는 일하기 싶(었)기 때문에 한국에 갔습니다.
9. 당신은 영생에 대하여 알고 싶기 때문에 (지금) 그에게 가고 있습니다.
10. 그들은 이런 (보도)내용들을 (기사로) 쓰고 싶지 않은 기자들을 핍박했습니다.
11. 백성의 돈을 먹고 싶어하는 사람들을 봐라!
12. 당신은 점심을 먹고 싶으면, 나에게 말씀해 주세요.
13. 나는 놀고 싶을 때 (나의) 친구들과 함께 운동장에 갑니다.
14. 나는 영어를 공부하고 싶어도, 시간이 없어서 공부하지 못합니다.
15. 너는 오쉬에서 떠나고 싶어도, 떠나지 못했어.
16. 당신은 음식을 먹고 싶어도, 먹지 마세요.
17. 그는 형과 만나고 싶어도, 만날 수 없습니다.

▶ 제 14 문형: 아직 ~ 하지 않았습니다.

[연습문제 -1]
1. бүтө элекпи
2. айыга элекпи
3. таба элекпиз
4. жете элекпизби
5. биле элексиңерби
6. түшүнө элексиңерби
7. чарчай элексиздерби
8. бара элексиздерби
9. жетише элекпи
10. келише элекпи

[연습문제 -2]
1. 그러나 당신들은 오늘날까지 대답을 주지 않았 습니다.
2. (당신들은) 아직은 공의에 이르지 못했고, (당신들의) 소망은 아직 꺼지지 않았습니다.
3. 국회의원들은 생각이 하나로 아직 모이지 않았습니다.
4. 임시정부의 14인은 아직 완전히 서로 합의하지 못했습니다.
5. 보세요, (나는 저의) 이름도 아직 말하지 않았습니까?
6. 그러나 유감스럽게도 (나는) 아직 그정도로 지혜롭지 못했습니까?
7. 그러면 아직 진정한 사랑을 해보지 않았습니까?
8. 너는 아무 한테서 빚을 얻고, 아직 그에게 빚을 갚지 않았습니까?
9. 당신은 아직 등록하지 않았습니까?
10. 당신은 학교에 있는 동료직원들이 아직 그립지 않습니까?

▶ 제 15 문형: ~ 에게 ~ 해 주세요.

[연습문제 -1]
1. жасап берчи
2. жасап берчи
3. иштеп берчи
4. иштеп берчи
5. айтып койсун
6. берип койсун
7. сүйлөп кой
8. сүйлөп койсун
9. кечирип коюңуздар
10. айтып коюңузчу

[연습문제 -2]
1. (전화) 번호를 말해 주시겠어요.
2. 나는 모두에게 "여러분 용서해 주십시오" 라고 말하고 있습니다.
3. (여러분들은) 바르게 이해해 주십시오.
4. (너는) 이 일들에 대하여 말해 줍니다. (-말해 줘.)
5. (너는) 그 다음에 말해 줍니다. (-말해 줘.)
6. (너는) 나에게 엘리사가 행한 선한 일들의 모두들 말해 줘.
7. 처음부터 말해 줘.
8. 일화(에피소드)를 말해 줘.
9. (당신은) 서명해 주십시오 라고 하면서 둘러 섰습니다.
10. (나는) 아슬벡 선생님이 "노래해 줘" 라고 부탁할 때 이 노래를 불러 주었었습니다.

▶ 제 16 문형: ~ 을 위하여

[연습문제 -1]
1. өткөрүлөт
2. эмне үчүн
3. кечирбей жатасыздар
4. жакшы көрүшөт
5. барасың
6. кетип калышты
7. үйрөндүңүз
8. кайгырып жатат

[연습문제 -2]
1. (그들은) 왜 그에게 대적했습니까? 나는 이해가 안됩니다.
2. (너는) 왜 웃고 있어?
3. (너희들은) 왜 항상 아프니?
4. 왜 이런 일이 생깁니까?
5. 왜 사람들은 나쁜 말들을 사용해서 말합니까?
6. 젊은이들은 왜 술을 많이 마십니까?
7. (너의) 아버지는 너를 왜 좋아 했었습니까?
8. 그 왜 책을 돌려주지 않았습니까?
9. 왜 화를 내십니까?

▶ 제 17 문형: ~ 때문에, ~ 하기 때문에

[연습문제 -1]
1. айткандыктан
2. урушкандыктан
3. ырдагандыктан
4. эмне үчүн
5. чакыргандыктан
6. жазган
7. болбогондуктан
8. болгондуктан
9. болгондуктан
10. болгондуктан
11. болгондуктан
12. болгондуктан
13. болгондуктан
14. болгондуктан

[연습문제 -2
1. 춤을 잘 추었기 때문에 (그녀는) 2년 후에 그룹의 리더가 됩니다.
2. 나는 처음에 외국어 학과에 지원했기 때문에,(나는) 영어는 자유롭게 말합니다.
3. 당신은 왜 일합니까?
4. (나는) 이 일을 매우 좋아하기 때문에 일합니다.
5. 당신은 두 아내를 마음에 들었기 때문에 얻었습니까?
6. 이 거짓된 세상에서 하나님이 싫어하는 일들을 했기 때문에 (너희들은) 죽은 후에 지옥에 가게 될 거야.
7. 그러나 (그는) 여러해 (동안) 자녀를 갖지 못했기 때문에 (그의) 부인과 이혼했다고 합니다.
8. 우리의 논제가 이것에 관한 것이 아니기 때문에 (우리의) 논제에서 벗어나지 말고 이야기 합시다.
9. 엘미라는 준비가 안되었기 때문에 '4' 점 (수준의) 대답을 했습니다.
10. 유감스럽게도 지금 모든 극장이 비어있지 않기 때문에 영화를 보여줄 수 없게 되었습니다.
11. 어떤 사람들은 그 어떤 서류도 가지고 있지 않기 때문에 여권 국에 시민권 얻거나 시민권을 확인하기 위해서 찾아가고 있습니다.
12. 지금 그는 키르기즈스탄에 없기 때문에 오래 전부터 (지금까지) 이야기를 나누지 못했습니다.
13. 당신은 프로그램이 그렇게 어렵지 않기 때문에 빨리 설치할거라는 것이지요.

▶ 제 18 문형: ~ 후에, ~ 다음에, ~ 한 후에, ~ 한 다음에

[연습문제 -1]
1. өлгөндөн
2. өлгөндөн кийин
3. адамдан кийин
4. сабактан кийин
5. сааттан кийин
6. алгандан баштап
7. эмнеден баштап
9. Мындан кийин
10. Мындан кийин
11. мындан кийин
12. качантан бери
13. жумадан бери
14. үч күндөн бери
15. он жылдан бери

8. эмнеден баштап

[연습문제 -1]
1. 우리는 용서한 이후에만 자유를 얻을 수 있습니다.
2. 당신은 그(녀)를 잊도록 노력하세요, 만약에 사랑 후에도 사랑이 있다는 것을 잊지 않으면 전에보다 더 풍성한 사랑을 만나게 될 것입니다.
3. 나는 너희들과 함께 있은 이후로 행복해지기 시작했습니다.
4. 이 거리 지나면 아산의 집이 보입니다.
5. 즐겁고 경쾌한 음악이 나온 후에 모든 사람들 은 춤을 추었습니다.
6. 비가 온 이후로 들판이 푸르게 되기 시작했습니다.
7. 그들은 거짓말을 하면서부터 시작해서 이곳에 오지 않았습니다.
8. 제르위 금광은 내년 봄부터 시작해서 채굴(가동)됩니다.
9. 우리는 언제부터 시작해서 이렇게 사고하기 시작했습니까?
10. 사월 십일부터 시작해서 사월 십 오일까지 세미나가 있습니다.
11. (나는) 이제부터 결코 이곳에 오지 않을 것입니다.
12. (너는) 이제부터 나에 관해 누구에게도 말하지 마.
13. 너희들은 한 시간 전부터 그를 기다리고 있어.
14. 그들은 언제부터 "나라의 유익"을 위해서 일하기 시작했습니까?
15. 나는 그가 온 다음부터 평안(평화)이 없습니다.

▶ 제 19 문형: ~ 보다, ~ 하는 것 보다

[연습문제 -1]
1. себептерден улам
2. оорулардан улам
3. алтындан да
4. акчадан көрө
5. айткандан да
6. баргандан да
7. почтадан арыбы
8. андан акылдуу
9. кылууга караганда
10. жашагандарга салыштырганда
11. Кыргызстандан башка
12. партиядан башка

[연습문제 -2]
1. 자기 스스로를 경건하다고 생각하는 99명의 사람보다 회개하는 한 사람의 죄인을 위해서 하늘에 있는 이들이 더 많이 기뻐합니다.
2. 물질적인 재산보다 지혜의 재산을 모으는 것을 좋아합니다.
3. 한없는 돈보다 한 사람의 지혜가 귀합니다.
4. 지데는 쉐케르보다 한참 더 멀고, 잠블에 가깝습니다.
5. 사람들은 돈보다 더 귀한 것들이 있다는 것을 모릅니다.
6. 필요없는 말을 더 적는 것도 무섭습니다.
7. 진실하게 말하면 나는 작품을 번역하는 것이 노래를 쓰는 것보다 더 어렵습니다.
8. 어릴 때 그림을 그리는 것에서도 놀라운 기쁨을 누렸었습니다.
9. 당신의 키는 **쿠반보다 더 큽니까?**
10. 몇몇 사람들은 책을 생명보다 더 귀하게 여기는 사람들도 있습니다.
11. 텔레비전에 나오는 축구 게임들이 (우리의) 아내들보다도, 아이들보다도 더 귀한 것들입니까?
12. 그렇기 때문에 "당신" 이라고 말하는 것보다 "너" 라는 말이 나에게 적합한 것처럼 보였습니다.
13. 전과 비교해서 지금의 상황은 매우 좋습니다.

▶ 제 20 문형: ~ 할 때, ~ 하면

[연습문제 -1]
1. жазбаганда
2. кетпегенде
3. сатпаганда
4. кетпегенде
5. түшүнбөгөндө
6. өтүп кетиш керек болгондо
7. алмаштырыш керек болгондо
8. чыгарыш керек болгондо
9. жардам керек болгондо
10. сен керек болгондо
11. окуй албаганда
12. көтөрө албаганда
13. иштей албаганда
14.

[연습문제 -2]
1. 너는 잠 잘 때 만 쉴 수 있을 거야.
2. 당신은 가서 볼 때 얼마나 아름다운지 알 것입니다.
3. 너는 일할 때 (너의) 건강도 좋아 질 거야.
4. 우리가 쉬지 않고 일하고, 요청하고, 뛰어 다니지 않았다면 지금도 아무것도 되지 않았을 것입니다.
5. 만약 탈라스 사람들이 들고 일어나지 않았다면, 그는 상응하는 벌을 받았을지 의문입니다.
6. 나는 음악협회에서 그들과 일하지 않았다면, 교양 (교육 또는 훈련을 받지 못한) 없는 음악의 종이 되었을 것입니다.
7. 아딜 아저씨의 가족과 함께 나라를 떠날 때 누가 알겠습니까?
8. (너는) 시장에서 일해보지 않으면, 시장에서 (일하는) 어려움을 전혀 이해하지 못할거야.
9. (우리는) 미국인들에게 기지가 필요할 때 우리는 3일 안에 해결해 주었습니다.
10. 나는 넥타이를 정장을 입어야 할 때만 맸습니다. 왜냐하면 기본적으로 나의 스타일은 운동복 스타일이었습니다.
11. 그가 등록금을 내지 못 할 때 누가 도와 줄 수 있습니까?
12. 우리는 키르기즈어를 통역(번역)할 수 없을 때 누구의 도움이 필요합니다.
13. 네가 기뻐하지 못 할 때 건강을 읽게 돼.
14. 당신은 다른 사람들을 용서하지 못 할 때 많은 문제를 일으킵니다.

▶ 제 21 문형: ~ 해 놓겠습니다, ~ 해 놓았습니다.

[연습문제 -1]
1. койдумбу
2. койдумбу
3. койдуңбу
4. койдуңбу
5. койдуңузбу
6. койдуңузбу
7. койдубу
8. койдуңузбу
9. койдубу
10. койдубу
11. койдукпу
12. койдукпу
13. койдукпу
14. койдуңарбы
15. койдуңарбы
16. коёсуңар
17. коюшат
18. окшойт
19. коёмбу
20. коёмбу
21. коём
22. коёсуздарбы
23. коёсуздарбы
24. коюшабы

[연습문제 -2]
1. 누가 마음을 상하게 했습니까?
2. 그들은 미리 말해 놓았습니까?
3. 그들은 중립성(공정성)을 잃어 버렸습니까?
4. (나는) 모든 것을 키르기즈어로 쓰지 않았습니까?
5. (나는) 진실로 아무한테서도 돈을 받지 않았습니까?
6. (너는) 반년 동안이나 학교에 가지 않았니?
7. (너는) 오늘날까지 그를 잊지 않았니?
8. (당신은) 어려움 때문에서 (당신의) 일을 그만두지 않았습니까?
9. (당신들은) 아들 딸의 이름들을 당신들 스스로가 선택해 놓았습니까?
10. (너희들은 너희의) 아버지와 이야기하지 않았니?
11. (너희들은) 가난한 사람들에게 아무것도 주지 않았니?
12. (당신들은) 10 년 전에 있었던 사건을 아직까지 잊지 않았습니까?
13. (당신들은) 내일 손님이 온다고 아무에게도 말하지 않았습니까?
14. (그들은) 올해 쉬지 못했습니까?
15. 그들은 나의 말을 전혀 이해하지 못했습니까?
16. 나는 (너희들이) 전화했다는 것을 말해 놓겠습니다.
17. 필요할 때 나의 가치관을 말하겠습니다.
18. 아버지는 "(너는) 이후로는 오지 마!" 라고 말합니다.
19. (너는) 어떻게 고향을 그리워하지 않겠니!
20. 아버지가 초청하고 있으면, 어떻게 가지 않겠습니까?
21. 오늘 우리 집에서 떠나지 마세요.

22. (너희들은) 그래서 그 어떤 방법들도 사용하지 않을 거니?
23. (너희들은) 주소를 말하지 않을 거니?
24. 그들 가운데 큰 부자들이 없습니까? 아니면 (당신들은) 숨겨 놓았습니까?

▶ 제 22 문형: (지금부터 계속) ~ 할, ~ 하는

[연습문제 -1]
1. бара турган
2. жей турган
3. көрө албай турган
4. өнүктүрүп кете ала турган
5. иштей ала турган
6. калтыра албаган
7. сактап кала албаган
8. алып бара албаган
9. чечиши керек болгон
10. ээ болушу керек болгон
11. барбашыбыз керек болгон
12. үйрөтпөгүшүңөр керек болгон
13. бербешиңиздер керек болгон
14. менчиктеп алгыбыз келген
15. баргыңар келбеген
16. алгысы келбеген
17. баргылары келбеген

[연습문제 -2]
1. 그러나 오신 손님을 존경으로 섬 길만한 음식들이 없기 때문에, 그들은 (우리) 어떻게 합니까? 라며 조금 걱정하고 있었습니다.
2. 나중에 말하려고 하는 사람, 말하지 않으려고 하는 사람이 있구나 라고 생각하게 되었습니다.
3. 용서해라, 말하지 말아야 하는 말이었는데, 그러나 너희들이 적은 것을 읽고, 아래의 아프게 할 수 있는 진리를 적을 수 밖에 없어
4. 첫 번째로 책임감과 의로운 가치관을 붙잡을 수 있는 재능(능력)과 품성이 필요합니다.
5. 예를 들어서, 된장을 일년 넘게 지난 후에나 먹을 수 있게 된 것 같습니다.
6. 동물로부터 사람들에게 전염되는 질병에 걸린 사람들에게 정해진 만큼의 (치료를 위한) 도움(관리)을 받지 못하는 상황인 것이 눈에 보입니다.
7. 기본적으로 사람은 노래로 전달할 수 없는 느낌들을 전달할 수 있습니다.
8. 자신을 존중하지 못하는 사람은 다른 사람도 존중하지 못합니다.
9. 아무도 논쟁하지 못하는 한 위대한 진리가 있습니다.
10. 이것은 그들이 알지 말아야만 하는 비밀들의 하나로 여겨집니다.
11. 너희들이 은행에 지불해야만 하는 (너희들의) 금액들은 아래와 같습니다.
12. 중앙 아시아의 언어들 중에서 한가지를 배워야만 하는 다양한 전문가들이 왔습니다.
13. 사람이 반드시 이해 해야만 하는 매우 중요한 비밀이 하나 있습니다.
14. 그는 우리에게 선생님들에게 있어야만 하는 성품들에 관하여 말해 주었습니다.
15. 그러나, (나는) 말하고 싶은 말들을 속에 묻어 둡니다.
16. 너의 노래들 안에 (네가) 세상에 주고 싶은 보편적인 소식들을 (나는) 관찰하고 있습니다.
17. 당신은 읽고 싶은 책들이 있습니까?
18. 너희들은 공부하고 싶어하지 않는 대학생들에게 어떤 방법들을 사용하니?

▶ 제 23 문형: (내가) ~ 해; (네가) ~ 할게요.

[연습문제 -1]
1. ишениңиздер
2. барыңыздар
3. ийиңиздер
4. жиберсин
5. түшпөсүн
6. баргыла
7. окугула
8. уктаңыз
9. турруңуз
10. бергин
11. баргының
12. уктагын
13. көрөлүк
14. көрөйүн
15. турайын
16.

[연습문제 -2]
1. 당신들은 방에 있는 책들을 정리하십시오!
2. 당신들은 산에서 천천히 내려 오세요!

3. 애들아 부모님의 사랑의 넓이와 길이, 깊이와 높이가 무엇인지 깨달아 알기를! 또는 깨달아 알기를 바래!
4. 당신들은 새 노래를 불러 주세요.
5. 너희들은 음식을 먹어(라).
6. 당신들은 나에게 도움을 주십시오.
7. 당신은 크게 말하십시오. 지금 들리지 않고 있어요.
8. 당신은 양들이 얼마나 많은지(를) 보세요.
9. 당신은 (당신의) 어머니를 도와 주어야 합니다. 회사에서 일찍 오세요
10. 너는 내일 손님들을 맞이하기 위해, 아침 일찍 일어 나.
11. 하나님의 모든 천사들은 그에게 경배하여라!
12. 그들에게는 모세와 예언자들이 있으니 그들의 말을 들으면 될 것이다.
13. 그들도 우리와 같이 하나가 되게 하소서!
14. 나는 텔레비전을 <u>보겠습니다.</u>
15. 우리의 어머니에게 편지를 써서 보내지요!
16. 우리의 산들을 지킵시다!
17. 우리의 아이들을 잘 보살핍시다!

▶ 제 24 문형: 만약에 ~ 하면

[연습문제 -1]
1. сыймыктанбасам
2. жетишпесе
3. калса
4. көрсө
5. болсо
6. болсо
7. болбосоңуз
8. кылбасам
9. болсо
10. жүрсөм
11. болсом
12. окубаганда
13. болсоңуз
14. калсаң
15. билсеңер
16. болбосо
17. барбаганда
18. чуркаса
19. барсак

[연습문제 -2]
1. 만약에 그가 상속을 포기하지 않으면, (그는) 상속권에서 결코 분리되지 (잃어버리지) 않습니다.
2. 만약에 누구든지 너희들에게 너희들이 전에 받아 들인 것 외에 다른 "좋은 소식"을 전하면, 그에게는 저주입니다.
3. 만약에 (너의) 눈이 나쁘면, 모든 (너의) 몸이 어둡게 될 것입니다.
4. 만약에 너희들이 많은 열매를 맺으면, (나의) 아버지 가 영광을 받을 것이고, 나의 제자가 될 것이다.
5. 만약에 너희들은 아들이 자유롭게 하면, 진실로 자유 하게 될 것이다.
6. 만약에 (우리가 그의) 아들들이면, 상속자도 될 것입니다.
7. 만약에 너희들이) 그를 믿어도, 그에게 (너희들의) 마음을 완전히 열어주면 안됩니다.
8. 만약에 용서를 구해도, 절대로 용서하면 안됩니까?
9. 만약에 어떤 가까운 친구가 죽어도, 그들은 울거나, 슬퍼하면 안됩니까?
10. 만약에 지금 하고 있는 (나의) 일을 사랑하지 않으면, (나는 나의) 일을 그만 두어도 됩니까?
11. 만약에 아이들이 있으면,(너희들은) 그들에게 무엇을 주고 싶니?
12. 만약에, 전체 회중이 그에게 부여한 의무를 이행하지 않으면, (그는) 그 이후에 계속해서 일할 수 없습니다.
13. 만약에 가지가 줄기에 붙어 있지 않으면 그것은 스스로 열매를 줄 수 없는 것 같이, 너희들도 나에게 붙어 있지 않으면 열매를 맺지 못할 것이다.
14. 만약에 내가 보여주지 않으면, 아무도 할 수 없습니까?
15. 나는 회사에서 쫓겨 나지 않으면 좋을 텐데.
16. 네가 복도에서 뛰지 않으면 좋겠는데.
17. 만약에 당신이 말한 것들이 실제로 실현된다면, 그런 슬픈 일이 일어나지 않을 것입니다.
18. 만약에 오래 전부터 아팠으면, (너는) 그것을 고치지 못할 것입니다.
19. 만약에 만나스 서사시의 가치를 인정한다면,(너희들은) 키르기즈 사람들을 이렇게 함부로 대하지 않을 것입니다.
20. 만약에 너희들이 그의 것이라면, 그는 자신의 것을 사랑할 마음이 있을까?

▶ 제 25 문형: 아무리 ~ 해도 ~ 할 수 없습니다.

[연습문제 -1]

1. айтсак
2. канчалык
3. кыйкырсаң да
4. сагынсаңыз
5. болсо
6.

[연습문제 -2]
1. 자기 말을 채찍으로 아무리 때리고, 아무리 발로 차도, (그 말은) 가지 않았습니다.
2. 그가 나에게 좋은 관계를 하는 만큼 나도 그에게 두 배 이상으로 따뜻한 관계를 하고 싶습니다.
3. 아무리 쓰더라도 진리의 눈을 똑바로 봐야만 합니다.
4. 배가 아무리 크더라도, 아무리 큰 바도에 다녀도, 선장은 그것을 작은 키로 원하는 곳으로 돌립니다.
5. 그러나 발표한 말은 어느 정도 수준의 진리도, 옳지 않은 것도 있을 수 있습니다.

키르기즈어 문법-1
(문형을 중심으로)

초판 2쇄 인쇄 2021년 6월 19일
초판 2쇄 발행 2021년 6월 25일

지은이 이욱세
펴낸이 서덕일
펴낸곳 도서출판 문예림

등록번호 1962. 7. 12. 제 2-110호
주 소 경기도 파주시 회동길 366 3층
전 화 02-499-1281~2 팩 스 02-499-1283

잘못된 책은 구입하신 서점에서 교환해 드립니다.
본 책은 저작권법에 보호를 받는 저작물이므로 무단 전제와 복제를 금합니다.
ISBN 978-89-7482-615-4 (13790)

값 22,000원